Santi Romano · Die Rechtsordnung

Schriften zur Rechtstheorie

Heft 44

Die Rechtsordnung

Von

Santi Romano

Mit einem Vorwort, biographischen
und bibliographischen Notizen

herausgegeben von

Roman Schnur

DUNCKER & HUMBLOT / BERLIN

Übersetzung aus dem Italienischen
von Werner Daum

Alle Rechte vorbehalten
© 1975 Duncker & Humblot, Berlin 41
Gedruckt 1975 bei Buchdruckerei A. Sayffaerth - E. L. Krohn, Berlin 61
Printed in Germany
ISBN 3 428 03425 2

Vorwort

Es gibt sogar sehr berühmte Bücher, die zwar oft zitiert, aber nicht oder kaum gelesen werden. Ein solches Vorgehen hat man sich im Falle des erstmals 1918 erschienenen Buches „L'Ordinamento Giuridico" des italienischen Juristen *Santi Romano* (1875 - 1947) im deutschen Sprachbereich nicht erlaubt. Eine Folge dieser Hochachtung vor einem berühmten Werk der europäischen Rechtswissenschaft war allerdings, daß die rechtstheoretischen Ideen von Santi Romano, namhafter Öffentlichrechtler wie auch *Maurice Hauriou*, in Deutschland, in Österreich und in der Schweiz trotz der Hinweise von *Carl Schmitt* und *Josef Esser* kaum bekannt sind, und wenn man dieses Buch erwähnte, so handelte es sich dabei meistens um Kenntnisse aus zweiter oder aus dritter Hand.

Zwar sind in den letzten Jahrzehnten etliche rechtstheoretische Werke italienischer Juristen in deutschen Übersetzungen veröffentlicht worden, so z. B. Bücher von *Emilio Betti* und *Giorgio del Vecchio*. Aber merkwürdigerweise erscheint erst jetzt die deutsche Übersetzung des berühmten Buches von Santi Romano. So reizvoll es wäre, diese Tatsache näher zu betrachten, so soll darauf hier verzichtet werden, weil dies einen Gang in die bisweilen recht verschlungene neuere Geschichte der europäischen Rechtswissenschaft erfordern würde. Dabei wäre wohl auch die fachspezifische Orientierung der deutschen Rechtsphilosophie von Belang (so waren Betti und del Vecchio nicht auch Lehrer des *Öffentlichen* Rechts). Möglicherweise sind hier politische Aspekte ebenfalls belangvoll: Zur Zeit der Weimarer Republik schien Santi Romano nicht in das gewissermaßen offizielle Bild zu passen; nach 1933 paßte er anscheinend ebenfalls nicht dort hin, und nach 1945 schien man hierzulande aus ähnlichen Gründen am Werk Romanos nicht interessiert zu sein. Freilich würde dies eher den Stand der deutschen rechtswissenschaftlichen Angelegenheiten (einschließlich einer stets vorhandenen Neigung zur Perfektion, im provinziellen Rahmen) markieren, nicht aber die Lage der italienischen Rechtswissenschaft kennzeichnen, die insoweit keine Probleme mit dem Werk Santi Romanos hat — was für den unbefangenen Leser dieses Werkes auch verständlich ist.

Die Vernachlässigung der wissenschaftlichen Leistung von Santi Romano in Deutschland ist um so erstaunlicher, als Romano ein ausgezeichneter Kenner des deutschen rechtswissenschaftlichen Schrifttums seiner Zeit gewesen war. Vielmehr hat dieses hier übersetzte Buch eine auf Deutschland bezügliche Vorgeschichte, über die der in Neapel lehrende Öffentlichrechtler *Sabino Cassese* (mit der Familie Romano verwandtschaftlich verbunden) sehr interessante Ausführungen gemacht hat: Santi Romano sollte für die berühmte Buchreihe „Das Öffentliche Recht der Gegenwart" den Band „Staatsrecht des Königreichs Italien" verfassen und das Manuskript zum 30. Juni 1914 abliefern (die Korrespondenz mit Romano führte *Max Huber*, einer der Mitherausgeber dieser Reihe). In diesem Manuskript, das dann doch nicht zum Druck in Tübingen gelangte, sind Kerngedanken des hier vorgelegten Buches von Romano enthalten[1]. Man kann also sagen, daß der Öffentlichrechtler Santi Romano in Deutschland aus Gründen der politischen Geschichte nicht schon viel früher bekannt geworden ist: Auch ein Beispiel für das Berufsrisiko des Öffentlichrechtlers, dem sich Romano später noch öfters ausgesetzt sah.

Jedenfalls kann man das „institutionelle Rechtsdenken" in der *europäischen* Rechtswissenschaft (als nicht spezifisch deutsches Thema) nur unzulänglich erörtern, wenn man nicht vor allem *dieses* Werk von Santi Romano in die Diskussion einbezieht[2]. Man mag sich zwar an der Person Carl Schmitts reiben, um die Karriere zu beschleunigen, doch löst man damit kein sachliches Problem des „institutionellen Rechtsdenkens". So soll nunmehr endlich, nach der deutschen Ausgabe von drei wichtigen Studien Maurice Haurious[3], die deutsche Übersetzung dieses berühmten italienischen Buches vorgelegt werden, um die Erörterung von drängenden sachlichen Fragen moderner Rechtswissenschaft unausweichlich zu machen.

Daß die Diskussion über das „institutionelle Rechtsdenken" nicht durch ein bloß antiquarisches Interesse vorwärts bewegt wird, läßt sich vor allem an dem Echo auf die deutsche Ausgabe der „Theorie der

---

[1] Ipotesi sulla formazione de „l'ordinamento giuridico" di Santi Romano, in: *Sabino Cassese*, La Formazione dello Stato Amministrativo, Mailand 1974, S. 21 ff. (28 ff.).
Im Verlauf des weiteren Briefwechsels nach dem Ausbruch des Krieges mit dem Herausgeber *Max Huber*/Zürich schrieb der Inhaber des Verlages Mohr, Dr. *Siebeck*, er werde das Manuskript *Santi Romanos* aus ethischen Gründen nicht veröffentlichen können, wenn Italien seinen Bündnispflichten gegenüber den beiden anderen Dreibundmächten nicht nachkomme (also nicht an der Seite Deutschlands und Österreich-Ungarns in den Krieg eintrete).
[2] Ein anderes bedeutsames rechtstheoretisches Werk *Santi Romanos*, sein letztes Buch, nämlich „Frammenti di un dizionario giuridico" (Mailand 1947), könnte ins Deutsche übersetzt werden, wenn die hier vorgelegte Ausgabe seines früheren Buches ein positives Echo findet.
[3] *Maurice Hauriou*, Die Theorie der Institution und zwei andere Aufsätze. Mit einer Einleitung und Bibliographie herausgeben von Roman Schnur, Berlin 1965.

Institution" von Maurice Hauriou und auf eine wenige Jahre später veröffentlichte Sammlung von Aufsätzen über das Thema „Institution und Recht" erkennen[4]. Auch wenn man schwerlich leugnen kann, daß das „institutionelle Rechtsdenken" gerade in Deutschland in der Gefahr war und auch noch ist, als eine Art Modethema zu gelten und überdies auch noch politisch mißbraucht zu werden, so hält die wissenschaftliche Diskussion über dieses wichtige Thema doch an, gewiß eher als Grundströmung denn als allen leicht zugängliche Oberfläche. Das läßt sich beispielsweise an dem neuesten Beitrag in deutscher Sprache zur Erörterung dieses Themas, der Studie von *Wolfgang Fikentscher* über „Maurice Hauriou und die institutionelle Rechtslehre", deutlich erkennen[5].

Überdies soll die hier vorgelegte deutsche Ausgabe dieses Buches von Santi Romano dazu beitragen, daß die deutsche Rechtswissenschaft die Verdienste der italienischen Rechtswissenschaft im gegenseitigen Gedankenaustausch mehr als bisher anerkennt. Wenn sich schon die italienische Rechtswelt weit mehr um die Kenntnis der deutschen Sprache bemüht, als das in umgekehrter Richtung der Fall ist, dann sollte man öfters als bisher Übersetzungen von wichtigen italienischen Werken in deutscher Sprache vorlegen. Das Buch von Santi Romano ist gewiß nicht das einzige Werk der neueren italienischen Rechtswissenschaft, das eine Übersetzung in die deutsche Sprache verdient. —

Aus Gründen, die nicht der Herausgeber zu vertreten hat, erscheint dieses Buch ohne Einführung und ohne eine solide Bibliographie der Werke von Santi Romano und der wichtigeren Sekundärliteratur. Der Herausgeber ist nicht genug Kenner von Werk und Person Santi Romanos, um diese kurz vor dem Abschluß der Vorbereitungen der deutschen Ausgabe entstandene Lücke schließen zu können. Der Leser wird deshalb gebeten, mit den im Anhang zum übersetzten Text Romanos gegebenen biographischen und bibliographischen Notizen und Hinweisen vorlieb zu nehmen. Es ist anzunehmen, daß sich die italienische Rechtswissenschaft aus Anlaß des 100. Geburtstages von Santi Romano besonders intensiv mit dessen Werk und Person befaßt und daß deshalb weitere einschlägige Studien veröffentlicht werden.

Das Erscheinen dieses Buches in einem deutschen Verlag wäre ohne die Hilfe etlicher Persönlichkeiten nicht möglich gewesen. Ihnen soll auch an dieser Stelle herzlicher Dank ausgesprochen werden.

Wie im Falle der vorhin erwähnten deutschen Ausgabe von wichtigen Aufsätzen Haurious, so hat auch hier der Inhaber des Verlages Duncker

---
[4] Institution und Recht. Hrsg. v. Roman Schnur, Darmstadt 1968.
[5] In: Funktionswandel der Privatrechtsinstitutionen, Festschrift für Ludwig Raiser zum 70. Geburtstag, Tübingen 1974, S. 559 ff.

& Humblot, Herr Ministerialrat a. D. Dr. *Johannes Broermann*, die verlegerisch riskante Aufgabe ohne Zögern übernommen. —

Der Herausgeber ist für wichtige Hinweise vor allem den Herren Professoren *Norberto Bobbio* (Turin), *Sabino Cassese* (Neapel), *Antonio Cervati* (Triest), *Enrico di Robilant* (Turin) und *Alberto Romano* (Turin) zu Dank verpflichtet. Unermüdlicher und liebenswürdiger Helfer in Gestalt eines väterlichen Freundes war ihm Herr Avv. Dr. *Guido Cervati* (Rom), ein vorzüglicher Kenner des Werkes von Santi Romano und ein großer Advokat wahrlich europäischer Jurisprudenz.

Besonderer Dank gebührt auch dem Übersetzer dieses Buches, Herrn Dr. *Werner Daum*, derzeit bei der Botschaft der Bundesrepublik Deutschland im Jemen. Mit ihm verbindet den Herausgeber manches: Herr Dr. Daum gehörte in Lausanne (wo wir über *Pareto* diskutierten) zu seinen Hörern; er hat nach dem Abschluß der deutschen ersten juristischen Staatsprüfung in Pavia studiert und dort auch den Doktorgrad erworben. Später war er Hörer an der Hochschule für Verwaltungswissenschaften in Speyer, wo wir beschlossen, gemeinsame Sache zu machen. Während der Vorbereitung zum Assessorexamen und dann zur Aufnahmeprüfung in den Auswärtigen Dienst hat er sich der Aufgabe unterzogen, dieses berühmte Werk ins Deutsche zu übersetzen.

Tübingen, im April 1975

Roman Schnur

Anmerkung des Herausgebers: Die Ergänzungen in den Fußnoten sowie neu hinzugefügte Fußnoten, die *Santi Romano* in der zweiten Auflage (gemäß dem Vorwort vom November 1945) angebracht hatte, sind hier, wie im Original, durch *eckige* Klammern gekennzeichnet.

Inhaltsverzeichnis

Erster Teil: Der Begriff der Rechtsordnung 15

§ 1 Die Gleichsetzung von „Recht im objektiven Sinn" und „Norm" — Unzulänglichkeit dieser Auffassung 15

§ 2 Gründe für diese Unzulänglichkeit: einige Hinweise allgemeiner Art und einige aus dem wahrscheinlichen Ursprung der üblichen Definitionen des Rechts sich ergebende Schlußfolgerungen 16

§ 3 Notwendigkeit der Unterscheidung zwischen den einzelnen Rechtsnormen und der Rechtsordnung insgesamt. Logische Unmöglichkeit, letztere als eine Gesamtheit von Normen zu definieren 19

§ 4 Gelegentliche Ansätze zu einer Erfassung der Rechtsordnung als Einheit 21

§ 5 Eine Rechtsordnung ist nicht nur Komplex von Normen, sondern besteht auch aus anderen Elementen 22

§ 6 Die zahlreichen Arbeiten über die spezifischen Eigenschaften des Rechts setzen diese anderen Elemente implizit voraus 23

§ 7 Beurteilung, unter diesem Blickwinkel, der sogenannten „Objektivität des Rechts" 25

§ 8 und des Elements „Sanktion" 28

§ 9 Der Ausdruck „Rechtsordnung" 30

§ 10 Die wesentlichen Elemente des Rechtsbegriffs. Das Recht als Institution und das Recht als Vorschrift 30

§ 11 Der Begriff der Institution in der bisherigen Lehre 32

§ 12 Unser Begriff der Institution und seine wesentlichen Merkmale: 38
    1. objektive, reale Existenz der Institution 38
    2. Gesellschaftsbezogenheit der Institution 39
    3. Eigenständigkeit der Institution; komplexe Institutionen 40
    4. Die Institution als Einheit 41

§ 13 Identität der Begriffe „Institution" und „Rechtsordnung" 41

§ 14 Beweise hierfür aus der Lehre vom Recht als bloßer „Form" 44

§ 15 Aufzählung einiger Probleme, deren Lösung sich aus dieser Identität heraus ergibt 46

§ 16 Fälle, in denen das erstmalige Auftreten des Rechts nicht auf Normen beruht, sondern auf der Entstehung einer Institution; Unmöglichkeit, die Institution in Normen aufzulösen 49

§ 17 Institution und Völkerrecht 51

§ 18 Institution und Rechtsverhältnis: Rechtsverhältnisse zwischen mehreren Personen 61

§ 19 Rechtsbeziehungen zwischen Personen und Sachen. Beispiele für einige dieser Rechtsbeziehungen, die, zusammenfassend betrachtet, sich als Institutionen darstellen können 64

§ 20 Institution und juristische Person 69

§ 21 Unsere Auffassung vom Recht auf folgende Probleme angewandt: 71
    1. Rechtscharakter der staatlichen Gewalt 72
    2. Umfang der Persönlichkeit des Staates 73
    3. rechtliche Bedeutung des Staatsgebietes und der Staatsangehörigkeit 74

§ 22 Kritische Überprüfung einiger Auffassungen, die dem Begriff der Rechtsordnung nur insoweit Bedeutung zuschreiben, als sie Rechtsbeziehungen zwischen mehreren Personen widerspiegelt 74
Beispielsfälle:
    1. die Sanktion als Element des Rechts 75
    2. Staatsgebiet und Staatsangehörigkeit 75
    3. die Organe des Staates 76
    4. die Grenzen der gesetzgebenden Gewalt 79

§ 23 Einige Konsequenzen unserer Auffassung für die subjektive Seite des Rechts: für das Rechtsverhältnis, für den Begriff des „status", für die Sachenrechte, für die Korrelation zwischen Rechten und Pflichten, für die Gleichheit aller Rechtssubjekte 79

§ 24 Zusammenfassende Betrachtungen 82

Zweiter Teil: Die Vielfalt der Rechtsordnungen und ihre Beziehungen untereinander 88

§ 25 Die Vielfalt der Rechtsordnungen im Gegensatz zu der Lehre, die alles Recht auf das des Staates zurückführt 88

§ 26 Historische und theoretische Unrichtigkeit dieser Lehre 89

§ 27	Ihre Unrichtigkeit auch im Hinblick auf das geltende Recht	92
§ 28	Nicht-staatliche Rechtsordnungen: das Völkerrecht	93
§ 29	Das Kirchenrecht	95
§ 30	Die Ordnungen der vom Staat für unerlaubt erklärten oder von ihm nicht zur Kenntnis genommenen sozialen Gebilde	99
§ 31	Die Ordnungen von sozialen Gebilden, die vom Staat teilweise geregelt sind, die jedoch auch eine eigene, vom Staat nicht anerkannte Ordnung haben (private Institutionen mit eigenen Ordnungsvorschriften; innere Organisation von Betrieben; die sogenannten nicht-anerkannten Vereinigungen, etc.)	102
§ 32	Lehren, die den Begriff der Rechtsordnung auf Gemeinschaften überhaupt oder speziell auf die „notwendigen Gemeinschaften" beschränken	106
§ 33	Die Beziehungen zwischen den verschiedenen Rechtsordnungen	111

Dazu sind zu unterscheiden:

1. originäre und abgeleitete Institutionen 112
2. Institutionen mit bestimmten Zwecken und Institutionen mit allgemeinen Zielen 113
3. die verschiedenen Elemente der Institutionen 114
4. einfache und zusammengesetzte Institutionen 114
5. vollkommene und unvollkommene 114
6. mit oder ohne Rechtspersönlichkeit 115
7. unabhängige, gleichberechtigte und in einem Über- und Unterordnungsverhältnis stehende Institutionen 115

§ 34 Begriff der „Relevanz" einer Ordnung für eine andere 115

§ 35 Der rechtliche Grund für eine solche Relevanz: 116
  a) das Verhältnis von Überordnung und entsprechender Abhängigkeit der beiden Ordnungen 117
  b) eine Institution als Voraussetzung einer anderen 117
  c) das Verhältnis mehrerer voneinander unabhängiger Ordnungen, die jedoch sämtlich von einer weiteren Institution abhängen 117
  d) Relevanz, die eine Ordnung einseitig einer anderen, von der sie abhängt, zuweist 117
  e) Nachfolge zwischen mehreren Ordnungen 118

§ 36 Verschiedene Formen (hinsichtlich *Existenz, Inhalt, Auswirkungen*), in denen sich die Relevanz einer Ordnung für eine andere äußern kann 118

Fälle, in denen die *Existenz* einer Ordnung von einer anderen abhängt:
  a) vollkommene Unterordnung der einen Institution unter die andere, welche sie entweder überhaupt zum Entstehen bringt oder ihr eine begrenzte Autonomie verleiht. Unabhängigkeit bezüglich

der eigenen Existenz in Fällen einer weniger weitgehenden Subordination (Beispiele: Mitgliedstaaten in einem Bundesstaat; Verhältnis der Staaten zum Völkerrecht)
Allgemeine Prinzipien 118

§ 37 b) dann, wenn eine Ordnung die Voraussetzung einer anderen bildet (staatliches Recht im Verhältnis zum Völkerrecht) 123

§ 38 *Inhaltliche* Relevanz einer Ordnung für eine andere 128
Fälle:
a) die höhere Ordnung als unmittelbare oder mittelbare Quelle für eine niedrigere Ordnung; eine höhere Ordnung (Völkerrecht, Konkordate), die zwar nicht Quelle für niedrigere Ordnungen ist, sie jedoch auf andere Weise beeinflußt 128

§ 39 b) eine höhere Ordnung, die Einfluß auf den Inhalt mehrerer ihr nachgeordneter, jedoch untereinander unabhängiger Institutionen, nimmt 131

§ 40 c) eine Ordnung, die ihren eigenen Inhalt selbst bestimmt, die dabei jedoch eine andere ihr unterstellte oder auch von ihr unabhängige Ordnung berücksichtigt. Beispiele: das internationale Privatrecht; das Kirchenrecht, wenn es auf staatliche Gesetze verweist; staatliches Recht, das auf Kirchenrecht verweist 131

§ 41 d) eine Ordnung, die zum Bestandteil einer anderen wird 140

§ 42 Die Relevanz einer Ordnung für eine andere, von den *Auswirkungen* her betrachtet; äußere und innere Wirkungen einer Ordnung 143
Verschiedene Fälle der nach außen gerichteten Wirksamkeit:
a) im Verhältnis mehrerer Ordnungen untereinander, deren eine von der anderen vollständig oder teilweise abhängig ist 143
b) im Verhältnis mehrerer voneinander unabhängiger Ordnungen, auf Grund einseitiger Bestimmung oder entsprechenden Wollens aller Beteiligten. Beispiele: internationales Privatrecht; staatlichrechtliche Wirkungen des Kirchenrechts 143
c) im Verhältnis mehrerer Ordnungen untereinander, von denen eine die Voraussetzung der anderen ist 147
d) zwischen mehreren in einem Nachfolgeverhältnis stehenden Ordnungen 148

§ 43 Verschiedener Umfang der Relevanz einer Ordnung für eine andere. Anwendung dieser Vorstellung auf das Problem der Naturalobligationen 148

§ 44 Die Irrelevanz einer Ordnung für eine andere; vollständige, teilweise, gegenseitige oder einseitige Irrelevanz 152

§ 45 Irrelevanz einer Rechtsordnung als solcher für eine andere, die jedoch unter anderen Aspekten für sie relevant sein kann (vom Staat für unerlaubt erklärte Ordnungen; Ordnung eines Industriebetriebs; rein faktische Institutionen) 152

§ 46 Vollständige Irrelevanz einer Ordnung für eine andere: Möglichkeit einer solchen Irrelevanz auch im Verhältnis zur staatlichen Ordnung 156

§ 47 Kritische Überprüfung der gegenteiligen Auffassung. Die Begrenzungen der staatlichen Ordnung; ihre verschiedenen Formen; Beispiele von für den Staat unter bestimmten Umständen rechtlich indifferenten Materien (Autoritätsverhältnisse im privaten Bereich; religiöse Fragen; innere Ordnung einiger nicht vermögensrechtlicher Vereinigungen) 158

§ 48 Verhältnis der internen Ordnungen von Institutionen (insbesondere von staatlichen) zu der Ordnung der höheren Institution, in der sie enthalten sind (also beispielsweise gegenüber dem Staat); „besondere" Rechte und Pflichten und „allgemeine" Unterordnung unter die staatliche Gewalt 166

Namenregister 171

Anhang: Biographische und bibliographische Notizen 174

Erster Teil

Der Begriff der Rechtsordnung

§ 1

Alle bisherigen Definitionen des Rechts im objektiven Sinne lassen sich im wesentlichen auf ein gemeinsames Element zurückführen. Sie gehen sämtlich vom Recht als einer Verhaltensnorm aus[1]; nur darüber, wie sich die Rechtsnorm[2] jeweils von sonstigen Normen unterscheiden soll, gibt es unterschiedliche Auffassungen.

Für bestimmte Zwecke kann ein derartiger Versuch zur Definition des Rechts durchaus nützlich sein, bleibt aber, für sich allein genommen, ungenau und häufig unpassend. Das darzutun ist das Hauptziel der vorliegenden Arbeit. Man muß vielmehr über die Definition des Rechts als Norm hinaus weitere Elemente heranziehen, die man im allgemeinen nicht berücksichtigt und die sich als bedeutsamer und charakte-

---

[1] In letzter Zeit ist dieser Gesichtspunkt bis in seine äußersten Konsequenzen überdehnt worden, und zwar in verschiedener Richtung und von seiten verschiedener Autoren. Abgesehen von den insoweit einzig dastehenden Arbeiten *Duguits*, in denen das Phänomen Recht fast völlig in der „règle de droit" (vgl. L'Etat, le droit objectif et la loi positive, Paris 1901, S. 10 ff., sowie seine späteren Arbeiten) aufgelöst wird, vergleiche man beispielsweise *Kelsen*, Hauptprobleme der Staatsrechtslehre entwickelt aus der Lehre vom Rechtssatze, Tübingen 1911, dessen Absicht bereits aus dem Titel des Werkes deutlich erkennbar ist. [In der neueren, im folgenden zu zitierenden Literatur sind dagegen eine Reihe von Einwänden erhoben worden.]

[2] Wir verwenden ohne Unterschied die Worte „Norm" und „Regel". Im Gegensatz dazu sei — um Mißverständnisse auszuschließen — angemerkt, daß die deutsche Lehre hier anders vorgeht. Wenn man die Frage abhandelt, ob das Recht nur aus Normen bestünde (vgl. beispielsweise *Thon*, Rechtsnorm und subjektives Recht, Weimar 1887, S. 1 ff., 8; *Bierling*, Juristische Prinzipienlehre, I, Leipzig 1894, S. 20 ff.; *Windscheid-Kipp*, Lehrbuch des Pandektenrechts, I, § 27; *Enneccerus*, Lehrbuch des Bürgerlichen Rechts, 6. Aufl., Marburg 1911, I, S. 27 [ebenso in der 13. Aufl., 1931]), so verwendet man dabei das Wort „Norm" nicht so wie wir im Sinne von „Regel", sondern in dem von „Befehl", „Verbot" oder „Imperativ": es handelt sich also um die uns nicht interessierende Frage des sogenannten imperativen Charakters des Rechts. Dieser Terminologie hat sich in Italien *Brunetti*, Norme e regole finali del diritto, Torino 1913, § 5 ff. angeschlossen. Hinsichtlich des Rechts als „Regel" bemerkt *Jellinek*, Allgemeine Staatslehre, 3. Aufl., Berlin 1914, S. 332 [die späteren Auflagen sind hierin, sowie was spätere Zitate anbelangt, unverändert]: „Kein Streit herrscht darüber, daß das Recht aus einer Summe von Regeln für menschliches Handeln besteht."

ristischer erweisen werden. Der Grund dafür, daß man bei der abstrakten Definition nicht über den Normbegriff hinausgegangen ist, liegt wohl in erster Linie darin, daß das Recht eben auch Norm ist, daß es deshalb notwendigerweise auch unter diesem Gesichtspunkt betrachtet werden muß, und daß dieser Gesichtspunkt gerade in der praktischen Rechtsanwendung notwendig und ausreichend ist. Damit kann aber der Versuch nicht ausgeschlossen sein, über diese genannte Definition hinauszugelangen und einige andere Aspekte des Rechts darzustellen: diese dürften sich nicht nur als grundlegender, sondern vor allem vom logischen Standpunkt aus sowie zur zutreffenden Beurteilung der Umwelt, in der das Recht sich verwirklicht, als vorgängig erweisen.

§ 2

Am überzeugendsten wird sich diese Behauptung natürlich erst aus dem Gesamtergebnis der vorliegenden Arbeit beweisen lassen, wenn es gelingt, für eine Reihe von schwierigen oder ungelösten Zweifelsfragen aus verschiedenen Rechtsgebieten eine Lösung zu finden. Schon jetzt aber seien einige, zum Teil mehr indirekte Argumente für das Ungenügen der bisher gebräuchlichen Definitionen gebracht.

So ist doch die Tatsache recht bezeichnend, daß man allgemein das Gefühl hat, der Begriff „Recht" sei noch nicht vollständig geklärt[3]. Dieses Gefühl kann kaum aus den wenigen und im Grunde genommen nicht besonders schwerwiegenden Unterschieden in den einzelnen Lehrmeinungen resultieren, ist sich doch die Lehre im grundsätzlichen — Zurückführung des Rechts auf den Normbegriff — einig[4], um dann mit zwar im einzelnen unterschiedlichen, der Sache nach aber übereinstimmenden Formulierungen zwischen Rechtsnormen und sonstigen Normen zu differenzieren. Viel eher scheint dieses Gefühl auf den wenn auch vagen und unbestimmten Eindruck zurückzuführen zu sein, daß die Frage selbst so nicht richtig gestellt sei und daß man eine befriedigende Lösung nur erhalten könne, wenn man schon den Ausgangspunkt anders wählen würde.

---

[3] Auch heute noch gelten, wie *G. Radbruch*, Grundzüge der Rechtsphilosophie, Leipzig 1914, S. 30 [übrigens nicht mehr in der 3. Aufl. von 1932 mit dem Titel „Rechtsphilosophie"] bemerkt, die etwas verächtlichen Worte *Kants*: „Noch suchen die Juristen eine Definition zu ihrem Begriffe vom Recht."

[4] Wir wollen von jener speziellen Auffassung — die übrigens gerade deshalb besonders bezeichnend ist — absehen, die „die Hoffnung, das quid proprium des Rechts, sein spezifisches Charakteristikum, oder seine den Philosophen allen so teuere Definition zu finden", als ziemlich aussichtslos bezeichnet: vgl. in diesem Sinne [neben anderen] *G. Maggiore*, Il diritto e il suo processo ideale, Palermo 1916, S. 59 ff. [vgl. von diesem Verfasser jedoch seine späteren, weiter unten zitierten Schriften].

Als Symptom ist es weiterhin bezeichnend, daß man eine zutreffende Definition des Rechts nicht nur für die Zwecke jener beiden abstrakten Disziplinen, der Rechtsphilosophie und der Allgemeinen Rechtstheorie, für notwendig hält, daß die vorgeschlagenen Definitionen aber gleichwohl für die juristischen Einzeldisziplinen wenig oder nichts nützen.

Demgegenüber ist man jedoch heute bei der Erörterung der Prinzipien des öffentlichen Rechts und des Privatrechts zu der Auffassung gelangt — insbesondere im Bereich des öffentlichen Rechts — daß diese Prinzipien als unmittelbar von der grundsätzlichen Definition des Rechts abhängig erscheinen und daß sie sich daher, je nachdem, welche Meinung man hierbei vertritt, jeweils verschieden darstellen. Die hauptsächlichsten Streitfragen bei dieser Bestimmung zeigen dann ganz deutlich, mit der Klärung welchen Zentralpunktes man beginnen müßte. Wer auch nur ein wenig die Hauptprobleme des Völkerrechts, des Verfassungs- oder des Kirchenrechts kennt, weiß nämlich, wie häufig die Diskussion von Streitfragen unter den Vertretern der verschiedenen Auffassungen wegen des Fehlens eines festen Ausgangspunktes unnütz und geradezu unmöglich ist. Und bei diesem Ausgangspunkt muß es sich — wie gelegentlich auch schon von anderen bemerkt[5] — um die Definition des Rechts selbst handeln: nur daß diejenige, von der man dabei mehr oder weniger offen ausgeht, dem gesetzten Ziel nicht dienen kann, da sie nicht genügend inhaltlich auffächerbare Elemente enthält.

Bezeichnend ist es weiterhin, woher — aller Wahrscheinlichkeit nach — die gängigen Definitionen des Rechts kommen. Sie stammen nämlich entweder unmittelbar aus der Privatrechtswissenschaft und wurden von da aus den übrigen Rechtsgebieten aufgezwungen, oder mittelbar von Gesichtspunkten, die ihrerseits es nicht vermocht hatten, sich vom Privatrecht freizumachen. In der Tat passen denn auch diese Definitionen viel besser für das Privatrecht als für andere Gebiete — wobei sich freilich zeigen wird, daß selbst im Privatrecht bestimmte Problemkreise einer wesentlich überzeugenderen Lösung zugeführt werden könnten, wenn man von einem schärfer ausgearbeiteten Rechtsbegriff ausginge. Dabei kann man allerdings kaum bestreiten, daß es für den überwiegenden Teil der privatrechtlichen Fragestellungen kaum erforderlich ist, das Recht anders als als Norm aufzufassen. Für einige Teile des öffentlichen Rechts gilt dies jedoch nicht. Hier handelt es sich um ein weiteres negatives Beispiel für die notwendigerweise unbesehene Übernahme von ursprünglich ausschließlich nur im Privatrecht erarbeiteten allgemeinen oder beiden Rechtsgebieten gemeinsamen Begriffen, zu

---

[5] Vgl. hierzu für das Völkerrecht *Anzilotti*, in: Rivista di diritto internazionale, VII (1913), S. 5, 6, 7; für das Kirchenrecht zuletzt *del Giudice*, Il diritto ecclesiastico in senso moderno, Roma 1915, S. 20 ff.

einer Zeit, als es eine Wissenschaft vom öffentlichen Recht noch nicht oder erst in Ansätzen gab. Die Folge davon war, daß sich die Wissenschaft dann später gezwungen sah, Ergänzungen und Verbesserungen vorzunehmen, um neu aufgetretene Elemente zu integrieren. Jeder, der diesen von den neueren Öffentlichrechtlern unternommenen langwierigen, aber entscheidenden Weg der Anpassung der ursprünglich rein privatrechtlichen Begriffe an das öffentliche Recht kennt, wird einsehen, wie notwendig die gleiche Arbeit für die Definition des Rechts selbst ist, die — um es noch einmal zu wiederholen — vom öffentlichen Recht und von der Rechtsphilosophie geschlossenen Auges aus dem Privatrecht übernommen wurde.

Im Gegensatz dazu muß man für diese Definition von der zutreffenden — und auch schon von anderen gemachten — Feststellung ausgehen, daß das Recht in seiner entscheidenden und grundsätzlichsten Ausprägung öffentlichrechtlich ist. Damit soll nicht jene neuere Auffassung vertreten werden, wonach — in Übersteigerung dieser Wahrheit — jeder Unterschied zwischen öffentlichem und privatem Recht geleugnet wird[6]. Aber sicherlich ist doch das Privatrecht lediglich eine schlichte Spezifizierung, eine Art Untergruppe des öffentlichen Rechts, in dem es letztlich seine Grundlage, seine Wurzel und seine Geltung findet: das Privatrecht wird — wenn auch nur selten ausdrücklich — vom öffentlichen Recht beherrscht[7]. Wenn dieser Ausgangspunkt richtig ist, dann muß man die Elemente des allgemeinen Rechtsbegriffs eher

---

[6] Vgl. insbesondere: *Weyr*, Zum Problem eines einheitlichen Rechtssystems, Archiv für öff. Recht, XXIII (1908), S. 529 ff.; *Kelsen*, Hauptprobleme (vgl. oben FN 1), S. X, 268 ff.; *Weyr*, Über zwei Hauptpunkte der Kelsenschen Staatsrechtslehre, Zeitschrift für das priv. u. öff. Recht, XL (1913), S. 183 ff.; *Laun*, Eine Theorie vom natürlichen Recht, Archiv für öff. Recht, XXX (1913), S. 397 ff.; *Kelsen*, Zur Lehre vom öffentlichen Rechtsgeschäft, ebenda, XXXI (1913), S. 55 ff.; *Weyr*, Zum Unterschiede zwischen öffentlichem und privatem Recht, Österr. Zeitschrift für öff. Recht, I (1914), S. 439 ff.

[7] Vgl. die Bemerkungen von *Petrone*, Il diritto nel mondo dello spirito, Milano 1910, S. 134 ff., denen wir jedoch insoweit nicht zustimmen können, als sie von der rein staatlichen Definition des Rechts ausgehen. Ähnlich auch *Coviello*, Manuale di diritto civile italiano, 2. Aufl., I, Milano 1915, § 6 [ebenso in der 4. Aufl. 1929]. Übrigens findet man in der älteren Lehre Ausführungen, die vom gleichen Gesichtspunkt ausgehen. So äußerte beispielsweise P. *Rossi*, daß das Zivilrecht seinen Anfang im Staatsrecht finde. Die entgegengesetzte Meinung (von einer Reihe von Autoren mehr oder weniger vertreten und gelegentlich zum Beweis bestimmter anderer Einzelpunkte herangezogen, und bei *Ravà*, Il diritto come norma tecnica, Cagliari 1911, S. 102 ausdrücklich formuliert), daß nur das Privatrecht wahres Recht sei, während die Rechtsverhältnisse des öffentlichen Rechts keine eigentlichen Rechtsbeziehungen seien; diese Meinung kann man nur unter Heranziehung des oben im Text Gesagten erklären: daß nämlich die allgemein verbreitete Definition des Rechts, von der diese Autoren ausgehen, im wesentlichen mit Blickrichtung auf das Privatrecht geschaffen wurde und daß sie deshalb in einem gewissen Sinn das öffentliche Recht schon von der Definition her nicht berücksichtigt. Es handelt sich dabei also um eine Mei-

aus dem öffentlichen, als aus dem Privatrecht abzuleiten versuchen. Das aber bedeutet, daß man genau umgekehrt wie die bisher überwiegende Auffassung vorgehen muß: freilich nicht so weit, daß man die Definition des Rechts nunmehr ausschließlich dem öffentlichen Recht zu entnehmen hätte, was dann wiederum für das Privatrecht nichts nutzen könnte — so würde man, nur unter umgekehrten Vorzeichen, den gleichen verfehlten Weg beschreiten. Anders ausgedrückt: eine echte und vollständige Definition des Begriffes Recht muß Elemente mitberücksichtigen, die in der bisherigen Literatur noch nicht genügend betont worden sind; das theoretische, vor allem aber auch das praktische Ziel muß es dabei sein, eine für jedes Rechtsgebiet brauchbare Definition zu liefern. Dies ist möglich, wenn es wahr ist, daß das Recht sich bei allen seinen verschiedenen Ausprägungen doch auf einen begrifflichen Ausgangspunkt zurückführen läßt.

Zur Bestätigung und Ergänzung des Vorgetragenen kann man schließlich noch hinzufügen, daß sich Juristen im allgemeinen einen Rechtsbegriff bilden, der gemeinhin von dem in der Praxis, d. h. von den Gerichten, angewandten Recht ausgeht[8]. Vom Standpunkt des Richters aus aber erscheint das Recht natürlicherweise als Regel, als Entscheidungsregel. Rechtsschutz aber gab es früher fast ausschließlich im Privatrecht, und auch selbst heute fehlt er noch weitgehend im öffentlichen Recht, wobei es sich dabei auch möglicherweise gerade um den Kernbereich des öffentlichen Rechts handelt; so erklärt es sich, daß man bei der Inhaltsbestimmung des Rechts nur seine Funktion als Norm zur Entscheidung von privatrechtlichen Streitigkeiten sah.

§ 3

Andere Argumente zeigen die Notwendigkeit einer Neufassung des Rechtsbegriffs noch deutlicher.

Häufig beruhen Ungenauigkeiten in der Definition abstrakter Begriffe auf sprachlichen Unzulänglichkeiten, nämlich darauf, daß nicht genügend unterscheidungskräftige Termini für die verschiedenen Sachinhalte zur Verfügung stehen. Vielleicht ist es darauf zurückzuführen, daß man bei der Behauptung, das Recht sei eine Verhaltensnorm, nicht berücksichtigt, welche unterschiedlichen Bedeutungen das Wort „Recht"

---

nung, die im Grunde genommen die Notwendigkeit zur Revision dieser Definition von einem öffentlichrechtlichen Standpunkt aus bestätigt.

[8] Man erinnere sich dazu an den Ausspruch von *Maitland*, wonach ein Beschreiben der Geschichte der englischen actions dasselbe wäre wie ein Beschreiben der Geschichte des englischen Rechts. Vgl. in diesem Zusammenhang auch die Beobachtungen von *Ehrlich*, Der praktische Rechtsbegriff, Festschrift für Zitelmann, München und Leipzig 1913, S. 8 ff.

annehmen kann; anstatt diese Unterschiede zu klären, ahnt man noch nicht einmal etwas von ihrem Bestehen.

In seiner ersten Bedeutung umfaßt das Wort „Recht" eine oder mehrere Einzelnormen — etwa ein Gesetz, eine Gewohnheit, ein Gesetzbuch — indem man sie entweder für sich allein betrachtet, oder unter inhaltlichen Gesichtspunkten, nach ihrer Entstehung, dem Zusammenhang oder anderen mehr oder weniger sachbezogenen Kriterien. Häufig versteht man jedoch unter Recht etwas Umfassenderes und auch inhaltlich Unterschiedliches, dann nämlich, wenn man von einer Rechtsordnung insgesamt spricht, beispielsweise vom italienischen, vom französischen Recht oder vom Kirchenrecht. In diesen Fällen muß man sich, um die herrschende Definition des Rechts auch auf das Recht im Sinne von Rechtsordnung anwenden zu können, eines Hilfsmittels bedienen, indem man jede dieser Rechtsordnungen als eine Gesamtheit von Normen ansieht. Eine solche Umschreibung widerspricht den Gesetzen der Logik, die bei einer Definition zu beachten sind; und deshalb kann sie auch die Wirklichkeit nicht wahrheitsgetreu wiedergeben.

Man darf für die Definition einer ganzen Rechtsordnung eben nicht nur deren einzelne Teile — oder diejenigen, die man dafür hält, nämlich die Einzelnormen — heranziehen, um dann zu sagen, die Rechtsordnung selbst sei die Gesamtheit ihrer Teile; man muß vielmehr das Charakteristische, das Wesentliche dieser Gesamtheit selbst zu erfassen versuchen. Jede andere Lösung würde das Eingeständnis voraussetzen, daß eine Rechtsordnung nichts anderes sei als die bloße Summe verschiedener Normen — genauso wie ein Einzelgesetz, eine bestimmte Verordnung oder ein Gesetzbuch, formal gesehen, nichts anderes als eine Aneinanderreihung verschiedener Paragraphen sind. Wenn man demgegenüber zugesteht, daß eine Rechtsordnung im obigen Sinne zweifelsohne nicht bloß die Summe ihrer Teile ist, sondern eine selbständige Einheit, und zwar, wohlgemerkt, keine künstliche oder durch Abstraktion gewonnene, sondern konkret-reale Einheit, dann muß man auch anerkennen, daß diese Rechtsordnung etwas qualitativ anderes ist, als ihre einzelnen Elemente. Darüber hinaus muß betont werden, daß man auch Einzelnormen nicht adäquat erfassen kann, wenn man nicht von dem übergeordneten Begriff einer einheitlichen Rechtsordnung ausgeht. Genausowenig kann man sich eine zutreffende Vorstellung von der Funktion der menschlichen Glieder oder von den Einzelteilen einer bestimmten Maschine machen, wenn man nicht vorher eine Vorstellung vom Menschen oder jener bestimmten Maschine hat.

§ 4

Die Notwendigkeit, eine Rechtsordnung in der dargestellten Weise als Einheit zu sehen, ist schon häufig betont worden[9] und fast schon zu einer Art Gemeinplatz der verschiedenen juristischen Auslegungstheorien geworden; seltsamerweise hat man aber nie versucht, diesen Gedanken für die Definition des Rechts logisch weiterzuführen. Das ist der keineswegs zufällige Grund dafür, daß dieser Gedanke kaum mehr als ein Lippenbekenntnis, eine vage, nebulöse und schwer greifbare Idee auch bei eben diesen juristischen Auslegungstheorien bleibt, obgleich einige ihrer zentralen Aussagen darauf aufgebaut sind. Dabei beschränken sich diese Theorien nicht darauf, den „System"charakter einer Rechtsordnung hervorzuheben, bestehend aus logisch miteinander verbundenen Normen — trotz der stückweisen und gelegentlich unvollkommenen Verwirklichung eines „Systems". Denn das Vorliegen eines „Systems" in diesem Sinne könnte man auch ganz einfach mit den Absichten des Gesetzgebers erklären: er weiß bei Erlaß eines Gesetzes nicht nur, daß es zu dem bereits geltenden Recht hinzutritt, sondern er zählt auch auf die interpretatorische Verbindungskunst der Rechtswissenschaft[10]. Häufig gehen diese Theorien über einen solchen Systembegriff hinaus und zwar, wie es scheint, nicht nur mit dem Ziel, den Gedanken des Systems deutlicher und lebendiger hervortreten zu lassen, sondern um auf einen, der Sache nach völlig anderen, Gedanken hinzuweisen. So spricht man beispielsweise von einem Willen, einer Gewalt, einer mens, einer Eigendynamik der Rechtsordnung, wobei es sich dabei um einen anderen Willen, um eine andere Eigendynamik, als die der Einzelnormen handeln soll, unabhängig auch vom Willen des Gesetzgebers, der sie erlassen hat; man behauptet weiter, die Rechtsordnung sei ein „lebendiges Ganzes", ein „Organismus", der jene „wenn auch verborgene Fähigkeit zur Ausdehnung und Anpassung" habe, auf die sich die Zulässigkeit des Analogieschlusses gründe[11]. Und bekanntlich soll sich dieser autonome Wille der Rechtsordnung nach Auffassung der Anhänger der sogenannten evolutionären Auslegungs-

---

[9] Vgl. beispielsweise *Perozzi*, Precetti e concetti dell'evoluzione giuridica, Atti della società italiana per il progresso delle scienze, 5. Sitzung, Roma 1912, S. 13 ff. des Sonderdrucks. Vgl. ferner *Redenti*, Intorno al concetto di giurisdizione, Sonderdruck aus den Scritti in onore di Simoncelli, Napoli 1916, S. 5; [neuestens hierzu *M. S. Giannini*, L'interpretazione dell'atto amministrativo e la teoria giuridica generale dell'interpretazione, Milano 1939, S. 111 und die dort zitierten Autoren, sowie *meine* Principii di diritto costituzionale generale, Milano 1945, Kapitel VI, § 7].

[10] Vgl. zu diesem Punkt die Bemerkungen bei *von Thur*, Der allgemeine Teil des deutschen bürgerlichen Rechts, I, Berlin 1910, S. 37 ff., sowie S. XI.

[11] Vgl. etwa *Coviello*, Manuale (s. oben FN 7), § 28; *Miceli*, Principii di filosofia del diritto, Milano 1914, § 135; die Zitate in diesem Sinne lassen sich unschwer vermehren.

theorie — ohne Ergänzung der Rechtsordnung durch neue Normen — einer sich wandelnden Umwelt anpassen können, und zwar allein durch die Veränderung der sozialen Umwelt, in der das Recht Anwendung findet.

Wenn man von den in dieser Frage so häufigen Übertreibungen — die aber ebenfalls schon recht bezeichnend sind — absieht, dann wird man kaum davon ausgehen dürfen, alle jene Begriffe, auch wenn sie mittlerweile zu Gemeinplätzen geworden sind, seien bloß feinsinnige Spielereien, seien eine Kabale der Gesetzesanwender mit ihrer Neigung, ihre Interpretationsaufgabe in die Wolken zu erheben und mit Geheimnissen zu umgehen. Es steckt nämlich doch die richtige Einsicht dahinter — die freilich noch bewiesen werden muß —, daß das Charakteristische einer Rechtsordnung nur dann erfaßt werden kann, wenn man sie als Einheit sieht und nicht nur die Einzelnormen, aus denen sie besteht, im Blickfeld hat. Dasjenige, das die Einheit der Rechtsordnung konstituiert, ist von den Einzelnormen weitgehend unabhängig. Daß diese so zu verstehende Einheit der Rechtsordnung bisher noch nicht erkannt wurde, hat einerseits zur Folge, daß das Prinzip der sogenannten „logischen Ausdehnung" der Einzelnormen ungenau bleiben muß, andererseits aber auch, daß ebenso unannehmbar die Auffassungen derjenigen[12] sind, die glaubten, auf dieses Prinzip völlig verzichten zu können, ohne jenes Element von Wahrheit, das es enthält, zu bewahren.

§ 5

Im übrigen hat es den Anschein, daß man über diesen Ansatzpunkt hinausgehen kann und muß. Bis jetzt lautet unsere These, daß die Definition des Rechts nicht dieselbe sein kann wie die der Normen, die seine Bestandteile bilden, und dies auch dann, wenn man von der Hypothese ausgeht, daß Inhalt des Rechts im wesentlichen nur die Normen seien. Nunmehr soll aber behauptet werden, daß diese Hypothese, die man doch fast als unbestrittene Voraussetzung aller Definitionen des Rechts bezeichnen könnte, der Wirklichkeit widerspricht. Sie haben nicht nur den Fehler, nicht richtig, also nicht logisch genau zu sein, also gerade das, was sie klären müßten, unbestimmt zu lassen, sondern vor allem jenen noch viel schwerwiegenderen Fehler, von einem völlig irrigen Postulat auszugehen.

---

[12] Vgl. beispielsweise *Stampe*, Rechtsfindung durch Konstruktion, Deutsche Juristenzeitung, X (1905), und, in gewissem Sinn, auch *Donati*, Il problema delle lacune dell'ordinamento giuridico, Milano 1910, passim, insbesondere S. 126 ff.

Diese Behauptung glauben wir auf verschiedene Weise belegen zu können.

Zuerst einmal erscheint es durchaus nützlich, wenn man sich auf die allgemeine Erfahrung beruft, oder, noch besser, auf die Bedeutung, die man ganz spontan dem Ausdruck „Rechtsordnung" geben würde. Wenn man in diesem Sinne beispielsweise vom italienischen Recht oder vom französischen Recht spricht, dann denkt man doch nicht nur an eine Serie von Regeln, oder stellt sich jene zahlreichen Bände vor, die die offizielle Sammlung der Gesetze und Verordnungen bilden. Woran der Jurist — und mehr noch der Nichtjurist, der die genannten Definitionen nicht kennt — denkt, ist dagegen etwas wesentlich Lebendigeres: es ist in erster Linie die komplexe und vielfältige Organisation des italienischen oder französischen Staates; es sind die zahlreichen Mechanismen und Beziehungen in ihrer Verbindung von Überordnung und Gewalt, die die Rechtsnormen schaffen, ändern, anwenden und sichern, die sich aber nicht mit ihnen identifizieren. Mit anderen Worten: die Rechtsordnung, so umfassend verstanden, ist ein Ganzes, das sich teilweise nach den Normen bewegt, das aber vor allem die Normen selbst bewegt, ähnlich wie Figuren auf einem Schachbrett. So sind diese Normen eher Objekt und Mittel der Tätigkeit der Rechtsordnung, anstatt Element ihrer Struktur zu sein[12a]. In gewisser Hinsicht kann man sogar sagen, daß die Normen den wesentlichen Zügen einer Rechtsordnung nur re-aktionsweise entsprechen: zumindest einige der Normen können sich ändern, während die Rechtsordnung selbst in ihren wesentlichen Zügen erhalten bleibt. Und häufig ist sogar der Ersatz bestimmter Normen durch andere die Folge und nicht etwa die Ursache einer substantiellen Änderung der Rechtsordnung. Dieser Gedankengang soll hier jedoch noch nicht weiterverfolgt werden; er wird später wieder aufgenommen und zu weiteren Schlußfolgerungen benutzt werden.

§ 6

Am besten aber bleibt man vorläufig einmal auf einem konkreten und — relativ gesehen — ebeneren Gelände, indem man Nutzen zieht aus einigen der verschiedenen Versuche zur Unterscheidung der Rechtsnormen von anderen mehr oder weniger mit ihnen verwandten Normen. Da wohl niemand behaupten würde, daß diese Versuche zu befriedigenden Ergebnissen geführt hätten, könnte sich der Fehler vielleicht aus der Art ergeben, in der man das Problem gewöhnlich angeht. Der Fehler scheint darin zu liegen, daß man versucht hat, den Charak-

---

[12a] [Dieser meiner Bemerkung stimmt C. *Schmitt*, Über die drei Arten des rechtswissenschaftlichen Denkens, Hamburg 1934, S. 24 zu.]

ter oder die Besonderheiten der Rechtsnorm zu ergründen. Dieser Weg aber kann eben deshalb nichts zur Klärung des Begriffes des Rechts beitragen, weil dieses sich nicht vollständig und stets auf Normen zurückführen läßt. Daher kommt es, daß man ein Problem zu lösen versucht hat, indem man es für identisch mit einem anderen, viel engeren hielt. Die Folge davon: eine Serie von Auswegen und Notbehelfen, die, wie mir scheint, einiges Licht auf meine These werfen. In der Tat haben die vorgeschlagenen Lösungen in ihrer scheinbaren Vielfalt mehr gemein, als man annehmen könnte: ohne es zu bemerken und ohne sich darüber Rechenschaft abzulegen, suchen sie die entscheidenden Charakteristiken der Rechtsnorm in Elementen, die außerhalb des Begriffs der Norm stehen. Auf diese Weise widersprechen sie ihrem eigenen Ausgangspunkt, und zeigen gegen ihren eigenen Willen, daß dieser Begriff nicht dem des Rechts entspricht.

Es ist recht nützlich, von diesem Gesichtspunkt aus jene weitverbreitete Auffassung zu untersuchen, wonach sich das Recht von anderen Normen vor allem durch seine „formalen" Eigenschaften unterscheide. Schon dieser Ausdruck müßte zum Nachdenken veranlassen, da er sich doch offenbar auf etwas bezieht, was außerhalb der Rechtsnorm selbst steht und nur einen äußerlichen Aspekt bildet: nachdenken müßte man also über die Frage, warum das Recht definiert werden soll durch diesen äußeren Aspekt statt durch die Substanz der Normen, aus denen es angeblich zusammengesetzt sein soll. Streng genommen könnte man daraus dann sogar schließen, daß Recht und Norm nicht identisch sind, sondern daß die Norm vom Recht umschlossen wird und von ihm einen bestimmten Aspekt aufgeprägt erhält. Wir wollen aber nicht bei solchen Betrachtungen verharren, um so mehr, als der Ausdruck „Form" zu jenen gehört, die man mit allen möglichen Bedeutungsinhalten füllen kann[13] (vgl. im folgenden § 14). Betrachten wir lieber, worum es sich bei diesen sogenannten „formalen Eigenschaften" handeln soll.

Einige von ihnen können wir ohne weiteres beiseite lassen, teils weil sie ohnehin nur von einer Mindermeinung als „formale Eigenschaften" angesehen werden, teils auch deshalb, weil wir sie in späteren Arbeiten noch genauer untersuchen werden. An dieser Stelle genügt es, sich mit zwei Eigenschaften näher zu befassen, die — wenn man sie auch nicht immer in der gleichen Weise versteht — doch ganz (oder fast

---

[13] Vgl. *del Vecchio*, I presupposti filosofici della nozione del diritto, Bologna 1905, S. 173. [Wenn dieser Autor in Moderne concezioni del diritto, in Rivista internazionale di filosofia del diritto, 1921, S. 6 des Sonderdrucks, dieser meiner Bemerkung entgegenhält, daß die formalen Charakteristika des Rechts auch seine wesentlichen seien, weil „forma dat esse rei", dann ist das eine vollständig zutreffende Bemerkung, nur daß *del Vecchio* hierbei das Wort „forma" in einer philosophischen Bedeutung verwendet, die mit der hier im Text gebrauchten nicht völlig übereinstimmt.]

ganz) unbestritten in der Lehre anerkannt sind: es handelt sich um jene, die man gewöhnlich als Objektivität der Norm und als rechtliche Sanktion bezeichnet.

§ 7

Was die erste dieser beiden Eigenschaften anbelangt, so heißt es, das Recht bestehe aus Normen, die sich von dem Bewußtsein des Rechtsunterworfenen vollständig gelöst und eine eigene und autonome Existenz angenommen hätten. Nicht, daß das Recht nicht etwa seine tiefste Wurzel in jenem Bewußtsein hätte, sich aus seinem Inneren heraus entfaltete und sein leuchtendes Spiegelbild wäre: es ist darüber hinaus auch mehr als dieses Bewußtsein, überwindet es und stellt sich ihm gelegentlich auch entgegen. Zwar sehen nämlich im Regelfall die einzelnen Individuen im jeweiligen Mitmensch einen „Genossen", und daraus ergibt sich eine spontane Neigung zur Zusammenarbeit und zur Achtung der Freiheitsrechte des anderen: aber da es zwischen den verschiedenen Individuen Gegensätze und Spannungen geben kann, ist das Eingreifen eines höheren Bewußtseins erforderlich, das aus jenen Individuen gemeinsam erwächst. Dieses Bewußtsein, Ausdruck sowohl der Koexistenz der Individuen als auch des Systems, in dem sie ihre Einheit finden, Mittler und Bezugspunkt zwischen den Teilen und mit dem Ganzen, sozusagen die Inkarnation des sozialen Ichs, des typischen, abstrakten, objektiven socius: dieses Bewußtsein wird eben vom Recht gebildet. Von daher rührt jene sogenannte formale Bedeutung des Rechts, die man als Herrschaft der Objektivität definiert[14].

Aus diesem Gedanken ergibt sich als logische Schlußfolgerung, daß unter Recht nicht — oder nicht nur — die auf diese Weise gesetzte

---

[14] Vgl. das bereits (oben FN 7) zitierte Werk von *Petrone*, Il diritto nel mondo dello spirito, passim, und die frühere Schrift dieses Autors: Contributo all'analisi dei caratteri differenziali del diritto, Rivista italiana di scienze giuridiche, XXXII (1897), S. 367 ff.; vgl. ferner *Miceli*, La norma giuridica, Palermo 1906, S. 197 ff., und seine Principii (vgl. oben FN 11), § 54.
Croce, Filosofia della pratica, 2. Aufl., Bari 1915, S. 323 ff. [5. Aufl., S. 307 ff.] faßt in Übereinstimmung mit seiner These von der Reduktion des Rechts auf das Wirtschaftliche in einer einzigen Kategorie sowohl die sozialen Normen als auch jene zusammen, die das Individuum, wenn es sich ein Programm macht, sich selbst diktiert. Auf diese Weise eliminiert er die formalen Elemente des Rechts — Objektivität und Sanktionsbewehrtheit — die lediglich empirische Begriffe seien und die man deshalb in der Philosophie nicht verwerten könne. Hier ist nicht der Ort zu einer kritischen Auseinandersetzung mit der Theorie von *Croce*. Doch scheint die Feststellung notwendig, daß diese Lehre, indem sie von einem ausschließlich philosophischen Standpunkt aus die Autonomie des Rechtsbegriffes leugnet und es in eine umfassendere Kategorie einordnet, jedenfalls demjenigen nicht als Basis dienen kann, der die Existenz und Autonomie eines solchen Rechtsbegriffes bejaht, wenn auch nur auf Grund empirischer Feststellungen. Mit anderen

Norm zu verstehen ist, sondern das Ganze, das solche Normen setzt[15]. Jener Prozeß der Objektivierung, aus dem das „Recht" entsteht, beginnt nicht erst mit der Schaffung einer Regel, sondern bereits zu einem früheren Zeitpunkt: die Normen selbst sind nur eine Ausprägung, eine seiner verschiedenen Ausprägungen, ein Mittel, durch das sich jenes oben erwähnte soziale Ich verwirklicht. Es besteht daher auch kein Anlaß für die Annahme, jenes „soziale Ich" sei für das Recht ein Terminus a quo[16] — vielmehr ist es identisch mit dem Recht, und die Norm bildet lediglich seine Stimme, oder, besser gesagt, eine seiner Stimmen, eine der Arten, in denen es tätig wird und seine Ziele erreicht. Existenz und Struktur dieses sozialen Ichs bringen am deutlichsten jenes, das Recht charakterisierende Element der Objektivität zum Ausdruck. Sie kennzeichnen und begrenzen den Begriff der Rechtsordnung. Die Objektivität der Normen ist ihrerseits nur ein Reflex — wesentlich schwächer und manchmal nur ein bleicher Abglanz — der Objektivität dieses Ganzen, und man könnte sie ohne Bezugnahme auf jenes Ganze nicht einmal definieren. Die Rechtsnorm ist nicht deshalb objektiv, weil sie niedergeschrieben oder auf andere Weise genau formuliert ist: wenn dem so wäre, dann unterschiede sie sich nicht von zahlreichen anderen Normen, die auch auf diese äußerliche Weise formuliert werden können; und schließlich gibt es bekanntlich auch noch einige Rechtsnormen — zum Beispiel das Gewohnheitsrecht —, die keine solche Genauigkeit erreichen. Die Objektivität ist die an die Unpersönlichkeit der rechtsetzenden Macht gebundene Eigenschaft; sie beruht darauf, daß diese Macht etwas ist, was über die einzelnen Individuen hinausgeht und sich über sie erhebt, darauf, daß diese „Macht" selbst „Recht" ist. Mit jeder anderen Erklärung würde die sogenannte Eigenschaft der Objektivität entweder überhaupt nichts mehr aussagen oder — noch schlimmer — Anlaß zu Irrtümern bilden.

Worten, welches auch immer der philosophische Wert dieser Lehre sein mag, so kann sie doch für die eigentliche Rechtswissenschaft keinen Wert haben; die Rechtswissenschaft darf, ohne sich selbst aufzugeben, nicht darauf verzichten, sich ihre eigene Vorstellung vom Recht zu bilden.

Zur „Innengerichtetheit" jeder Autorität und jedes Gesetzes, welche „auch im Innern der Person, im Innern des Individuums" nicht fehle, möge man *Gentile*, I fondamenti della filosofia del diritto, Sonderdruck aus den Annali delle Università toscane, Pisa 1916, S. 39 ff., 47 ff. konsultieren.

[15] In diesem Sinne hat man — von der Theorie, die die Verbindlichkeit des Rechts auf seine Anerkennung durch die zu dem Rechtsganzen verbundenen Personen gründet, ausgehend — bemerkt, daß sich diese Anerkennung nicht so sehr auf die Norm als solche, sondern auf die Stelle, von der sie herrührt, bezieht. Vgl. *Anzilotti*, Corso di diritto internazionale, I, Roma 1912, S. 27 [S. 42 in der 3. Aufl. 1928; S. 32 in der deutschen Ausgabe mit dem Titel „Lehrbuch des Völkerrechts", I, Berlin 1929].

[16] Einige spezielle Einwände gegen die von uns für richtig gehaltene Auffassung sind von einem weiter unten noch näher zu erörternden Gesichtspunkt aus vorgebracht worden: siehe *Petrone*, Il diritto (vgl. oben FN 7), S. 140 ff. sowie einige andere, später zu zitierende Autoren.

Das wird dadurch bestätigt, daß es — nicht nur in abstracto vorstellbar, sondern bekanntlich auch in historischen Beispielen — Rechtsordnungen gibt, in denen geschriebene oder ungeschriebene echte „Normen" fehlen. Schon andere haben dargelegt, daß man sich eine Ordnung vorstellen kann, in der es keinen Gesetzgeber, sondern nur einen Richter gibt. Ein bloßer Ausweg aus diesem logischen Dilemma wäre die Annahme, daß der Richter in einem solchen Falle gleichzeitig mit der Entscheidung des konkreten Falles auch die Norm setze, an der er sein Urteil ausrichte. Diese Annahme wäre jedoch nur eine Frucht unserer heutigen Vorstellungsweise und stünde im Gegensatz zur Wirklichkeit. Es ist vielmehr so, daß ein Urteil von der sogenannten Einzelfallgerechtigkeit bestimmt sein kann, von der Billigkeit oder von anderen Elementen, die etwas ganz anderes sind als eine echte Rechtsnorm, die sich ihrerseits ihrer Natur nach auf eine Reihe oder Gruppe von Handlungen bezieht und daher abstrakt und allgemein ist. Wenn dem aber so ist, dann muß man in dieser dargestellten Situation das rechtliche Element nicht in einer Norm suchen — an einer solchen fehlt es —, sondern in der Gewalt des Richters, der das objektive soziale Bewußtsein ausdrückt, und zwar mit anderen Mitteln als jenen, die für komplexere und entwickeltere Ordnungen charakteristisch sind.

Im übrigen kann man noch eine neuere, sich langsam verbreitende Auffassung heranziehen, wonach das objektive Recht nicht nur aus Normen besteht, die durch ihren allgemeinen Charakter gekennzeichnet sind, sondern auch aus individuellen und konkreten Vorschriften. Der Anhänger der hier bekämpften Auffassung muß entweder auch jene Vorschriften als Normen ansehen oder zugeben, daß das Recht außer aus Normen auch noch aus anderen Elementen besteht. Nun, uns scheint es nicht zweifelhaft, daß die Norm dadurch Norm ist, daß sie allgemein und abstrakt ist, und daher erscheinen die Versuche, ihre Definition bis zur Eingliederung von Einzelmaßnahmen — oder von bestimmten Einzelmaßnahmen — auszudehnen, als ziemlich sinnlos. Die berühmte verfassungsrechtliche Streitfrage, ob das sogenannte Gesetz im materiellen Sinn stets ein allgemeines Gesetz sein müsse, wird gewöhnlich schon falsch gestellt — aus eben dem angedeuteten Grunde: man setzt den, unserer Ansicht nach, irrigen Ausgangspunkt, daß das Gesetz im eigentlichen Sinne ausschließlich rechtliche Normen enthalte, und damit stößt man auf die unlösbare Frage, ob man bestimmten Einzelmaßnahmen den Gesetzescharakter absprechen müsse — obwohl es sich dabei ganz offensichtlich um Recht im objektiven Sinn handelt — oder ob man Dinge als Norm anzusehen hätte, die — genauso offensichtlich — keine Normen sind[16a].

[16a] [Für eine genauere und teilweise andere Formulierung dieser Begriffe vgl. nunmehr meine Principii di diritto costituzionale generale (vgl. oben FN 9), Kap. VII, § 2, Nr. 2 und 3; XI, § 5, Nr. 1; XXII, § 1, Nr. 10.]

Man kommt immer wieder auf den gleichen Ausgangspunkt zurück: die sogenannte Objektivität der Rechtsordnung kann nicht auf die Rechtsnormen begrenzt und beschränkt werden. Sie bezieht sich auf sie und spiegelt sich in ihnen, aber sie nimmt ihren Ausgangspunkt stets in einem logisch und materiell den Normen vorgängigen Moment; häufig hat sie eine Bedeutung, die mit der Norm selbst nichts zu tun hat. Das läuft auf die Aussage hinaus, daß die Normen ein Teil der Rechtsordnung sind oder sein können, jedoch keineswegs ihren alleinigen Inhalt ausmachen.

§ 8

Zu gleichlaufenden Betrachtungen führt das andere sogenannte formale Element des Rechts, d. h. die Sanktion, die für einige das einzige charakteristische formale Element bildet[17]. Hier ist nicht der Ort, die vielen Streitfragen dazu aufzurühren, was man unter „Sanktion" zu verstehen hätte, und dann zu untersuchen, ob es von Vorteil wäre, diesen Begriff durch einen anderen zu ersetzen, der die Sache besser zum Ausdruck bringt: ob es möglich sei, von einer „unwiderleglichen Verbindlichkeit" des Rechts zu sprechen: ob es sich um Zwang, oder — wie es manche auszudrücken belieben — um Erzwingbarkeit handelt; oder ob es statt dessen, wie wir meinen, ausreicht, von einer schlichten „Garantie" zu sprechen, gleichgültig, ob es sich um eine direkte oder indirekte, unmittelbare oder mittelbare, präventive oder repressive, sicher eintretende oder nur wahrscheinliche — und daher unsichere — Garantie handelt, wobei diese im letzten Falle freilich in gewisser Hinsicht im Gebäude der Rechtsordnung angelegt und vorgesehen sein muß. Wichtig ist hier jedoch die Feststellung, daß, wenn man das Recht als sanktionsbewehrte Norm bezeichnet, dies doch wohl nur bedeuten kann, daß das Recht Norm sei und daß eine andere Norm hinzukomme, die nun ihrerseits die Sanktion bildet. Wenn dem so wäre, dann müßte man daraus ableiten, daß die Sanktion ihrerseits kein notwendiges und wesentliches Element des Rechts sei. Und in der Tat sind diejenigen, die jene Prämisse begrifflich weiterverfolgt haben, zu dieser Schlußfolgerung gelangt. Man hat im wesentlichen wie folgt argumentiert: nach herrschender Lehre wäre ein Gebot nur dann ein rechtliches, wenn ihm ein anderes beigefügt sei, das ein Zwangsrecht bilde und auf diese Weise dem vom ersteren geschaffenen Recht Wirksamkeit verleihe. Formal könnten diese verschiedenen Gebote als Einheit auftreten, inhaltlich aber müßten sie voneinander unterschieden werden; sie schüfen, im subjektiven Sinn, zwei Rechte, von denen das eine primär

---

[17] Siehe insbesondere *Ihering*, Der Zweck im Recht, Leipzig 1893, I, 3. Aufl., S. 435 ff.

und das andere sekundär sei. Deshalb leiteten sie sich nicht aus der gleichen Norm ab[18]. Damit aber nun jenes zweite Gebot wiederum als rechtliches bezeichnet werden könne, müßte es auch seinerseits von einem weiteren — dritten — begleitet sein, dieses von einem vierten, und so fort; schließlich müßte man irgendwo bei einem anlangen, dem jenes komplementäre Gebot fehlt und wo man daher eine Rechtsnorm ohne Sanktion hätte[19]. In Wahrheit zeigt diese Argumentation — die zwar in sich geschlossen ist und die man angestellt hat, um die Sanktion als notwendiges Element des Rechts zu leugnen — unserer Meinung nach lediglich, daß ihr Ausgangspunkt falsch ist, und dazu kann man diese Argumentation ganz gut benutzen. Die Sanktion kann sich unserer Auffassung nach nämlich in der Tat nicht aus irgendeiner speziellen Norm ergeben, sie kann vielmehr nur ein immanenter Bestandteil innerhalb des organischen Mechanismus der Rechtsordnung in ihrer Gesamtheit sein. Die Sanktion kann somit auch etwa auf bloß indirekte Weise wirken, als schlichte praktische Garantie, ohne dabei irgendein subjektives Recht zu schaffen. Das Fehlen eines subjektiven Rechts bei einer solchen schlichten praktischen Garantie zeigt, daß es auch insoweit keine Norm gibt, aus der sich ein solches Recht — als das notwendige einschränkende Korrelat der sozialen Macht — ableiten ließe. Wenn man demnach behauptet, die Sanktion sei ein Element des Rechts, dann behauptet man damit ebenso — freilich ohne es zu wollen —, daß das Recht nicht nur aus „rechtlichen" Normen besteht, und daß diese mit anderen Elementen verbunden und von ihnen in ihrer Wirksamkeit abhängig sind. Man kann also sagen, daß die Sanktion (also jene anderen Elemente) nicht nur nicht bloß irgendeine Ergänzung, etwas neben den Normen stehendes Zusätzliches ist, sondern ein ihnen vorgängiges Moment, die Basis und Wurzel, auf die jene sich gründen. Daher ist es für die Definition des Rechts notwendig, den Begriff der Sanktion zu untersuchen, noch bevor man dies für die Normen selbst unternimmt[19a]. Was die Normen selbst anbelangt, sollte man also nicht mehr bestreiten, daß die Sanktion Element des Rechts ist; dann sollte man aber auch nicht auf halbem Wege stehenbleiben, wie dies manchmal geschehen ist, indem man zwar die Existenz dieses Elements zugab, gleichzeitig ihm aber eine bloß außerrechtliche Bedeutung zuwies. Da es in der Tat unlogisch wäre, ein wesentliches Element des Rechts außerhalb des Rechts zu suchen, stimmt diese Meinung[20] im übrigen praktisch mit

---

[18] Hierzu ebenso *Anzilotti*, Teoria generale della responsabilità dello Stato nel diritto internazionale, Firenze 1902, FN auf S. 61 und die dort zitierten Autoren.
[19] *Triepel*, Völkerrecht und Landesrecht, Leipzig 1899, S. 103 ff.
[19a] [Für jene, die nunmehr ebenfalls dieser Auffassung zustimmen, vgl. zuletzt *Ago*, Lezioni di diritto internazionale, Milano 1943, S. 24 ff.]
[20] Auf sie (*Marinoni*, La responsabilità degli Stati per gli atti dei loro rappresentanti secondo il diritto internazionale, Roma 1914, S. 35 ff.) werden wir weiter unten (§ 22) noch zurückkommen.

jener überein, die die Sanktion überhaupt nicht als Eigenschaft des Rechts ansieht. Bezeichnend an dieser Auffassung bleibt aber, daß — wenn man mit der herrschenden Lehre das Recht als Norm auffaßt — die Sanktion vom Begriff des Rechts ausgeschlossen bleibt, während man ihr doch wohl irgendeinen Platz zuweisen müßte (vgl. unten § 22).

§ 9

Bedenken gegenüber der hier als Kritik an den herrschenden Auffassungen vorgetragenen Meinung — die im folgenden noch näher zu beweisen sein wird — könnten sich aus der gewöhnlich dem Terminus „Rechtsordnung" gegebenen allzu wörtlichen und begrifflichen Bedeutung ergeben. Bei diesem Ausdruck wird man in der Tat verleitet, an die Begriffe „Regel" und „Norm" zu denken, so daß man sich eine darauf nicht vollständig zurückführbare Ordnung nur schwer vorstellen kann. Freilich handelt es sich hier, wie man leicht erkennt, nicht um ein substantielles Problem, sondern um ein äußerliches, fast ausschließlich auf dem Sprachgebrauch beruhendes, um eine sich aus der Unbestimmtheit und mangelnden begrifflichen Schärfe des Sprachgebrauchs ergebende Schwierigkeit. Diese Unbestimmtheit ist häufig Ursache von Ungenauigkeiten bei der Definition abstrakter Begriffe.

Um diese Schwierigkeit auszuschalten, würde es genügen, das Wort „Ordnung" durch ein anderes zu ersetzen, das nicht auf Grund so eingefahrener geistiger Gewohnheit an die Normidee erinnert, ohne sie freilich ganz auszuschließen — dann hätte man ein neues Wort, das, auf andere Weise, sicherlich genauso unscharf wäre.

§ 10

Der Rechtsbegriff muß unserer Auffassung nach die folgenden wesentlichen Elemente enthalten:

a) In erster Linie muß er auf den Begriff der Gesellschaft zurückgeführt werden. Dies muß in zwei einander sich ergänzenden, wechselseitigen, Richtungen geschehen: was die rein individuelle Sphäre nicht verläßt, was über das Leben des einzelnen nicht hinausgeht, das ist nicht Recht (ubi ius ibi societas)[21]; zum andern gibt es keine Gesellschaft

---

[21] Zur Meinung von *Croce*, Filosofia della pratica, 2. Aufl., S. 323 [5. Aufl., S. 307 ff.], vgl. das oben in FN 14 Gesagte. Bereits *Rosmini*, Filosofia del diritto, I, Milano 1841, S. 146 f. hatte „aus dem Begriff des Rechts im allgemeinen nicht nur den der Gesellschaft, sondern auch jenen einer nur rein tatsächlichen Koexistenz" herausgenommen, dies in dem Sinne, daß seiner

im echten Sinn, ohne daß sich in ihr das Phänomen Recht manifestierte (ubi societas ibi ius). Freilich setzt jener letzte Satz einen Begriff von Gesellschaft voraus, der an dieser Stelle unbedingt klargestellt werden muß: unter Gesellschaft ist nicht nur irgendeine, jedes rechtlichen Elements ermangelnde, Beziehung zwischen verschiedenen Individuen zu verstehen — beispielsweise Freundschaft[22] —, sondern ein Ganzes, das vor allem auch formal und vom äußeren Erscheinungsbild her eine eigene konkrete Einheit bildet, die sich von den von ihr umfaßten Individuen unterscheidet. Dabei muß es sich um eine in der Wirklichkeit bereits verfaßte Einheit handeln. Um dazu nur ein Beispiel anzuführen: die Angehörigen einer Klasse oder Schicht, die als solche nicht organisiert ist, sondern lediglich durch die Beziehung der Personen zueinander bestimmt ist, bilden keine Gesellschaft im eigentlichen Sinne. Im folgenden wird dieser Gedanke noch verschiedentlich heranzuziehen sein.

b) Zweitens muß der Begriff des Rechts die Idee der sozialen Ordnung enthalten. Dies erlaubt den Ausschluß aller jener Elemente, die sich auf die reine Willkür oder auf eine bloß tatsächliche — also ungeordnete — Gewalt zurückführen lassen. Dieses zweite Prinzip ist im übrigen nur ein Aspekt des oben unter a) genannten ersten und darf auch nur in den Grenzen als Charakteristikum des Rechts angesehen werden, in denen es sich aus dem Begriff der Gesellschaft ableiten läßt: jede soziale Erscheinung ist allein dadurch, daß es sich um eine „soziale" handelt, auch eine „geordnete", jedenfalls im Hinblick auf die Angehörigen der sozialen Gruppe[23].

c) Die vom Recht geschaffene soziale Ordnung hat nichts mit derjenigen „Ordnung" zu tun, die sich aus der Existenz der Normen ergibt,

---

Auffassung nach eine „mögliche Koexistenz" ausreichend war, gemäß welcher sich das Individuum stets als „in hypothetischer Beziehung zu möglichen anderen seinesgleichen befindlich sehen konnte". [Im übrigen findet sich diese Auffassung, daß das Recht nicht notwendig an irgendeine Form von Gesellschaft gebunden sei, bekanntlich immer wieder, auch in der neuesten Literatur. Doch handelt es sich dabei um eine Auffassung, die, auch wenn man sie nur vom philosophischen Standpunkt aus betrachtet, jedenfalls einen Rechtsbegriff voraussetzt, der nicht der des positiven Rechts ist, von dem der Jurist auszugehen hat.]

[22] Die Tatsache, daß sich auch in solchen Beziehungen wie etwa Freundschaft, das Element der Autorität, das sich aus Ehrerbietung oder Anerkennung ergeben kann, findet (*Gentile* — vgl. oben FN 14 — S. 47 ff.), macht es nicht unmöglich, diese Gesellschaft in weitem Sinne von den Gesellschaften im engeren Sinne zu unterscheiden, in denen echte rechtliche Phänomene zu beobachten sind.

[23] Wie man sieht, befassen wir uns mit jener in der Philosophie üblichen Fragestellung nach der allgemeinen Beziehung zwischen Recht und Macht nicht, ebensowenig wie mit dem Unterproblem dieser Frage (welches sodann mit der Beziehung zwischen Ethik und Recht zusammenhängt) nach dem Unterschied zwischen gerechtem und ungerechtem, doch mit Zwangsmitteln durchgesetztem, Recht.

die die sozialen Beziehungen regeln: diese Normen können durchaus neben der sozialen Ordnung bestehen, im Regelfall bedient sie sich ihrer vielmehr und gliedert sie in den von ihr geschaffenen Rahmen ein. Daraus ergibt sich für das Recht folgendes: noch bevor es Norm wird, noch bevor es sich auf ein einzelnes oder eine Reihe von Lebensverhältnissen bezieht, ist es *Organisation, Struktur* und *Grundlage* eben jener Gesellschaft, in der es sich verwirklicht und die es seinerseits als ein autonomes Gebilde, als Einheit konstituiert. Auch dies folgt aus dem, was oben zur genaueren Abgrenzung und Bestimmung des Typs von Gesellschaft, in dem sich Recht bildet, gesagt wurde.

Wenn dem so ist, dann scheint uns der Begriff der „Institution" zur genauen Wiedergabe dessen, was das „Recht" ist, notwendig und ausreichend zu sein. Recht ist hierbei die Rechtsordnung in ihrer *Gesamtheit* und unter dem Blickwinkel auf ihre Einheit. Jede Rechtsordnung ist Institution, und, umgekehrt, jede Institution ist Rechtsordnung: die Gleichung zwischen beiden Begriffen ist notwendig und absolut.

So kann also der Ausdruck „Recht" (im objektiven Sinn gebraucht) unserer Auffassung nach zwei Bedeutungen haben. Er kann einmal a) eine Ordnung in ihrer Gesamtheit und Einheit — also eine Institution — bezeichnen, und er kann zweitens b) eine Vorschrift oder einen Komplex von Vorschriften (Normen oder Gebote im Einzelfall) meinen, wobei diese Vorschriften in verschiedener Weise miteinander verbunden oder systematisiert sein können. Diese Vorschriften wollen wir — um sie von den nichtrechtlichen zu unterscheiden — institutionelle nennen, um dadurch ihre Verbindung mit der Ordnung als ganzer — also der Institution, deren Elemente sie sind — deutlich hervorzuheben. Diese Verbindung mit der Ordnung als ganzer ist notwendig und ausreichend, um diesen Vorschriften rechtliche Qualität zuzuweisen.

Auf diesen letzten Punkt werden wir in einer anderen Untersuchung zurückkommen müssen. Hier geht unser Interesse nur darauf, den ersten dieser beiden Aspekte des Rechts zu entwickeln; wir wollen auf diese Weise die Bezugspunkte und die Unterschiede unserer Auffassung vom Recht im Vergleich zu den sonst allgemein vertretenen Auffassungen darlegen. Vor allem aber ist es erforderlich, die Bedeutung, in der wir das Wort Institution verwenden, genauer zu klären — jenes Wortes „Institution", das sich für die verschiedenartigsten Verständnismöglichkeiten geradezu anbietet.

§ 11

Im außerjuristischen Sprachgebrauch — wenn freilich auch nicht in der Umgangssprache — ist häufig von Institutionen, in einem sehr weiten Sinne, die Rede. Dabei nähert sich dieser Sinn der Bedeutung, in der wir den Begriff verwenden. Weitverbreitet sind z. B. Ausdrücke wie „istituzioni politiche", „istituzioni religiose"[23a] und ähnliche. Im technisch-juristischen Sprachgebrauch ist man dagegen von einem sehr engen Begriff der Institution ausgegangen, und erst in jüngster Zeit hat er etwas umfassenderen Inhalt und mehr Bedeutung gewonnen, ohne freilich in seinem vollen Umfang gebraucht zu werden.

Für den Juristen war die Institution — zumindest bis vor wenigen Jahren — nichts anderes als eine Untergruppe der juristischen Personen und diente — nach der seit einiger Zeit wohl überwiegenden Meinung — als Gegensatz zu der anderen Untergruppe, den Personenverbänden. Der Begriff wurde demnach nur in der Lehre von den Rechtssubjekten gebraucht, und da diese Lehre bekanntlich vor allem und am umfassendsten im Bereich des Privatrechts ausgearbeitet wurde, ist die Idee der Institution im Bereich des öffentlichen Rechts ziemlich unfruchtbar geblieben, obgleich sie gerade dort von besonderem Nutzen wäre. Jener Mangel wird freilich ein wenig gemildert durch eine seit jeher bestehende Tendenz, juristische Personen als Rechtsgebilde von öffentlicher Bedeutung anzusehen. Doch bleibt es bei der Feststellung, daß man sich die Institution stets nur im Rahmen der juristischen Person vorgestellt hat — nicht enger und nicht weiter. Nur als Hinweis sei bemerkt, daß wir den auf diesen engen Rahmen beschränkten Begriff hier nicht übernehmen.

In jüngster Zeit kann man jedoch sowohl bei französischen wie bei deutschen Autoren eine Tendenz zur Erweiterung dieses Begriffes über seinen bisherigen Rahmen hinaus feststellen. In der deutschen Lehre geschieht dies freilich mehr nebenbei und nur gelegentlich und meistens im Zusammenhang mit den juristischen Personen; in der französischen Lehre wird das Thema mehr als eigenständige Frage erörtert, unter Bezugnahme auf zahlreiche Argumente aus dem Bereich des öffentlichen Rechts, aber auch mit dem einen oder anderen aus dem Privatrecht — freilich fehlt es verschiedentlich an einer genauen und präzisen Formulierung des Problems.

In dieser Richtung gilt es vor allem, an jene Lehre[24] zu erinnern, die das Substrat einer juristischen Person in einer „Organisation" zu erkennen glaubt und wonach somit der Begriff der Organisation jenem der juristischen Person vorgängig sein soll. Die Organisation oder In-

---

[23a] Anmerkung des Übersetzers: Dieses sprachliche Beispiel ist im Deutschen nicht nachvollziehbar. „Istituzioni politiche" ist — in etwa — ein Ausdruck für die verschiedenen öffentlichen Körperschaften, Behörden, etc.; „Istituzioni religiose" ist das, was sich von der Kirche in der sozialen Außenwelt zeigt (die Kirche selbst, ihre Organe, die Orden, etc.).

[24] Vgl. dazu *Ferrara*, Teoria delle persone giuridiche, Napoli 1915, S. 315 ff. [und neuerdings sein anderes Werk, Le persone giuridiche, in Trattato di diritto civile italiano, diretto da Vassalli, Torino 1938, S. 27 ff.]

stitution („Einrichtung")²⁴ᵃ wäre nicht schon von Natur aus vorhanden, mit einem gewissen Eigenleben ausgestattet, sondern diente zur Erreichung bestimmter sozialer Zwecke und würde dazu als Rechtssubjekt erdacht oder als solches angesehen. Dunkel bleibt bei solchen Definitionen, was denn nun, etwas genauer ausgedrückt, diese Organisation, diese neue soziale Größe wäre; es heißt dazu sogar, hier handle es sich um einen derart elementaren Begriff, daß er einer näheren Analyse nicht zugänglich sei²⁵. Auf jeden Fall bleibt festzuhalten, daß man sich dieses Begriffs in der deutschen Lehre bedient hat, um jenen der juristischen Person zu klären. Im Hinblick auf unsere These hat er daher nur mittelbare Bedeutung insofern, als auch hier die Meinung vertreten wird, daß es in der Welt des Rechts Erscheinungen gibt, die nicht schon von Natur aus „Organismen" sind, wie es die sogenannte organische Theorie behauptete, sondern bloße Institutionen, also Organisationen, die entweder aus Personen bestehen (Personenverbände) oder aus anderen Elementen (Stiftungen)²⁶.

Im Bereich des Verwaltungsrechts hat man in Deutschland die Rechtsfigur der „Anstalt"²⁶ᵃ herausgearbeitet. Dabei soll es sich nicht um eine juristische Person handeln, sondern um eine Zusammenfassung, eine Einheit von Mitteln — sächlichen oder persönlichen —, die in der Hand eines Verwaltungssubjekts ständig einem bestimmten öffentlichen Interesse zu dienen bestimmt ist. Beispiele dafür sind das Heer, eine Schule, eine Sternwarte, eine Akademie, die Post, usw.²⁷.

In Frankreich hat *Hauriou* in einer ganzen Anzahl seiner Schriften — in denen er seine Gedanken auch jeweils mit gewissen Veränderungen weiterführte — einen umfassenderen Begriff der Institution entwickelt²⁸. Danach soll es sich bei ihr um eine für alle Zweige des öffent-

---

²⁴ᵃ Anmerkung des Übersetzers: im Original in deutscher Sprache.
²⁵ *Behrend*, Die Stiftungen, Marburg 1905, I, S. 312 ff. Hierzu sei bemerkt, daß dieser Autor die Rechtsfigur der juristischen Person ausschließlich auf den Bereich des Privatrechts beschränkt und daher die öffentlichrechtlichen Institutionen — die im Gegensatz zu ihm für uns die am meisten typischen Institutionen sind — aus seiner Betrachtung ausschließt.
²⁶ Zu diesem Gegensatz zwischen Organismus und Organisation vgl. *Enneccerus*, Lehrbuch des Bürgerlichen Rechts, 6. Aufl., I, Marburg 1911, § 96 (S. 231 ff. des Ersten Teils), [13. Aufl., 1931, S. 288].
²⁶ᵃ Anmerkung des Übersetzers: im Original in deutscher Sprache.
²⁷ Vgl. insbesondere *O. Mayer*, Deutsches Verwaltungsrecht, II, § 51; *Fleiner*, Institutionen des deutschen Verwaltungsrechts, 3. Auflage, Tübingen 1913, § 18 [8. Aufl. 1928, § 19].
²⁸ Die letzte vom Autor seiner Lehre gegebene Formulierung, an die wir uns hier halten, ist jene in den Principes de droit public, 2. Aufl., Paris 1916, S. 41 ff. [in der Folgezeit ist *Hauriou* in verschiedenen Schriften darauf zurückgekommen: vgl. die verschiedenen Auflagen seiner Principes de droit public, ferner die Théorie de l'Institution et de la Fondation, Paris 1925, sowie den Précis de droit constitutionnel, 2. Aufl., Paris 1929. Zur Lehre von *Hauriou* vgl. u. a. *Leontovitsch*, Die Theorie der Institution bei M. Hauriou,

lichen Rechts grundlegende Kategorie handeln, die eine Erklärung für eine ganze Reihe von Prinzipien des öffentlichen Rechts bieten und daher in außerordentlich vielfältiger Weise anwendbar sein soll.

Nach Auffassung dieses Autors ist die Institution eine soziale Organisation, und zwar „tout arrangement permanent par lequel, à l'intérieur d'un groupement social déterminé, des organes disposants d'un pouvoir de domination sont mis au service des buts intéressants le groupe, par une activité coordonnée à celle de l'ensemble du groupe". Dabei seien zwei Arten von Institutionen zu unterscheiden, jene, die zur Kategorie der unbeweglichen Sachen gehören (beispielsweise ein im Kataster als solches ausgewiesenes Landgut, eine benachbarte Straße usw.), sowie jene, die ein lebendiges soziales Etwas bilden, also die „personenverbandlichen" Institutionen. Sowohl die ersteren wie die letzteren hätten eine eigene soziale Individualität, das Recht aber habe es nur mit den personenverbandlichen Institutionen als einer eigenständigen Erscheinung zu tun, weil nur ihnen — im Gegensatz zu den Sach-Institutionen — Autonomie zukomme. Daraus ergibt sich, daß jede derartige Institution eine echte soziale Realität ist, ein in sich geschlossenes Etwas, unterschieden von den ihm angehörenden Individuen und mit eigener Persönlichkeit ausgestattet (oder zumindest auf dem Wege dorthin). Es kann sonach unter zwei Aspekten betrachtet werden, von außen wie von innen: im ersten Fall wird seine eigene subjektive Individualität deutlich, seine Eigenschaft als juristische Person, und im zweiten Fall tritt das Bild einer objektiven Individualität ins Blickfeld. Dieser letztere Aspekt ist die Grundlage für die der personenverbandlichen Institution zukommende Autonomie und für ihre Eigenschaft als ursprüngliche Rechtsquelle, aus der sich spontan die drei Formen des Rechts bilden, Disziplinar-, Gewohnheits- und Gesetzesrecht.

Das sind die Kernpunkte der Lehre *Hauriou*, deren weitere Entwicklung wir hier nur noch in einigen wenigen Punkten zur Rechtfertigung einiger kurzer kritischer Bemerkungen ansprechen wollen.

Das hauptsächlichste Verdienst des französischen Juristen besteht unserer Auffassung nach darin, in die juristische Begriffswelt den Gedanken einer weit zu fassenden Institution eingeführt zu haben, während es bisher davon — neben mehr politischen und soziologischen Spekulationen — nur einige wenige terminologische Spuren gab[29].

Archiv für Rechts- und Sozialphilosophie, XXIX - XXX, sowie La teoria della istituzione di Hauriou e il suo significato per il diritto costituzionale, Bollettino dell' Istituto de Filosofia del diritto della R. Università di Roma, II (1941), S. 85 ff.]. *Anmerkung des Herausgebers:* Die Studie Haurious von 1925 liegt in deutscher Übersetzung vor: *Hauriou*, Die Theorie der Institution usw., Berlin 1965; der zuerst genannte Aufsatz von *Leontovitsch* ist wieder gedruckt in: Institution und Recht, Darmstadt 1968.

Zweifellos war es auch richtig, diese Rechtsfigur von der juristischen Person geschieden zu haben — eine solche kann sich der Institution bei Vorliegen bestimmter Bedingungen überlagern, sie kann aber auch fehlen. Die diesbezügliche Differenzierung war vielleicht am deutlichsten in den früheren Fassungen der Theorie *Haurious*, aber auch in seinen neueren Schriften hat er immer noch in sehr bemerkenswerter Weise die Institution als eigenständige objektive Individualität dargestellt.

Gleichwohl scheint die Figur der Institution einer umfassenderen und gleichzeitig auch genaueren Darstellung zugänglich; unserer Auffassung nach ist sie darüber hinaus auch in ihren Grundlagen anders zu konstruieren.

Unsere Vorstellungen sind zwar erst in den folgenden Paragraphen etwas ausführlicher niedergelegt, aber bereits an dieser Stelle möchten wir betonen, daß uns die von *Hauriou* vorgenommene Beschränkung der Institution auf nur eine Art sozialer Organisationen — solche, die einen gewissen Entwicklungsstand und Grad von Vollkommenheit erreicht hat — nicht gerechtfertigt erscheint. Neben denjenigen Institutionen, die er als personenverbandliche qualifiziert, gibt es andere, die gleicherweise in das Rechtssystem zu integrieren sind, da ihnen ebenfalls eine eigenständige, von bestimmten Einzelpersonen unabhängige Existenz zukommt und da sie ebenfalls mit einer mehr oder weniger weitgehenden Autonomie ausgestattet sind. Noch viel weniger aber teilen wir die Auffassung, daß nur die ausdrücklich in bestimmter Weise verfaßten und repräsentativ organisierten Gemeinschaften Institutionen seien; daß den Mitgliedern „Freiheit" garantiert sein müsse (von der wir uns fragen, wie man diese Freiheit — beispielsweise bei den Aktionären einer Aktiengesellschaft — stets als „politische" Freiheit qualifizieren können soll); daß eine Art von Gewaltenteilung verwirklicht sein müsse und daß diese Gemeinschaften — zumindest ansatzweise — über den rein privaten Bereich hinausgehen und ferner auch eine verfassungsmäßige Satzung besitzen müßten. Ganz offensichtlich hat sich *Hauriou* von der Idee mitreißen lassen, seine Institutionen nach Bild und Ebenbild der wichtigsten Institution zu formen, nämlich des Staates, genauer gesagt: des modernen Staates, während es in Wahrheit

---

[20] Diese Behauptung gilt für die heutige Lehre, auf die wir uns beschränkt haben, nicht für die ältere Auffassung, die hierzu wie zu zahlreichen anderen Fragen Gedanken entwickelt hat, die man heute zu Unrecht vernachlässigt. Man kann dazu beispielsweise an die Analyse der „systemata" bei *Hobbes*, Leviathan, Kap. 22, und der „entia moralia" bei *Pufendorf*, De iure naturae ac gentium, I, Kap. I erinnern: diese Gebilde sollen im Gegensatz zu den physischen Gebilden, welche durch creatio entstünden, durch impositio (und dieses Wort gibt der französische Übersetzer *Barbeyrac* mit institution wieder!) ins Leben treten. Gleichwohl ist zu bemerken, daß man von den entia moralia *Pufendorfs* mit den Institutionen in unserem Sinne nur diejenigen „ad analogiam substantiarum concepta" gleichstellen kann.

um den Entwurf einer ganz allgemeinen Figur ging, deren konkretes Erscheinungsbild in der *Wirklichkeit* unendlich viele Formen annehmen kann.

Ferner halten wir — was mit unserer schon angedeuteten und noch genauer zu entwickelnden Sicht des Problems zusammenhängt — die Institution nicht für eine Rechtsquelle und somit das Recht nicht für einen Effekt, ein Produkt der Institution; unserer Auffassung nach besteht vielmehr zwischen den Begriffen der Institution und einer als Einheit gesehenen Rechtsordnung vollständige Identität. Zu diesem Ergebnis kann man jedoch nur gelangen, wenn man die herkömmliche Lehre aufgibt, wonach das Recht nur Norm oder ein Komplex von Normen sein könne.

Demgegenüber behauptet *Hauriou*, die Institution „nähere" sich einer Sachgesamtheit, sie sei sogar nur „une sorte de chose; à la vérité c'est une chose active et une sorte de mécanique". Sehen wir davon ab, daß sich in solchen Ausdrücken ganz offenbar eine unscharfe Gedankenführung und beinahe Zweifel verbergen, so scheint sich daraus zumindest zu ergeben, daß man zu dieser Vorstellung im Wege des Ausschlusses anderer Definitionen anstatt durch positive Argumente gelangt ist. Mit Recht hatte man zwar eine Identität zwischen Institution und juristischer Person abgelehnt, denn auch dann, wenn sie über eine eigene Rechtspersönlichkeit verfügt, ist sie doch nur deren Substrat und somit ein ihr Vorgängiges; jedoch hatte man bisher noch nie daran gedacht, sie mit der Rechtsordnung zu identifizieren, und deshalb erschien es als so naheliegend, wenn nicht gar notwendig, sie in die Kategorie der Gegenstände einzureihen. Man kann diese Auffassung natürlich ein wenig mit dem Hinweis darauf stützen, daß die bedeutendste Institution, der Staat, von den Römern „res" publica genannt wurde — andererseits ist doch wohl klar, daß das Wort „Gegenstand", wenn man es in seiner spezifisch juristischen Bedeutung gebracht, den Begriff der Institution kaum mit Genauigkeit wiedergibt, ihn vielmehr sogar seiner Eigenschaft als eigenständige Kategorie beraubt. Wollte man den Begriff „Gegenstand" in einem umfassenderen Sinn verwenden, dann hülfe dies auch nicht weiter, da erst einmal dieser neue Sinn seinerseits festzulegen wäre. Was *Hauriou* wollte, war, den objektiven Charakter der Institution herauszustellen — das aber erfordert nicht, die Institution als Objekt, als res anzusehen; sie ist vielmehr eine objektive Rechtsordnung[29a].

[29a] [In der Folgezeit hat man in der französischen Lehre andere Begriffe von Institution erarbeitet, die sowohl von der Institution *Haurious* wie von meiner Auffassung sich unterscheiden, und die jedenfalls über den Bereich einer rechtswissenschaftlichen Untersuchung hinausgehen. Dies gilt insbesondere für *Renard*, Théorie de l'institution, Paris 1930; für *Delos*, La théorie de l'institution, in Archives de philosophie du droit, 1931; für

§ 12

Unter Institution verstehen wir jedes konkrete soziale Etwas, jede reale soziale Erscheinung („Per istituzione noi intendiamo ogni ente o corpo sociale"). Dieser einfachen und knappen Definition müssen wir jedoch einen etwas längeren Kommentar folgen lassen.

1. Das soziale Etwas, von dem wir sprechen, muß objektiv und tatsächlich existieren; es ist zwar selbst immateriell, doch muß es nach außen hin als eigenständig erkennbar sein — und um eben diese seine Eigenschaft besser zu verdeutlichen, haben wir es auch als „reale soziale Erscheinung" („corpo sociale") bezeichnet[29b]. Das bedeutet, daß wir das Wort „Institution" in seinem ursprünglichen eigentlichen Sinne verwenden, und nicht in dem recht häufig gebrauchten übertragenen Sinne. Wenn man nämlich etwa im allgemeinen Sprachgebrauch von der „Institution der Presse" spricht oder als technisch-juristischen Ausdruck von der Institution, (oder häufiger) dem Institut des Kaufvertrages, der Schenkung, usw., dann möchte man damit nicht auf ein tatsächliches, in der sozialen Wirklichkeit bestehendes einheitliches Etwas hinweisen, sondern, im ersten Fall, auf gewisse Kräfte, die sich unter einem einheitlichen Erscheinungsbild zusammenfassen lassen, in Wirklichkeit aber uneins und häufig sogar einander entgegengesetzt

---

Gurvitch, L'idée du droit social, Paris 1932, und L'expérience juridique et la philosophie pluraliste du droit, Paris 1935. Vgl. zu diesen Autoren u. a. *Bobbio*, Istituzione e diritto sociale, in Rivista internationale di filosofia del diritto, 1936. Vgl. ferner *Desqueyrat*, L'institution, le droit objectif et la technique positive. Essai historique et doctrinal, Paris 1935.]

[29b] [Die Feststellung, wann eine Institution mit den im Text angegebenen Merkmalen vorliegt, ist nicht immer leicht. Es gibt Extremfälle, so dann, wenn es sich um sehr rudimentäre Organisationen handelt, wie beispielsweise jene, die aus einer Reihe von Personen, die vor einem Schalter anstehen oder die in ein Gebäude eintreten möchten, gebildet werden. Ähnlich schwierig ist eine solche Aussage für jene Organisationen, die zwar etwas mehr entwickelt sind, aber doch gleichwohl noch in einem etwas „diffusen Zustand" verharren, beispielsweise für die durch Beobachtung bestimmter Gebräuche oder gemeinsamer Regeln vereinten Spieler oder Anhänger einer bestimmten Sportart oder für jene, die sich an einen bestimmten Codex von Ritterlichkeit halten, etc. Zu diesen „Institutionen", vgl. *Cesarini Sforza*, Il diritto dei privati, Rivista italiana per le scienze giuridiche, 1929, S. 25 ff. des Sonderdrucks, und in La teoria degli ordinamenti giuridici e il diritto sportivo, Foro italiano, 1928 (vgl. auch die dort zitierten Autoren *Perrau*, *Huguet* etc.); *Calamandrei*, Regole cavalleresche e processo, Rivista di diritto processuale, 1929, I, S. 145 ff., und in Studii sul processo civile, III, Padova 1934, S. 1 ff. Einschränkend dazu meinen wir, daß man — auch wenn man die Kriterien der Institution sehr weit fassen und eine Institution noch in gewissen sehr einfachen und wenig entwickelten Formen sozialen Zusammenlebens erkennen wollte — nicht in jedem rechtlichen Phänomen und in allen „Formen menschlichen Zusammenlebens" eine Institution erblicken kann, wie *Orlando*, Recenti indirizzi circa i rapporti fra diritto e Stato, Rivista di diritto pubblico, 1926, und in Diritto pubblico generale, Scritti varii, Milano 1940, S. 223 ff. unter dem Titel Stato e diritto, ordinamento giuridico, regola di diritto, istituzione, meint.]

sind. Im zweiten Fall faßt man lediglich begrifflich die verschiedenen Rechtsbeziehungen oder Einzelnormen im Hinblick auf eine von ihnen gebildete charakteristische Rechtsfigur zusammen[30].

2. Mit unserer Definition soll weiter gesagt sein, daß die Institution ein Ausdruck der sozialen, und nicht bloß der individuellen Natur des Menschen ist. Das soll nicht bedeuten, daß das Substrat einer Institution stets und ausschließlich von Personen gebildet werden müsse. In einem solchen Fall handelt es sich zwar um eine besondere, eigenständige Art von Institutionen. In ihnen sind die die Institution bildenden Individuen von einem gemeinsamen oder ständigen Interesse oder von einem bestimmten Ziel, einer von ihnen verfolgten bestimmten Aufgabe, geeint.

Daneben gibt es jedoch Institutionen mit einem anderen Substrat; diese Institutionen bestehen aus einer Zusammenfassung materieller oder immaterieller, persönlicher oder sachlicher, ideeller oder vermögenswerter Mittel, die auf Dauer einem bestimmten Ziel dienen sollen, zum Nutzen nicht von Mitgliedern der Institution, sondern von Außenstehenden, die lediglich Leistungsempfänger sind. Auch die Institutio-

---

[30] Manchmal hat man jedoch dem Begriff des Rechtsinstituts einen Inhalt gegeben, der mit seiner Eigenschaft als schlichte Abstraktion im Widerspruch stünde, wenn man nicht annehmen wollte, daß diese Ausdrücke nichts anderes als plastische Verbildlichungen des Begriffs sein sollen. Man vergleiche dazu beispielsweise die Bemerkungen von *Jhering* in dem Programm, mit dem er seine Jahrbücher für die Dogmatik (I, S. 10) einleitete. Während diese Bemerkungen hinsichtlich des Rechtsinstituts als zu weitgehend erscheinen können, treffen sie dafür ganz gut unsere Institution: „die Gesammtmasse des Rechts erscheint jetzt nicht mehr als ein System von Sätzen, Gedanken, sondern als Inbegriff von juristischen Existenzen, sozusagen lebenden Wesen, dienenden Geistern. Wir wollen die Vorstellung eines juristischen Körpers beibehalten, da sie die einfachste und natürlichste ist ...". Man könnte sagen, daß *Ihering* jene wesentlichen Charakteristika des Rechts gespürt hat, welche wir uns hervorzuheben bemüht haben, wenngleich er sie dort suchte, wo sie nicht vorkommen.
[Andere unterscheiden die beiden Begriffe des „Rechtsinstituts" und der „Institution" (im Sinne einer realen sozialen Erscheinung) nicht, beispielsweise einige der französischen Autoren der FN 29a. *Croce*, Teoria e storia della storiografia, Bari 1917, S. 133 [5. Aufl. 1945, S. 133] spricht von „Instituten" und möchte dabei dieses Wort „im weitesten Sinne", alle individuellen und gesellschaftlichen Lebensäußerungen beinhaltend, von rein inneren Gefühlen bis hin zu den deutlichsten äußeren Ausdrucksformen des menschlichen Lebens" verstehen. Diese Dinge interessieren den Juristen nicht. *Croce* spricht sodann von den „Institutionen im engeren Sinne ...", Familie, Staat, Handel, Industrie, Streitkräfte, etc. — und weist damit dem Wort „Institution" einen wesentlich weiteren Sinn als den eines konkreten sozialen Etwas, einer realen sozialen Erscheinung zu. Diese unsere Definition könnte sich unter den hier von *Croce* gebrachten Beispielen nur auf die Familie und den Staat beziehen. *Orestano*, Filosofia del diritto, Milano 1941, S. 103, 143, verwechselt die beiden Begriffe ebenfalls, obwohl er innerhalb des Bereichs des Rechts verbleibt, und ist so zu einer zutreffenden Beurteilung meiner Lehre nicht in der Lage.]

nen dieser zweiten Kategorie werden von Menschen verwaltet und bringen anderen Menschen einen Nutzen — der Unterschied liegt im Substrat der Institution. Im übrigen können wir uns hier weitgehend auf die Ergebnisse der Lehre von den juristischen Personen beziehen. Auf die für unsere Zwecke unerheblichen Streitfragen zu bestimmten Einzelpunkten brauchen wir uns dabei nicht einzulassen. Jedenfalls können die in jener Lehre gemachten Unterscheidungen zwischen Personenverbänden und Stiftungen — oder Institutionen im engeren Sinn — sowie die weiter gebildeten Untergruppen dieser beiden Hauptkategorien auch für die der Rechtspersönlichkeit ermangelnden Institutionen gelten. Die Rechtspersönlichkeit selbst hat jedoch ihre eigenen Voraussetzungen, bei denen es sich nicht um die beiden hier ausgeführten handelt, die sich auf juristische Personen eben nur dann anwenden lassen, wenn sie eine Untergruppe jener viel umfassenderen Gruppe — nämlich der Institutionen — sind.

3. Die Institution ist ein geschlossenes Etwas, das für sich selbst, allein, betrachtet werden kann, weil es über eine eigene Individualität verfügt. Das bedeutet nicht, daß eine Institution nicht in Beziehung zu anderen Institutionen stehen könnte, dergestalt, daß sie unter einem anderen Blickwinkel sogar als mehr oder weniger in diese integriert erscheinen könnte. Neben den einfachen Institutionen kommen derartige komplexe — die man als Institutionen von Institutionen bezeichnen kann — außerordentlich häufig vor. So ist beispielsweise der Staat, der, für sich selbst genommen, Institution ist, auch Teil einer umfassenderen Institution, nämlich der internationalen Gemeinschaft; aber auch innerhalb seiner selbst lassen sich wiederum andere Institutionen erkennen. Dabei handelt es sich um die dem Staat untergeordneten Behörden, um Gemeinden, Provinzen, um seine als Ämter auftretenden Organe. Im modernen Staat gehören dazu ferner die drei Gewalten der Legislative, der Rechtsprechung und der Exekutive, insofern als es sich hierbei um jeweils einheitliche Bereiche mit bestimmten, genau abgegrenzten „Ämtern" handelt. Ferner sind neben zahlreichen weiteren Beispielen noch die sogenannten „Anstalten" zu nennen, wie beispielsweise Schulen oder Akademien. Die zu einer Institution gehörende Autonomie braucht nicht absolut zu sein, sondern kann, je nach dem Blickwinkel, von dem aus man sie betrachtet, variieren. So gibt es vollkommene Institutionen, die sich — wenigstens grundsätzlich — selbst genügen und die über die Mittel verfügen, um ihre Ziele zu verwirklichen. Andere Institutionen sind weniger vollkommen, sie stützen sich ihrerseits auf andere Institutionen. Das kann im Wege bloßer Koordination oder auch der Eingliederung oder der Unterordnung erfolgen. Bei letzterer sind zwei Fälle zu unterscheiden: einmal Institutionen, die in mehr oder weniger weitgehender Weise in die

Struktur einer anderen integriert sind — wie etwa bei den einzelnen Behörden des Staates —, und zum zweiten solche, denen die umfassendere Institution, der sie nachgeordnet sind, lediglich Schutz und Garantie bietet (Beispiel: das Verhältnis zwischen Staat und privatem Bereich). Schließlich gibt es auch noch antithetische Institutionen, die von der jeweils anderen auch als „unerlaubt" bezeichnet werden können. Hierzu gehören gesetzwidrige Gruppen in einem Staat oder schismatische Kirchen im Verhältnis zu ihrer Mutterkirche. Auf diese verschiedenartigsten Aspekte der Institutionen werden wir noch zurückzukommen haben — an dieser Stelle genügt der kurze Überblick, vor allem auch zu dem Zweck, die Breite unseres Institutionsbegriffs deutlich zu machen.

4. Die Institution ist eine feste, auf Dauer angelegte Einheit, die ihre Identität grundsätzlich auch dann nicht verliert, wenn sich ihre einzelnen Elemente ändern — ihre Mitglieder beispielsweise, ihr Vermögen, ihre Mittel, ihre Ziele, die von ihr Begünstigten, ihre Normen, usw. Sie kann sich auch erneuern und bleibt doch sie selbst, bewahrt ihre eigene Individualität. Und daraus ergibt sich die Möglichkeit, sie als eigenständig zu betrachten und sie nicht etwa mit dem zu identifizieren, woraus sie entsteht[30a].

§ 13

Nachdem wir die hauptsächlichen Charakteristika der Institution erwähnt haben — andere, weniger wichtige, werden wir noch kurz ansprechen — ist es uns möglich, nunmehr an eine nähere Definition heranzugehen.

Es gibt ein Wort, das wir im bisherigen mit Bedacht vermieden haben, und das zur Klärung notwendig und ausreichend sein könnte: es handelt sich um das Wort „Organisation". In der Tat ist die Institu-

---

[30a] [Mehrfach hat man meiner Definition der Institution den Vorwurf der Unbestimmtheit gemacht: so u. a. *Orlando*, Recenti indirizzi (vgl. oben FN 29b), S. 250 und zuletzt, *Gueli*, Regime politico e ordinamento del Governo, Milano 1942, S. 12 ff., FN 7. Wir halten diesen von verschiedener Seite mechanisch wiederholten Vorwurf nicht für überzeugend. Um die Institution zu definieren, hätten wir uns ohne weiteres damit begnügen können, sie als konkretes soziales Etwas, als reale soziale Entscheidung zu bezeichnen. Dabei hätte es sich bereits um eine ausreichende und grundsätzliche Definition gehandelt, die zu gleicher Zeit auch ganz elementar gewesen wäre: einen Begriff also, ohne den man andere, die ihrerseits darauf aufbauen — wie beispielsweise den der Familie oder den eines rein faktischen sozialen Gebildes oder den der Rechtspersönlichkeit — nicht verstehen könnte, zumindest nicht innerhalb des Bereichs der juristischen Personen im modernen Recht. Und wenn man versucht, gewisse elementare Begriffe zu sehr zu präzisieren, dann kommt es in der Tat häufig zu nichts anderem als zu einer Verunklärung.]

tion zweifelsohne eine soziale Organisation; und wie wir gesehen haben, hat man auf diese Weise diejenigen Institutionen zu definieren versucht, die zugleich auch juristische Personen sind. Dazu hat man erklärt, es sei nicht möglich, jenen einfachen elementaren Begriff noch näher zu analysieren. Selbst wenn man einmal von dem sehr berechtigten Mißtrauen gegenüber einer Vokabel absieht, mit der so oft Mißbrauch getrieben wurde und die man häufig benutzte, um einen Schleier über Dinge, die man nicht erklären konnte, zu breiten, selbst wenn man also von diesem Mißtrauen absieht, muß man zugeben (und dies scheint uns der entscheidende Punkt zu sein), daß ein Jurist Nutzen aus dem Begriff der Organisation doch erst dann ziehen kann, wenn er auf einen juristischen Inhalt zurückgeführt ist. Um dies aber zu erreichen, genügt es sicherlich nicht, ihn zu paraphrasieren oder durch andere mehr oder weniger ihm inhaltsgleicher Worte zu „erklären".

Wenn man von „corpus mysticum", von Struktur, Gebäude, sozialem System oder von einem Mechanismus spricht, um auf diese Weise die Organisation von natürlich gewachsenen Organismen zu unterscheiden, dann bedient man sich einer Terminologie, die zwar durchaus richtig sein und die durchaus zu einer einprägsameren und plastischeren Formulierung einer Idee beitragen kann, die aber keineswegs juristisch ist. Der Jurist ist damit jedenfalls noch nicht der Aufgabe enthoben, seine eigene Terminologie zu finden, die in Form und Substanz eine Einordnung in die rechtliche Begriffswelt erlaubt und nicht etwa in der Welt der Soziologie angesiedelt bleibt[30b].

[30b] [Diese und die folgenden Bemerkungen sind von jenen nicht genügend beachtet oder gar mißverstanden worden, die meine Untersuchung nicht als juristische, sondern nur als vorjuristische ansehen, und von ihr behaupten, sie sei eine soziologische Arbeit, welche den Unterschied zwischen dem rein tatsächlichen sozialen Faktum und der Rechtsordnung, die aus diesem entsteht, nicht genügend deutlich mache (so neben anderen, *Bonucci*, Ordinamento giuridico e Stato: contributo alla teoria della definizione, Rivista di diritto pubblico, XII, 1920, S. 97 ff.; *Bobbio*, Istituzione (vgl. oben FN 29a), S. 35 f. des Sonderdrucks; *Capograssi*, Note sulla molteplicità degli ordinamenti giuridici, Rivista internazionale di filosofia del diritto, 1939, S. 6 ff. des Sonderdrucks; *Ziccardi*, La costituzione dell'ordinamento internazionale, Milano 1943, S. 72). Gegenüber diesen Kritiken hat *Orlando* (Ancora del metodo in diritto pubblico con particolare riguardo all'opera di Santi Romano, Scritti giuridici in onore di Santi Romano, Padova 1940, I, S. 17 ff.) in großartiger Form meine Lehre in Schutz genommen, indem er dabei zu der Schlußfolgerung kam, daß „diese Kritiken im Grunde genommen das höchste Lob darstellen, weil sie das bestätigen, was ich dem unvergleichlichen Vorzug der Untersuchung Romanos genannt habe, nämlich ein methodisch vollkommenes Beispiel für eine Untersuchung im Bereich der *allgemeinen* Grundlagen des öffentlichen Rechts zu sein". Ich meinerseits habe dem hinzuzufügen, daß ich mich eben darum bemüht habe, in die Welt des Rechts jene rein tatsächlichen Umstände der Sozialordnung hinzubringen, welche man allgemein als etwas dem Recht Vorgängiges ansah, wobei ich den Nachweis versucht habe, daß sich aus der Vernachlässigung dieser Umstände,

Die unserer Ansicht nach zutreffende Lösung des Problems haben wir bereits angesprochen: die Institution ist eine Rechtsordnung, eine eigenständige, mehr oder weniger weitgehende Sphäre objektiven Rechts. Die wesentlichen Eigenschaften des Rechts — die wir oben in § 10 dargestellt haben — stimmen mit jenen der Institution überein. Bei ihr handelt es sich um eine „Ordnung": die Worte Organisation, System, Struktur, Gebäude, usw., mit denen man sie kennzeichnet, laufen auf eben diese Eigenschaft hinaus; dies ist ebenfalls die ethymologische Bedeutung des Wortes „Staat", mit dem man heute die wichtigste unter den Institutionen bezeichnet, während man es früher auch für andere Körperschaften — so insbesondere die Kommunen — benutzte. Diese Ordnung ist sodann stets und notwendigerweise eine „rechtliche"; das ergibt sich aus der Beobachtung der Tatsache, daß das kennzeichnende Ziel des Rechts gerade in der Organisation der sozialen Umwelt besteht[31]. Das Recht erschöpft sich nämlich nicht in der Garantie des

also aus diesem Fehler, die Mängel und Ungereimtheiten der sonst allgemein gebräuchlichen Definitionen des Rechts ergeben, insbesondere deshalb, weil diese anderen Definitionen mehr oder weniger gezwungen sind, auf außerrechtliche Elemente zurückzugreifen. Deshalb müßten die erwähnten Kritiken meiner Auffassung sich gegen jene anderen Vorstellungen wenden; und welches Urteil man auch immer über meine Theorie abgeben wollte, müßte man doch zumindest anerkennen, daß ich versucht habe, eine in vollem Umfange rechtliche Definition des Rechts zu geben. Zu diesem Ergebnis konnte man nur gelangen, indem man das Phänomen Recht im sozialinstitutionellen Phänomen auflöste und dieses seinerseits wiederum im Phänomen Recht. Man konnte und dieses seinerseits wiederum im Phänomen Recht. Man konnte also nur dazu gelangen, indem man beide Phänomene einander gleichsetzte. Das ist kein circulus vitiosus, eine Tautologie oder eine petitio principii, sondern der Beweis für die vollkommene Autonomie des Rechtsbegriffs und seiner Fähigkeit, sich in vollem Umfang selbst zu genügen. Völlig zutreffend hatte daher *Orlando* (in seinen anderen, oben in FN 29b zitierten Schriften, Recenti indirizzi, und Diritto pubblico generale, S. 249) ausgeführt, daß man meine Auffassung nicht etwa dahingehend zusammenfassen könne, „daß die Ordnung die Institution hervorbringe oder daß das Recht dies tue. Vielmehr würde jeder dieser Begriffe in gewissem Sinne sowohl zum Hervorbringer als auch zum Hervorgebrachten, jeweils im Verhältnis zum anderen". Auch *Messineo*, Manuale di diritto civile e commerciale, 6. Aufl., Padova 1943, I, Nr. 10, der durchaus innerhalb des Rechtsbegriffs den normativen Aspekt betont, legt dar, daß Institution und Norm uno actu entstehen und in einem Verhältnis „gegenseitiger Implikation" stehen: die Institution ist Institution insofern, als sie Normen setzt, und die Norm bezieht ihre Kraft von der Institution her. Genau dies habe ich mir zu beweisen vorgenommen; diese Überlegung bildet den Leitfaden der gesamten Arbeit.]

[31] Siehe *Filomusi Guelfi*, Enciclopedia giuridica, 7. Aufl., Napoli 1917, § 13. Einer von denjenigen, die am meisten dazu beigetragen haben, diese Eigenschaft des Rechts hervorzuheben, ist *Gierke*, von dem man sagen kann, daß alle seine Werke sich mit dem Beweis dieser These befassen. In diesem Zusammenhang kann auch die gelegentlich gemachte Unterscheidung — freilich innerhalb eines engeren Bereichs und von anderem Ausgangspunkt her — zwischen normativen und konstruktiven Gesetzen eine gewisse Bedeutung haben (*Duguit* — s. oben FN 1 — S. 551 ff. und in Les transformations du droit public, Paris 1913, S. 77 ff.). [Siehe ferner auch *Duguit*, Traité

friedlichen Zusammenlebens der Individuen, sondern setzt sich vor allem zum Ziel, die Schwäche, die Begrenztheit und die Hinfälligkeit der Kräfte des Individuums zu überwinden, bestimmte Ziele auch über den Rahmen eines Einzellebens hinauszuführen und dies durch die Schaffung sozialer Formen zu verwirklichen, die an Stärke und Dauerhaftigkeit weiter als ein gewöhnliches Individuum reichen. So wird die Stellung des Individuums in der sozialen Umwelt stabilisiert; nicht nur das, was es tut, sondern vor allem seine Stellung innerhalb dieser sozialen Umwelt wird bestimmt; Sachen und Kräfte werden allgemeinen und dauernden Zielen zugeführt. Dies alles geschieht in einem Zusammenwirken von Garantien, Gewalten, Über- und Unterordnungen, Freiheiten und Einschränkungen, die die verschiedensten disparaten Elemente zu System und Einheit zusammenfassen. Die Institution — in unserem Sinne aufgefaßt — ist somit die erste, ursprüngliche und wesentliche Manifestation des Rechts. Dieses kann sich nur in Form einer Institution nach außen hin realisieren, und die Institution ihrerseits existiert als solche nur insoweit, als sie vom Recht geschaffen und von ihm im Leben gehalten wird.

§ 14

Eine zusätzliche Begründung dieser Wahrheit ergibt sich aus der Beobachtung, daß sich in einer Institution offenbar auch andere Kräfte als nur das Recht ausprägen — bei ihnen aber handelt es sich nur um rein individuelle oder zumindest unorganisierte Kräfte. Jede wirkliche soziale Kraft steht, weil sie „soziale" Kraft ist, in einem Organisationsprozeß und wird dadurch zu Recht. Wenn sie sich, wie dies manchmal geschieht, gegen eine andere Institution entfaltet, dann kann dies vom Blickpunkt jener anderen aus — die desorganisiert und ihrer sozialen Bedeutung entkleidet werden soll — ein Grund dafür sein, ihr den Rechtscharakter abzusprechen oder sie geradezu als antirechtlich zu qualifizieren. Betrachtet man sie jedoch für sich allein, unabhängig von jener Beziehung, nur unter dem Gesichtspunkt, daß auch sie rein tatsächlich sich selbst ordnet und gliedert, dann ist auch sie eine Rechtsordnung. Wie schon gesagt, stehen eine revolutionäre Organisation oder eine Verbrecherbande für den Staat, den sie beseitigen oder gegen dessen Gesetze sie verstoßen wollen, außerhalb des Rechts, so wie eine sich abspaltende Sekte von der Kirche als antirechtlich qualifiziert wird. Das hindert jedoch nicht, daß es sich auch in diesen Fällen um Institutionen handelt, um Organisationen, um Ordnungen, die — wenn

---
de droit constitutionnel, 3. Aufl., Paris 1927, I, S. 172 ff.], ebenso wie die Unterscheidung zwischen Entscheidungsnormen und Organisationsnormen (*Ehrlich* — a.a.O., oben FN 8 — sowie in einigen anderen seiner Schriften).

man nur sie selbst betrachtet — „Rechtsordnungen" sind. Parallel dazu ist all das — und nur das — dem eine *soziale Organisation* fehlt, kein Recht.

Wir möchten uns vorbehalten, auf diesen Punkt später noch einmal aus einem anderen Blickwinkel heraus zurückzukehren. Hier möge der Hinweis genügen, daß es sich bei den soeben dargestellten Ausführungen um die bedeutsamste, zutreffende Erkenntnis jener so weit verbreiteten Lehre vom Recht als bloßer „Form" (wonach sein materieller Inhalt aus diesem Grunde für es unerheblich sei) handelt. Es gibt kein soziales Element, keine soziale Kraft und keine soziale Norm, die dem Recht notwendig und absolut antithetisch oder auch nur von ihm verschieden sein müßte; die Antithese oder zumindest der Gegensatz zum Recht ist lediglich das unüberbrückbar Anti-Soziale oder das, was seiner Natur nach rein individuell ist. Was sich aber in eine Institution eingliedern läßt, in deren Form, Struktur, Regime einfügen läßt, das kann so in das „Recht" einbezogen werden.

Es ist deshalb vergeblich, wenn man sich, wie dies häufig geschieht, vornimmt, die Unterschiede des Phänomens Recht von der Religion, von der Moral, von der Sitte, von den sogenannten Konventionen, von der Wirtschaft, von den Regeln der Technik, usw., bestimmen zu wollen. Jede dieser Schöpfungen des menschlichen Geistes kann nämlich ganz oder teilweise in die juristische Welt integriert werden und sie ausfüllen — und zwar stets, wenn sie in den Anziehungsbereich einer Institution eintritt. Deshalb ist jener berühmte Satz vom Recht als dem ethischen Minimum[32] zwar teilweise richtig, gleichzeitig enthält er aber auch eine große Ungenauigkeit. Das Recht besteht nämlich nicht nur aus einem bestimmten Quantum von Moral, sondern ebenso von Sitte, Wirtschaft, Technik usw. Das jeweilige Quantum läßt sich nicht a priori bestimmen — und es ist keineswegs gesagt, daß es sich dabei um ein Minimum handeln müsse. Freilich kann man für den modernen Staat im allgemeinen davon ausgehen, daß nur die fundamentalen ethischen Grundsätze von seiner Ordnung organisiert und damit zu rechtlichen erhoben werden; das braucht aber durchaus nicht zuzutreffen für andere Staaten in Vergangenheit oder Zukunft, die sich selbst eine viel weitere und umfassendere moralische Mission zuweisen, und dies gilt noch viel weniger für andere Institutionen, deren — vielleicht einziges — Ziel gerade in einer solchen Mission bestehen mag. Entsprechend kann man sich, was den wirtschaftlichen Inhalt des Rechts anbelangt, einen sozialistischen Staat vorstellen; er würde den größten Teil des Wirtschaftslebens auf sich zentrieren, und er selbst würde es organisieren. Bezeichnend ist in dieser Richtung auch das Kirchenrecht,

---

[32] *Jellinek,* Die sozialethische Bedeutung von Recht, Unrecht und Strafe, 2. Aufl., Berlin 1908, S. 45 ff.

in dem neben rein liturgischen zahlreiche ethische und religiöse Prinzipien Rechtscharakter gewonnen haben. Nach herkömmlicher und herrschender Lehre gehören zum Kirchenrecht sogar die Vorschriften über rein innerliche, gewissensmäßige Vorgänge — wobei nur insoweit Streit besteht, ob dies nur gilt, wenn sie sich irgendwie nach außen kundtun oder auch dann, wenn es an einer solchen Außenbeziehung fehlt[33]. Die Einbeziehung dieser Vorgänge ergibt sich aus der Tatsache, daß in der Institution Kirche bestimmte Organe bestehen, die die Einhaltung dieser Vorschriften überwachen. All dies ist sicherlich schwer verständlich für den, der sich seine Vorstellungen vom Recht lediglich nach dem Modell des staatlichen Rechts gebildet hat, doch handelt es sich hier um Realitäten, die man erklären muß, wenn man von unseren eingangs gesetzten Prinzipien ausgeht. Ebenso ungenau ist jene von vielen vertretene Auffassung, wonach in primitiven Gesellschaften Recht, Sitte und Religion miteinander vermengt seien. Es handelt sich dabei aber nicht um Vermengung oder fehlende Unterscheidung von Elementen, die an sich von Natur aus voneinander getrennt bleiben müßten; vielmehr ist das Recht selbst in jenen Gesellschaften stark angereichert mit Prinzipien aus Sitte und religiösen Vorstellungen, ohne dabei etwa weniger „rein" zu sein als in entwickelten Gesellschaften. So gilt beispielsweise auch im heutigen englischen Recht, das wohl niemand als wenig entwickelt bezeichnen würde, als „law" nicht nur das vom Parlament erlassene Gesetzesrecht, sondern jede sonstige von den Gerichten angewandte und für verbindlich erachtete Regel, unabhängig von ihrer Herkunft und ihrem Inhalt.

§ 15

Wenn sich das Recht nur in der Institution konkretisieren kann und wenn umgekehrt all das, was als sozial Organisiertes in jene integriert wird, dadurch Rechtscharakter erhält, dann gilt auch der Folgesatz, daß das Recht das lebendige Prinzip einer jeden Institution ist, daß es die verschiedenen Elemente, aus denen eine Institution entsteht, mit Leben erfüllt und vereint hält, daß es die Struktur immaterieller Institutionen bestimmt, fixiert und erhält. Auch wenn man sich die Institution mit einer gewissen Berechtigung als den Körper, das Knochengerüst, als die Gliederung des Rechts vorstellen kann, so erlaubt dies doch nicht, es tatsächlich oder begrifflich von der Institution zu trennen. Genausowenig könnte man das Leben vom lebendigen Körper trennen. Es sind nicht zwei Phänomene, die zueinander in einer gewissen Folge-

---

[33] Siehe zu dieser Frage *Wernz*, Ius decretalium, 2. Aufl., I, Romae 1905, Nr. 98; [Ius canonicum, 3. Aufl., Romae 1938, S. 148, 150 ff.]; *Sebastianelli*, Praelectiones iuris canonici, 2. Aufl., De personis, Romae 1905, Nr. 50.

I. Teil: Der Begriff der Rechtsordnung § 15   47

beziehung stehen; vielmehr handelt es sich um ein und dasselbe Phänomen[33a].

Bei dieser Betrachtung erweisen sich einige häufig erörterte Fragen als unproblematisch. So etwa der Streit darüber, ob das Recht früher als der Staat sei oder umgekehrt. Dabei handelt es sich nämlich um ein anderes Problem als jenes, ob es Recht außerhalb des Staates geben könne, ob also nur das staatliche Recht wahres Recht sein könne. Von unserer Auffassung aus fällt die Antwort leicht: hat man einen Staat, dann kann es gar nicht anders sein, als daß man zu gleicher Zeit auch eine Rechtsordnung hat — eben das Regime dieses Staates — genauso wie man dann, wenn dieses Regime existiert, auch den Staat hat[34].

[33a] [Dies haben jene nicht genügend beachtet, die gegenüber meiner Definition der Institution vorgebracht haben, sie setze jene des Rechts voraus; die des Rechts sei somit ein prius im Verhältnis zu ihr. Vgl. in diesem Sinne *del Vecchio*, Moderne Concezioni (s. oben FN 13), S. 11 des Sonderdrucks; *Ferrara*, Trattato di diritto civile, Roma 1921, S. 3, FN; *Miceli*, Le distinzioni nel dominio del diritto, Rivista internazionale di filosofia del diritto, 1923, S. 27; *Cesarini Sforza*, Il diritto dei privati (s. oben FN 29b), S. 12 des Sonderdrucks, FN; *Volpicelli*, Santi Romano, Nuovi studii di diritto, economia e politica, II, 1929, S. 13 ff.; *Capograssi*, Alcune osservazioni sulla molteplicita degli ordinamenti giuridici, Sassari 1936, S. 6; Il problema della scienza del diritto, Roma 1937, S. 9; Note sulla molteplicità (s. oben FN 30b), S. 6 ff. des Sonderdrucks; *Crisafulli*, Sulla teoria giuridica della norma giuridica, Roma 1935, S. 9 ff.; *Bobbio* (s. oben FN 29a), S. 35 f. Im übrigen behaupten einige dieser Autoren (*Volpicelli, Capograssi, Crisafulli*) die Vorgängigkeit des Rechts gegenüber der Institution lediglich von einem philosophischen Standpunkt aus, geben aber ausdrücklich zu, daß man vom rein historisch-empirischen Standpunkt aus (von dem eine Untersuchung über die allgemeinen Grundlagen des Rechts, wie wir sie hier beabsichtigen, auszugehen hat) die Wechselbezüglichkeit von Recht und Institution akzeptieren müsse. In der Tat, wenn schon eine Rechtsordnung eine Institution ist und umgekehrt, dann kann man auch sagen, daß eine Institution ein Recht *hat*, also eine Ordnung hat, wenn man darunter eben jene Normen verstehen will, die von ihr ausgehen. Dabei handelt es sich um nichts anderes, als wenn man sagt, daß ein Ganzes von seinen verschiedenen Elementen dieses oder jenes „habe". Ähnlich kann man sagen, „ich habe eine Seele", wenn derjenige, der diese Aussage macht, für einen Augenblick sich selbst als einen (beseelten) Körper ansieht. Genauso ist es bei der umgekehrten Aussage, „ich habe einen Körper", wobei der Sprechende sich insoweit sozusagen als Seele, die einen Körper angenommen hat, ansieht. Die Wahrheit in beiden Fällen ist jedoch, daß er zu gleicher Zeit seelisches und körperliches Wesen ist. Völlig unbegründet ist sodann der mir von den obengenannten Autoren gemachte Vorwurf, es bestünde ein Widerspruch zwischen obiger Behauptung und der ganz am Ende des § 13, wo es heißt, daß „die Institution ihrerseits als solche nur insoweit existiert, als sie vom Recht geschaffen und von ihm im Leben gehalten wird". Genausowenig steht die Behauptung, das Huhn entstehe aus dem Ei, im Gegensatz zu jener, daß das Ei vom Huhn komme: beide Aussagen sind richtig, beide sind zwei Aspekte ein und desselben Phänomens. Vgl. im übrigen hierzu auch FN 30b.]

[34] Es ist seltsam, daß hinsichtlich des Staates die Behauptung, daß er und das Recht ein und dasselbe seien, bzw. zwei Aspekte ein und derselben Sache, recht häufig aufgestellt wird, freilich ohne daß daraus die zutreffenden Schlußfolgerungen gezogen würden. So hat beispielsweise kürzlich *Kelsen*, Hauptprobleme (s. oben FN 1) S. 245 ff.; Über Staatsunrecht, Zeitschrift für

Ebenso erscheint uns die Frage überflüssig oder zumindest falsch gestellt, ob der Staat im wesentlichen ein rechtlicher oder ein ethischer Organismus sei[35]. Die Ethik kann — neben anderen Zwecken — durchaus das grundlegende Ziel des Staates sein, wenn man ihm wirklich a priori ein für jeden Ort und für alle Zeiten gültiges Ziel zuweisen kann; das Recht aber ist auf jeden Fall sein Lebensprinzip, seine organische Struktur, seine Essenz. Wenn man sich fragt, ob der Staat eine rechtliche oder nicht vielmehr eine ethische Anstalt sei, dann gibt das mehr oder weniger den gleichen Sinn, wie wenn man sich fragen würde, ob der Mensch ein lebendes Wesen oder nicht vielmehr ein moralisches sei. Jede Institution läßt sich nämlich auch definieren, wenn man auf ihr Ziel, auf die Mission, die sich gestellt hat, blickt. Und so kann man beispielsweise religiöse, ethische, wirtschaftliche, künstlerische und pädagogische Institutionen unterscheiden — alle jedoch sind, weil es sich um Institutionen handelt, *rechtliche* Einheiten. Das Mißverständnis ergibt sich, wenn man auch das Recht als eines der Ziele des Staates ansieht, das somit mit den anderen Zielen vergleichbar und in Beziehung setzbar wäre. Das aber ist so nicht richtig: durch das Recht — das heißt durch die den Staat bildende Ordnung — existiert dieser, und wenn er das Recht wahrt, was durchaus einen wesentlichen Teil der Staatstätigkeit ausmachen kann, dann wahrt er sich damit selbst, seine Struktur, sein eigenes Leben. Diese Tätigkeit betrifft somit nicht das Ziel oder die Mission des Staates — was auch immer diese seien[36] —, sondern ist nur die Voraussetzung, die notwendige Bedingung für die spätere Verfolgung der staatlichen Ziele.

---

das private und öffentliche Recht, XL, 1913, S. 44 ff., 114, eine alte Theorie wiederbelebt, wonach ein Staatsunrecht nicht vorstellbar sei, weil der Staat ausschließlich als Rechtsordnung anzusehen sei.

Diese These verwechselt das, was der Staat ist, mit dem, was der Staat tut: insofern er ist, kann der Staat niemals dem Recht entgegengesetzt sein, seinem Recht entgegengesetzt sein — insofern er handelt, indes sehr wohl.

[35] s. zuletzt hierzu *Ravà*, Lo Stato come organismo etico, Roma 1915.

[36] Manchmal verbindet sich das im Text angedeutete Mißverständnis sogar noch mit einem weiteren: man glaubt, daß die Hauptaufgabe des sogenannten Rechtsstaates — gemäß der vorgefaßten Meinung, die man sich allgemein über ihn gebildet hat — darin bestünde, den sozialen Frieden und das ruhige Zusammenleben seiner Mitglieder zu gewährleisten, und daß die Aufgaben dieses Staates ausschließlich rechtliche seien. Diese Auffassung ist nicht zutreffend, denn Schutz des Rechts einerseits und Schutz der öffentlichen Sicherheit und Ordnung andererseits, sind ganz verschiedene Dinge. Schutz des Rechts ist kein Ziel des Staates, denn ein „Ziel" reicht über den Bereich der eigenen Selbsterhaltung hinaus; der Schutz der öffentlichen Sicherheit und Ordnung ist dagegen ein solches Ziel. Vgl. ferner gegen diese häufig zu beobachtende fehlende Differenzierung meine Principii di diritto amministrativo, 3. Aufl., Milano 1912, Nr. 201 [Corso di diritto amministrativo. Principii generali, 3. Aufl., Padova 1937, S. 4].

§ 16

So beweist sich auf anderem Wege, was wir schon mit einigen Argumenten aus jeweils unterschiedlichen Blickwinkeln zu erweisen suchten. Grundlegender und ursprünglicher Aspekt des Rechts ist die Institution, in der es sich konkretisiert; nicht aber sind es die Normen oder, allgemeiner ausgedrückt, die Vorschriften, mit denen es tätig wird. Letztere sind lediglich ein von ihm abgeleiteter und zweitrangiger Aspekt. Diese Schlußfolgerungen ergeben sich nicht nur aus der für jeden anderen Erklärungsversuch bestehenden Unmöglichkeit, das Recht in seiner organischen Einheit zu erfassen und zu definieren (§§ 3 ff.), nicht nur aus seinem (oben § 7) umrissenen objektiven Charakter, nicht nur aus dem ihm immanenten und nicht auf den Normbegriff zurückführbaren Element der Sanktion (§ 8), sondern auch aus der nunmehr folgenden Überlegung. Faßt man nämlich den Zeitpunkt, in dem gewisse Institutionen entstehen, und in dem somit ihre Ordnung ins Leben tritt, ins Auge, dann sieht man sofort, daß dieser Zeitpunkt nicht von einer bereits existierenden Norm determiniert ist. Deshalb kann man das Recht nur als Institution und nicht als Komplex von Normen, durch den die Institution existiert und arbeitet, ansehen. Für den Staat beispielsweise — aber nicht nur für ihn — ist dies ganz offensichtlich: er existiert, weil er existiert, und er ist ein rechtliches Gebilde, weil er existiert, und zwar vom Augenblick seiner Entstehung an[37]. Die Entstehung des Staates ist kein von rechtlichen Normen geregeltes Verfahren; sie ist, wie man wiederholt gezeigt hat, ein rein tatsächlicher Vorgang. Recht gibt es unmittelbar mit Vollendung dieses Vorgangs, unmittelbar mit der Existenz eines effektiven, lebendigen Staates; einzelne Normen dagegen können von ihm erst in der Folge-

---

[37] s. in diesem Sinn meinen Aufsatz L'instaurazione di fatto di un ordinamento costituzionale e la sua legittimazione, Archivio giuridico, LXVIII, 1902; [Principii di diritto costituzionale generale — s. oben FN 9 — Kap. XIV]. Von anderer Seite wird behauptet, daß „die staatliche Ordnung im Augenblick der Konstituierung des Staates nur eine rein tatsächliche Organisation ist ... In der Folgezeit jedoch wird ... seine Organisation, wie überhaupt seine ganze Ordnung, von Rechtsnormen geregelt und nimmt deshalb Rechtscharakter an". (*Ranelletti*, Principii di diritto amministrativo, I, Napoli 1912, Nr. 111); s. ebenso *Jellinek*, Allgemeine Staatslehre, 3. Aufl., Berlin 1914, S. 337 ff. In gleicher Weise wird die Meinung vertreten, daß „bei jeder Ordnung im Laufe ihrer Entwicklung einmal der Zeitpunkt eintrete, in dem — aus welchem Grund auch immer — sie sich aus einer rein tatsächlichen in eine rechtliche wandelt". (*Marinoni*, La responsabilità — s. oben FN 20 — S. 20). Diese Meinungen beruhen offenbar wieder auf der Vorstellung, daß sich das Recht nur in Form einer Norm zeigen könne. Was man sodann sich unter einer „staatlichen Ordnung", die keine rechtliche sein soll, sondern die nur darauf wartet, zu einer solchen zu werden, vorzustellen habe, das verstehe ich nicht — so als ob eine Ordnung nicht schon kraft ihrer Definition etwas bereits Geregeltes sei [wie hier, jetzt auch *Biscaretti di Ruffia*, Contributo alla teoria giuridica della formazione degli Stati, Milano 1938, S. 11, FN 11 und passim].

zeit gesetzt werden. Das erste Auftreten des Rechts ist daher nicht von den Normen bestimmt, sie sind nur seine spätere und hilfsweise Manifestation. Und auch aus einem anderen Grund kann es zeitlich vor der Institution und außerhalb von ihr Recht nicht geben, weil es insoweit noch an der Organisation fehlt, die die Norm zu einer rechtlichen macht. Das Recht kann nicht — entgegen einer verbreiteten Formulierung — die von der sozialen Organisation gesetzte Norm sein, sondern es selbst ist die soziale Organisation, die sich nach außen unter anderem durch Setzen von Normen manifestiert. Wenn es richtig ist, daß deren Eigenschaft als Recht auf einer sozialen Macht beruht und daß diese soziale Macht die Norm erst bestimmt oder zumindest sanktioniert, dann muß diese Eigenschaft bereits in der Institution zu finden sein. Die Institution könnte eine solche soziale Macht der Norm kaum verleihen, wenn sie selbst sie nicht bereits besäße.

Richtigerweise ist daher das Recht in erster Linie zu bezeichnen als die Organisation eines sozialen Gebildes. Akzeptiert man dieses Postulat nicht, dann sieht man sich der Schwierigkeit gegenüber, die Grundlage und die Verbindlichkeit des Rechts in meta-juristischer Weise erklären zu müssen: daher dann auch jene Theorien, die — wenn sie auch durchaus einige zutreffende Elemente enthalten — als juristische Theorien nicht akzeptabel sind und die das Recht als rein psychische Gewalt ansehen[38], oder gar erst jene Theorien, die in ihm eine individuelle und rein tatsächliche Gewalt sehen. Die im obigen Sinne verstandene Organisation aber ist aus zwei Gründen nicht Norm oder ein Komplex von Normen: einmal, weil sie bereits zeitlich vor diesen bestehen kann, und zum andern, weil sie — wenn sie erst später entsteht und sich dann mit den Normen verbindet — offenbar erst ein Produkt der Anwendung dieser Normen und daher selbst nicht Norm ist. Eine Norm kann zwar durchaus eine Organisation für verbindlich erklären, aber doch sicherlich nicht selbst geschaffen, oder sie gar, allein durch ihre eigene Existenz, begründet haben[38a].

---

[38] s. beispielsweise diese Theorie bei *Triepel*, Völkerrecht und Landesrecht (s. oben FN 19), S. 82; *Hold von Ferneck*, Die Rechtswidrigkeit, Jena 1903, I, § 20, und in etwas abgeschwächter Form auch bei anderen, wie *Miceli*, Principii (s. oben FN 11), § 25, sowie bei *Anzilotti*, Teoria generale della responsabilità dello Stato nel diritto internazionale, Firenze 1902, S. 68, insoweit, als er die Ansicht vertritt, daß „die Verbindlichkeit des Rechts eher ein moralischer Begriff als ein rechtliches Prinzip sei".

[38a] [Diese Gedanken auf den Staat anwendend, habe ich an anderer Stelle (zuletzt in meinen Principii — s. oben FN 9 — Kap. VI, § 2, Nr. 2) ausgeführt, daß die Verfassung eines Staates häufig auf Grund bestimmter Normen erlassen wird und aus solchen besteht, daß sie jedoch, wenn man sie für sich allein nimmt, sich nicht in diesen Normen erschöpft, daß diese nur ihre äußeren Zeichen sind. Effektiv wird die Verfassung erst in den Institutionen, in denen sie Leben annimmt. Mit anderen Worten: die Verfassung ist ein Gebäude, und nicht bloß ein von einem Architekten gezeichneter Plan zum Sichzurechtfinden in diesem Gebäude. Ganz in diesem Sinne unterschieden

§ 17

Prüfstein für jede Definition des Rechts ist vor allem das sogenannte Problem des Völkerrechts; es dürfte daher nicht nutzlos sein, auch die unsrige an ihm zu messen. Wir gehen dazu von dem Postulat aus, daß jene Definitionen ohne weiteres für irrig oder unvollständig zu halten sind, auf Grund deren man zur Verneinung der Existenz des Völkerrechts kommen müßte oder die zur Leugnung seiner Autonomie führen würden, was praktisch auf das gleiche hinausläuft. Zu einer solchen Leugnung der Autonomie kommt es dann, wenn man das Völkerrecht nur noch als Fortsetzung nach außen, als Projektion des innerstaatlichen Rechts ansieht. Die Definition des Rechts muß vielmehr in der Weise erfolgen, daß man mit ihr all das erfassen kann, was nicht nur nach wissenschaftlicher Tradition, sondern auch nach allgemeiner Überzeugung und vor allem nach ständiger unbestrittener Praxis als Recht angesehen wird. Jede andere Art von Definition wäre willkürlich: der Jurist hat nicht die Wirklichkeit seinen Begriffen unterzuordnen, sondern diese der Wirklichkeit.

Für uns stellt sich deshalb das Problem in Form der Frage, ob die internationale rechtliche Ordnung eine Institution ist. Es ist klar, wo man deren Gestalt zu suchen hätte: man muß prüfen, ob die Gemeinschaft der Staaten so verfaßt ist, wie es nach unserer hier vorgestellten Auffassung gleichzeitig auch jede sonstige Institution ist, ob also auch die Gemeinschaft der Staaten die wesentlichen Züge eines jeden sonstigen Rechtssystems aufweist. Dabei können wir an dieser Stelle durchaus von der Klärung der Frage absehen, ob diese Gemeinschaft der Staaten in einem weiten Sinne zu verstehen sei — ob es also eine einzige unter Beteiligung sämtlicher Staaten sei — oder ob es statt dessen so viele (untereinander in verschiedenster Weise verflochtene) Gemeinschaften gibt wie Gruppen von Staaten, zwischen denen sich partikuläres Völkerrecht gebildet hat[39]. Die Wahl zwischen diesen beiden Auffassungen ist sicher nicht ohne Belang; für uns aber empfiehlt es sich,

---

schon die klassischen Autoren zwischen Verfassung und Gesetzen. Bei *Aristoteles* (Politik, IV, 1289 a) heißt es: „Die Gesetze sind etwas fundamental anderes als die Verfassung" und seine Kommentatoren und Übersetzer bestätigten, daß die Gesetze „separatae sunt *ab iis* quae declarant rem publicam" (*Victorius*), „ab his rerum publicarum *descriptionibus* diversae sunt" (*Ramus*) „ab iis rebus quae rem publicam indicant sunt seiunctae" (*Giphanus*), dergestalt, daß es „sane apparet, inter *ea, quae constituunt rem publicam,* non numerari leges" (*Heinsius*). Freilich bedeutet diese Eigenschaft der Verfassung nicht, daß sie — wie man geglaubt hat — im Verhältnis zum staatlichen Recht ein prius sei und außerhalb von ihm stünde. Wenn dem so wäre, müßte man, da Verfassung und Staatsrecht dasselbe sind (vgl. mein oben zitiertes Werk, Kap. I) daraus die Negation des Staatsrechts ableiten.]

[39] [Dies letztere ist bekanntlich die Auffassung von *Triepel*, Völkerrecht und Landesrecht — s. oben FN 19 — S. 83 ff.]

keine Stellung zu beziehen, da sich unsere Überlegung auf beide anwenden läßt.

Unstreitig besitzt die internationale Gemeinschaft keine Rechtspersönlichkeit. Dies kann auch kaum zweifelhaft sein, ist aber für uns mit unserer vom Vorliegen der Rechtspersönlichkeit unabhängigen Definition der Institution auch völlig unerheblich. Von Bedeutung erscheint aber jene häufig wiederholte Behauptung, die internationale Gesellschaft sei nicht rechtlich organisiert[40]. Diese Auffassung könnte deshalb ein Hindernis für eine Qualifikation als Institution sein, weil „Institution" und „Organisation" Synonyme sind. Es ist jedoch nicht ganz klar, was man mit der genannten Behauptung meint. Manchmal hat es den Anschein, als wiederhole man damit lediglich in anderer Form das Prinzip, daß die internationale Gemeinschaft nicht mit Rechtspersönlichkeit ausgestattet sei. Gelegentlich möchte man auf diese Weise jedoch — und in dieser Bedeutung kann es uns interessieren — hervorheben, daß es in ihr an einer Gewalt fehlt, der die einzelnen Staaten untergeordnet wären. Unserer Meinung nach bedingt aber der Begriff der Organisation kein so zu verstehendes Über- und Unterordnungsverhältnis. Denn nähme man an, daß alle Staaten dieser Gewalt untergeordnet wären, dergestalt, daß keiner von ihnen, und auch nicht etwa eine Mehrheit von ihnen, einen Vorrang über die anderen hätte, dann wäre allein jene Gemeinschaft Trägerin dieser Gewalt — dies aber würde bedeuten, daß diese Gemeinschaft notwendigerweise Person sein müßte. Dann wären absolut gleichgeordnete Gemeinschaften — wie etwa die der Staaten — nur dann rechtlich organisiert, wenn sie es in Form der Rechtspersönlichkeit wären. Eine solche Auffassung wäre willkürlich und kaum beweisbar. Statt dessen ist festzuhalten, daß die Gleichheit und wechselseitige Unabhängigkeit der Mitglieder dieser Gesellschaft nichts anderes ist als ein Merkmal ihrer Organisation. Man könnte es auch so ausdrücken, daß es sich um einen Effekt dieser Organisation handelt. Die gegenteilige Meinung resultiert vielleicht aus jener häufig anzutreffenden einseitigen Betrachtungsweise, bei der man nebensächliche Merkmale, die sich jedoch in einem einzigen Rechtsgebiet besonders ausprägen, für die wesentlichen Eigenschaften hält, weil man nur von einem bestimmten Rechtsgebiet her die Frage angeht. Hinsichtlich der Frage der Zentralgewalt denkt man dabei immer an das innerstaatliche Recht.

Andererseits wäre es leicht, auch in den neuesten Lehren zu Grund und Natur des Völkerrechts die Elemente nachzuweisen, die eine Organisation der Staatengesellschaft notwendigerweise voraussetzen, und dies trotz der gegenteiligen Behauptungen dieser Lehren. Wenn man

---

[40] Vgl. jedoch die gegenteiligen Bemerkungen bei *Marinoni*, — s. oben FN 20 — S. 31 ff.

I. Teil: Der Begriff der Rechtsordnung § 17

nämlich annimmt, die normative Einigung — Quelle jenes Rechts — schaffe einen einheitlichen Willen, in dem die Einzelwillen der Staaten zusammenfließen und der sie überragt; wenn das Völkerrecht auf diese Weise den Charakter eines ius supra partes[41] erlangen — oder, schärfer ausgedrückt, sich in Befehlen gegenüber den Staaten äußern soll —, dann setzt dies eine, wenn auch einfache, Organisation der zwischenstaatlichen Gemeinschaft voraus. Diese Gemeinschaft würde im Gegensatz zu den mit Rechtspersönlichkeit ausgestatteten Gebilden zwar nicht über eigene Organe verfügen[41a], würde sich nicht auf ein Über- oder Unterordnungsverhältnis einiger Staaten zu anderen gründen, sondern vielmehr in einer Nachordnung aller ihrer Mitgliedstaaten gegenüber einer nicht-subjektiv ausgeprägten, unpersönlichen Gewalt bestehen. Bei dieser Gewalt muß es sich um eben jene handeln, die die Existenz einer solchen Gemeinschaft überhaupt erst ermöglicht und begründet[42]. Damit aber decken sich diese Überlegungen genau mit dem Sinn, dem wir den Ausdruck „Organisation" zuweisen, wenn wir ihn zur Verdeutlichung des Begriffs der Institution verwenden. Entsprechend zu verstehen ist nach allem auch die allgemein den Staaten gegebene Bezeichnung von „Mitgliedern" einer solchen Gemeinschaft, da es Mitglieder ja nur in einem übergeordneten Gebilde, in einem „Organismus" geben kann[43]. Damit braucht man erst gar nicht abzustellen auf jenen nicht seltenen Fall von gemeinsamen Organen verschiedener Staaten oder der Zusammenfassung von Ämtern verschiedener Staaten in einer Behörde, was ebenfalls eine Organisation der internationalen Gesellschaft voraussetzt, freilich stets in einer Form, die sich nicht nach außen materialisiert.

Die Institutionseigenschaft, die sich unserer Auffassung nach in der Gemeinschaft der Staaten erkennen läßt, hat man im übrigen in der

---

[41] Zu diesen verschiedenen Auffassungen vgl. die Arbeit von *Triepel* (s. oben FN 19), S. 74 ff. und als Beispiel für einen ihrer Anhänger insbesondere *Anzilotti* (s. oben FN 18), S. 71 ff. und in Corso di diritto internazionale, I, Roma 1912, S. 47 ff. [3. Aufl. 1928, S. 41 ff.; deutsche Ausgabe — s. oben FN 15 — S. 34 ff.].

[41a] [Im Gegensatz zu der überwiegenden Lehre ist es nunmehr meine Auffassung, daß außer den juristischen Personen auch alle anderen sozialen Gebilde — sowohl die assoziativer Art als auch die institutioneller Art — Organe haben können, vgl. meinen Corso di diritto internazionale, 4. Aufl., Padova 1939, S. 213 ff.; meinen Corso di diritto amministrativo, 3. Aufl., (s. oben FN 36), S. 95, 100, 102 f., sowie meinen Corso di diritto costituzionale, passim, in den verschiedenen Auflagen. Meiner Meinung hat sich *Fedozzi*, Introduzione al diritto internazionale e parte generale, in Trattato di diritto internazionale, herausgegeben von Fedozzi und Romano, 3. Aufl., Padova 1938, Neudruck Padova 1940, S. 472, angeschlossen.]

[42] *Anzilotti* (s. oben FN 18), S. 74: „Das Völkerrecht ist eine Macht, der der Staat unterworfen ist."

[43] „Membra unius corporis" (nämlich der societas gentium), nannte *Grotius* (De iure belli ac pacis, II, Kap. 8, § 26, Kap. 15, §§ 5 und 12) die Staaten.

älteren Lehre klar erkannt, lediglich anders formuliert und erst in jüngster Zeit geriet sie in Vergessenheit oder wurde gar ausdrücklich bestritten. Dies erklärt sich in erster Linie aus jener inzwischen so weit verbreiteten Meinung, wonach die einzige Quelle des Völkerrechts der kollektive Wille der Staaten sei, der sich in Form von Gewohnheiten, Vereinbarungen oder normativen Verträgen äußere. Auf diese Weise schließt man aus dem eigentlichen Rechtsbereich jedes, der jeweiligen konkreten Manifestation eines solchen Willens vorgängige Moment aus.

Gegen diese Auffassung ist in erster Linie vorzubringen, daß sie sich ganz offenbar an jene übliche Betrachtungsweise anschließt, die das Recht auf einen Komplex von Normen beschränkt. Die von uns ganz allgemein gegen diese Betrachtungsweise gerichtete Kritik gilt daher in gleicher Weise auch hier. Im Völkerrecht führt diese Auffassung aber zu noch schwerwiegenderen Konsequenzen als im innerstaatlichen Recht. Im innerstaatlichen Recht sind nämlich alle Gesetze auf eine einzige Basis zurückführbar: auf den Staat, der sie erläßt und von dem sie ihre Verbindlichkeit und Wirksamkeit erlangen.

Die internationalen Abkommen stünden dagegen jeweils für sich, jedes würde seine Wirksamkeit nur aus sich selbst ziehen und das Recht, dessen Quelle es ist, selbst schaffen. Als Konsequenz daraus läßt sich — was man teilweise auch getan hat — ableiten, daß es nicht ein Völkerrecht gibt, sondern so viele Völkerrechte wie Vereinbarungen.

In zweiter Linie ist zu bemerken, daß die Lehre, von der wir hier sprechen, eine Reaktion gegen die verschiedenen naturrechtlichen Theorien darstellt, die in der Aufzählung der Quellen des Völkerrechts über den Bereich des positiven Rechts weit hinausgingen. Unter diesem Aspekt war sie sicherlich heilsam und leistete einen großen und nützlichen Beitrag zur Revision zahlreicher Begriffe und insbesondere zur Erneuerung in methodischer Hinsicht. Gleichwohl scheinen in einigen grundlegenden Teilen dieser Lehre und sogar in ihrem Ausgangspunkt Widersprüche zu bestehen, die sich zwar dank gewisser technischer Kniffe bei einigen Schlußfolgerungen mildern, sich doch nicht ganz überwinden lassen. Zwar hatte man im Sinne einer Verwirklichung rechtspositivistischer Vorstellungen beabsichtigt, das Völkerrecht von den zahlreichen Einflüssen des alten Naturrechtsdenkens zu befreien. Statt dessen geht man jedoch von genau den Postulaten aus, deren sich eine der typischsten naturrechtlichen Theorien zur Erklärung des innerstaatlichen Rechts bediente, nämlich die Theorie vom Gesellschaftsvertrag. Deren Ausgangspunkt war das isoliert genommene, als vollständig frei und unabhängig gedachte Individuum, im sogenannten Naturzustand betrachtet, das sodann, unter Einschaltung seines Willens, sich selbst eine staatliche Herrschaft schuf und sich ihr unterwarf. Jetzt überträgt man diese Ideologie vollständig auf das Völkerrecht. Man behauptet eine ursprüngliche Unabhängigkeit der einzelnen Staaten voneinander. Diese Staaten sollen nunmehr von sich aus das Völkerrecht setzen und sich ihm durch ihre jeweilige Vereinbarung unterwerfen. Und bei diesen „Vereinbarungen" handelt es sich — vom Namen und von der rechtstechnischen Form der Analyse abgesehen — um nichts anderes als um den alten Gesellschaftsvertrag. Im innerstaatlichen Recht hat man diese Theorie — deren philosophische Bedeutung mit ihren ganz anderen Aspekten wir hier beiseite lassen — im wesentlichen schon damit entkräften können, daß die Rechtsstellung des Individuums, wie auch immer sie im einzelnen ausgestaltet sein mag, durch die Entstehung des Staates bestimmt ist und von seiner Ordnung geschaffen wird. Folglich kann die staatliche Ordnung zur Erklärung dieser Rechtsstellung dienen und nicht umgekehrt. Es ist seltsam, daß sich den Völkerrechtlern dieser Einwand nicht aufgedrängt hat. Wenn also die Staaten voneinander unabhängig sind, dann ist diese gegenseitige Unabhängigkeit vom juristischen Standpunkt aus nicht etwas dem Völkerrecht bereits Vorgegebenes, sondern eine von ihm angeordnete Rechtsfolge. Auch jenes Prinzip, wonach ein Staat nur durch solche Normen verpflichtet werden kann, bei deren Schaffung er selbst mit seinem eigenen Willen beteiligt war, ist ein Prinzip des *positiven Völkerrechts* und setzt somit dessen Existenz und Geltung bereits voraus. Wenn man das Gegenteil davon behauptet, daß nämlich die internationale rechtliche Ordnung aus der Einigung der Staaten entstehe und daß diese Einigung ein vor-rechtliches Moment sei, dann geht man davon aus, daß die Basis dieser Ordnung, die Staaten, schon von allem Anfang an von Natur aus vorhanden seien. Obendrein entspricht diese Vorstellung der Wirklichkeit in genau dem gleichen Maß wie die angebliche rein natürliche Existenz der Individuen vor der Entstehung des Staates: so wie der isoliert im Naturzustand lebende Mensch nur ein metaphysisches und ahistorisches Gebilde ist, genauso metaphysisch, ja geradezu mythisch ist die Vorstellung des von den anderen Staaten isolierten und mit ihnen nicht in Gemeinschaft lebenden Staates. Schließlich ist auch noch unter historischem Blickwinkel zu bemerken, daß die Gleichheit der Staaten erst im modernen Völkerrecht zum Prinzip erhoben wurde und daß sich das mittelalterliche Völkerrecht auf das entgegengesetzte Prinzip gründete, auf die Unterordnung der Staaten unter die weltliche Gewalt des Imperiums und unter die geistliche der Kirche, wozu dann noch für einige Staaten andere Formen von Subordination kamen. Die heutige Unabhängigkeit der Staaten ist daher nicht ihr natürlicher ursprünglicher Zustand, unabhängig vom Völkerrecht, sondern rein zufällig; sie ist lediglich die Folge der besonderen Entwicklung, die das Völkerrecht in neuerer Zeit genommen hat. Der mit dem Prinzip der Unabhängigkeit verbundene, doch ihm nicht gleichzusetzende zweite Grundsatz von der Gleichheit der Staaten ist eine Regel, der es auch heute nicht an Ausnahmen gebricht.

Die aus all dem zu ziehende Konsequenz ist unserer Auffassung nach ziemlich einfach. So wie das staatliche Recht gleichzeitig mit der Existenz des Staates auftritt — da Staat und zugehörige Rechtsordnung gleichzeitig entstehen —, genauso tritt das Völkerrecht gleichzeitig mit der Existenz der Staatengemeinschaft auf. Das Bestehen einer solchen Staatengemeinschaft setzt nämlich notwendigerweise eine sie konstituierende „rechtliche Ordnung" voraus. Das Prinzip (ob es wirklich so absolut zu verstehen sei, wollen wir hier nicht untersuchen), daß spätere völkerrechtliche Einzelnormen nur mit dem Willen der einzelnen Mitglieder der Staatengemeinschaft entstehen können und nur mit Wirkung für diejenigen Staaten, die sie gewollt haben, ist ein *rechtliches* Prinzip. Es steht damit durchaus in einer gewissen Parallele mit jenem anderen, ihm natürlich inhaltlich entgegengesetzten, Prinzip, wonach die gesetzgebende Gewalt im Innern eines Staates nicht den einzelnen Bürgern anvertraut ist, sondern bestimmten Organen. Es gilt daher nicht für den *Entstehung*statbestand des Völkerrechts, sondern erst für seine *spätere* Anwendung, bei der es um die Setzung neuer Normen oder Institute oder um deren Änderung geht. Zum Vergleich kann man das Prinzip heranziehen, wonach Gesetze von beiden Häusern eines Parlaments beschlossen und sodann noch vom Staatsoberhaupt gebilligt werden müssen. Dieses Prinzip gilt von dem Augenblick seiner Aufstellung an für die zu erlassenden Gesetze, es seinerseits aber kann zum Beispiel von einer Verfassung aufgestellt sein, die ihrerseits erst im Augenblick der Gründung eines Staates entsteht, also ohne die Grundlage einer ihr vorausgehenden Norm. Dies führt uns zu der Erkenntnis zurück, daß das Völkerrecht — genauso wie das staatliche Recht — im Zeitpunkt seiner Entstehung als Institution auftritt, als notwendiges Produkt der zwischenstaatlichen Organisation, jener Struktur, durch die es sich — rein tatsächlich gesehen und von Rechts wegen — gebildet hat.

Es ist durchaus nicht überflüssig, diesen Punkt besonders zu betonen. Der Vorgang, durch den ein Staat entsteht, ist zweifellos vorrechtlich; aber von dem Augenblick seiner tatsächlichen Existenz an ist der Staat bereits eine rechtlich ausgestaltete Ordnung, zu der auch die Organe gehören, denen nunmehr die gesetzgebende Gewalt anvertraut ist. Von nun an haben diese Organe eine rechtliche Existenz, und rechtliche Geltung haben die von ihnen erlassenen Gesetze. Nichts anderes gilt für die internationale Gemeinschaft: ihre Ausformung auf ihre gegenwärtig bestehende Struktur hin ist doch wohl das Ergebnis

I. Teil: Der Begriff der Rechtsordnung § 17

einer langsamen, rein faktischen und sicherlich nicht vom Recht gesteuerten Entwicklung. Dadurch aber, daß die internationale Gemeinschaft nunmehr in ihrer gegenwärtigen Form besteht, ist das Prinzip der obligatorischen Beteiligung der Staaten bei der Schaffung neuer Normen zu einem rechtlichen Prinzip geworden. Und genauso sind die einzelnen Akte, welche durch jene Vereinbarungen, mit denen das Gebäude des Völkerrechts langsam erweitert wird, geschaffen werden, nunmehr *Rechts*akte. Der Augenblick, in dem der Grundstein des Völkerrechts — als Grundlage für jeden weiteren Ausbau — gelegt wird, wird daher entgegen der heute herrschenden Auffassung[44] nicht durch die jeweilige Vereinbarung bezeichnet, sondern durch das Entstehen der internationalen Gemeinschaft als solcher. Das bedeutet, daß den Vereinbarungen, entgegen einer weitverbreiteten Meinung, keine besondere Qualität zukommt, die von der vorherigen Existenz des objektiven Rechts unabhängig wäre. Genausowenig leitet sich ihre Geltung — wie dies andere vertreten — aus der Gewohnheit her. Sie stützen sich vielmehr auf ein Prinzip, das gleichzeitig mit der Verwirklichung der internationalen Gemeinschaft entstanden ist und das mit deren Verfassung und mit deren gegenwärtigen institutionellen Merkmalen identisch ist. Und es ist theoretisch durchaus möglich, daß sich dieses Prinzip auch selbst wiederum ändert, und zwar nicht nur durch übereinstimmende Willenserklärungen der Staaten, sondern auch rein tatsächlich durch Veränderungen der internationalen Gemeinschaft selbst. Solche Veränderungen können sich beispielsweise aus einer von einem oder mehreren Staaten erworbenen Vormachtstellung ergeben.

---

[44] Interessant ist es, die Schlußfolgerungen zu nennen, zu denen man, logisch völlig unangreifbar, von diesem Ausgangspunkt aus gelangte, die jedoch unserer Meinung nach beweisen, wie notwendig eine Revision dieser Voraussetzungen ist. *Anzilotti*, Corso (s. oben FN 41), S. 48, 49, 53 ff. [anders in der 3. Aufl. von 1928 und in der, oben FN 41, zitierten deutschen Ausgabe, S. 189 ff., 273 ff.] ist nunmehr der Auffassung, daß die normative Vereinbarung, die einen Völkerrechtssatz zum Entstehen bringt, dem Recht vorgängig und deshalb ein nichtrechtliches Faktum sei. Allgemein sieht man jedoch, in Übereinstimmung mit der herkömmlichen Lehre, die völkerrechtlichen Verträge als Rechtsakte an; *Anzilotti* hat dies selbst an anderer Stelle getan (in Teoria generale — oben FN 18, S. 48). Vom gleichen Ausgangspunkt her hat man sodann die Auffassung vertreten, daß das, was man als normative Vereinbarung bezeichnet hat, nicht als solche qualifiziert und deshalb auch nicht vom Vertrag unterschieden werden könne, weil es sich hier um ein vorrechtliches Faktum handle, das daher irgendeiner näheren rechtlichen Bestimmung nicht fähig wäre (*Gabriele Salvioli*, Sulla teoria dell'accordo in diritto internazionale, Napoli 1914, S. 30). Auch das ist logisch, aber erinnert doch sehr an die Mahnung cave a consequentiariis. Auf jeden Fall ist es symptomatisch, daß diese so scharfsinnig ausgearbeitete Theorie von der Vereinbarung (von der man nicht weiß, ob sie die neueren Lehren zur Grundlage des Völkerrechts hervorgebracht hat oder ob sie ein Produkt solcher neuerer Lehren ist) jetzt von eben jenen neueren Lehren wieder abgelehnt wird: entweder verschlingt hier Saturn seine Söhne oder ... umgekehrt.

Auch insoweit können sich die Dinge völlig in Parallelität zu Änderungen des innerstaatlichen Rechts entwickeln, so wie sich die Verfassungsordnung eines Staates nicht nur auf dem gesetzlich vorgesehenen Weg verändern kann, sondern auch durch außerrechtliche Umwälzungen. So hat sich beispielsweise die Staatengesellschaft — die sich im Mittelalter auf ein Unterordnungsverhältnis gegenüber Kaiser und Papst gründete — in moderner Zeit durch eine ganze Reihe historischer Ereignisse in eine Gesellschaft von Gleichgeordneten verwandelt. Auch hieran zeigt sich, daß die heutige Situation der Gleichheit und Unabhängigkeit der Staaten nicht etwas vor-rechtliches, sondern von der Struktur der Gemeinschaft determiniert ist. Die Frage jedoch, warum jene Gemeinschaft sich in der Gegenwart so konstituiert hat, daß in ihr für spätere Normsetzung die jeweilige Einigung der Staaten Voraussetzung sein soll, das ist nun wirklich eine völlig außerjuristische Frage, genauso wie etwa die, *warum* in einem Staate die Gesetzgebung bestimmten Organen und nicht etwa anderen zugewiesen ist, oder warum etwa die Einstimmigkeit statt bloßer Mehrheit oder bei Kollegialorganen Mehrheit der Mitglieder statt Einstimmigkeit erforderlich sein soll.

Diese Überlegungen könnte man auch noch durch den Hinweis auf andere Prinzipien des Völkerrechts stützen, die nicht durch Vereinbarungen gesetzt sind: wenn sie nicht auf Vereinbarungen beruhen, können sie sich somit nur aus dem Gefüge der internationalen Gemeinschaft ergeben[44a]. Als Beispiel sei jenes Prinzip angeführt, wonach Staaten befugt sind, Gewalt anzuwenden mit dem Ziel, andere zur Achtung der internationalen Ordnung zu zwingen. Bei diesem Prinzip handelt es sich unserer Auffassung nach — und nach der ganz überwiegenden Meinung auch jener[45], die dieses Prinzip ausschließlich auf

---

[44a] [Zu diesen Prinzipien, die allein mit der Existenz der internationalen Gemeinschaft entstehen und bei denen es sich weder um Normen auf Grund von Vereinbarungen, noch um gewohnheitsrechtliche Normen handelt, vergleiche meinen Corso di diritto internazionale (s. oben FN 41 a), S. 31 ff. Analog liegen die Dinge bei der staatlichen Ordnung (s. meinen Corso di diritto costituzionale, 8. Aufl., Kap. XXIV, Nr. 1 und zuletzt meine Principii (s. oben FN 9), Kap. VII, § 6, Nr. 7). Im wesentlichen damit übereinstimmend *Crisafulli*, Per la determiniazione del concetto dei principii generali del diritto, in Studi sui principii generali dell'ordinamento giuridico, Pisa 1941, S. 186 ff.]

[45] s. statt aller *Anzilotti*, Corso (s. oben FN 41), I, S. 28 ff. [3. Aufl. 1928, S. 44, deutsche Ausgabe — oben FN 15 — S. 395, 402 ff.]. *Anzilotti* sieht darin den Zwang, der die völkerrechtlichen Normen zu Rechtsnormen macht. Mir scheint es nicht richtig zu sein, daß der Gebrauch von Gewalt nur als logische Konsequenz des Rechtscharakters der völkerrechtlichen Normen rechtlich zulässig sein soll, weil für die völkerrechtlichen Normen wegen ihrer Eigenschaft als Rechtsnormen auch eine Zwangsmöglichkeit bestehen müsse. Man wird im Gegenteil zu sagen haben, daß der Gebrauch von Gewalt im Völkerrecht grundsätzlich nicht erlaubt sei (mit Ausnahme der ausdrücklich vereinbarten Fälle), daß vielmehr nur gewisse positiv umschriebene Mittel — z. B.

I. Teil: Der Begriff der Rechtsordnung § 17

einen entsprechenden, übereinstimmenden Willen der Staaten gründen — um ein rechtliches Prinzip. Aber aus welcher Vereinbarung soll es sich ergeben? Verträge haben es im einzelnen geregelt und begrenzt, doch diese Verträge haben es als bereits existierend vorausgesetzt, denn in keinem von ihnen wurde es ausdrücklich geschaffen. Und auch auf Gewohnheitsrecht kann man sich hier nicht zurückziehen; es handelt sich wiederum um ein sich aus der Institution im oben definierten Sinn organisch ergebendes Prinzip.

Mit diesem Ergebnis, daß das Völkerrecht die immanente Ordnung der Gemeinschaft der Staaten ist; daß es mit ihr entsteht und von ihr untrennbar ist; daß man es zuerst und vor allem in der Institution, in der sich diese Gemeinschaft konkretisiert, zu suchen hat und erst dann in den sich aus bestimmten Vereinbarungen ergebenden Einzelnormen; und daß es deshalb in erster Linie und bei ganzheitlicher Betrachtung Organisation oder Institution ist — mit diesem Ergebnis können wir uns hier begnügen. Die weiteren daraus zu ziehenden Schlußfolgerungen für die Theorie der Quellen des Völkerrechts können hier nicht entwickelt werden; dies soll in einem anderen, dafür geeigneteren Werk geschehen.

Eine zusätzliche Bemerkung dürfte jedoch noch von Nutzen sein. Wie eingangs dieses Paragraphen erwähnt, leugnen einige die Existenz einer alle Staaten umfassenden internationalen Gemeinschaft und vertreten statt dessen die Auffassung, es gebe soviele Gemeinschaften wie Beziehungen eines Staates mit anderen Staaten. Nunmehr wird uns auch nach dem, was wir inzwischen klargestellt haben, die logische Herkunft dieser Theorie deutlich: sie ist schlicht und einfach das Gegenstück jener anderen Lehre, die das Völkerrecht als einen Mantel der Penelope auffaßt, der mit jeder normativen Vereinbarung von neuem gewebt wird. Konsequent weitergedacht bedeutet dies, daß jede dieser Vereinbarungen statt einer Gemeinschaft lediglich eine konkrete Rechtsbeziehung schafft, die nicht nur auf die beteiligten Staaten beschränkt ist, sondern auch auf den jeweiligen konkreten Vertragsgegenstand. So käme man dazu, die Existenz eines allgemeinen Völkerrechts überhaupt zu leugnen; es wäre nur noch als eine wissenschaftliche Abstraktion denkbar, als die Gesamtheit der Prinzipien, die sich rein tatsächlich in den Beziehungen zwischen allen oder den meisten Staaten beobachten lassen. Diese Prinzipien bildeten keine eigentliche rechtliche Einheit, und nur aus Bequemlichkeit und zur Erleichterung der Darstellung würde man sie gemeinsam behandeln. Das positive Völkerrecht wäre nichts anderes mehr als partikuläres Recht eines

---

Krieg — erlaubt sind. Dies bedeutet, daß es sich hier um verschiedene Einzelprinzipien handelt, die sich nicht aus den erwähnten allgemeinen ergeben können.

Staates im Verhältnis zu einem anderen Staat, mit dem er in Beziehungen steht: des Staates A mit dem Staat B, und sodann mit dem Staat C, und so weiter, oder, genauer gesagt, das sich aus jeder konkreten Vereinbarung ergebende Recht. Es ist einleuchtend, daß eine solche Auffassung der Wirklichkeit widerspräche; eine solche Lehre läßt sich auch viel leichter in der Theorie durchspielen als in der Praxis wirklich konsequent durchhalten. So erklärt es sich denn auch, daß die Anhänger dieser Lehre den Weg, den sie einschlagen, nur bis zur Hälfte gehen und auf diese Weise zeigen, wie verfehlt ihr Ausgangspunkt ist, den sie dann doch aufgeben müssen. Und richtigerweise geht man auch ganz allgemein davon aus, daß das partikuläre Völkerrecht eingegliedert ist in das allgemeine und daß es dieses voraussetzt — eine Meinung, die man ablehnen müßte, wenn die hier bekämpfte Theorie richtig wäre.

Auch unter diesem Gesichtspunkt gelangt man daher wiederum zu der Vorstellung von einer in ihrer integralen Einheit aufzufassenden Staatengemeinschaft — einer Institution, in die neu entstehende Staaten nach der sogenannten „Anerkennung" aufgenommen werden[45a]. Bei jeder solchen Neuaufnahme erweitert sich diese Institution, sie erneuert sich nicht etwa, sondern bewahrt ihre eigene Identität. So liefert das Völkerrecht eine gute Probe auf die Richtigkeit des Begriffs der Rechtsordnung, wie wir ihn in allgemeiner Form herausgearbeitet haben[45b].

[45a] [Diese Auffassung, daß die Aufnahme in die internationale Gemeinschaft im Wege der sogenannten Anerkennung erfolge, wird von mir in späteren Schriften abgelehnt; s. meinen Corso di diritto internazionale, 4. Aufl. (s. oben FN 41a), S. 60 ff., 106 ff.]

[45b] [Als Beispiel für eine Abhandlung des Völkerrechts gemäß den hier dargelegten Vorstellungen vgl. meinen Corso di diritto internazionale (s. oben FN 41a). Diesen Vorstellungen folgen im wesentlichen: *Breschi*, La società delle Nazioni, Firenze 1920, S. 87 ff.; *Fedozzi* (s. oben FN 41a), S. 15; *Monaco*, Solidarietà e teoria dell'istituzione nelle dottrine di diritto internazionale, Archivio giuridico 1932, §§ IV und V. Weiterhin haben sich mir folgende Autoren jeweils für bestimmte Einzelprobleme angeschlossen: 1. was die Beziehungen zwischen Völkerrecht und staatlicher Ordnung anbelangt: *Monaco*, L'ordinamento internazionale in rapporto all'ordinamento statale, Torino 1932; 2. für die sogenannten allgemeinen Grundsätze des Völkerrechts: *Fedozzi*, a.a.O.; 3. für die Staatenverbindungen: *Zanobini*, in Enciclopedia italiana, Stichwort „Stato", Band XXXIII, S. 621; *Biscaretti di Ruffia*, Sull'esistenza di unioni non internazionali di Stati diverse dagli Stati de Stati, Scritti in onore di Santi Romano, Padova 1939, III; Lo Stato democratico moderno, Milano 1946, § 78; *C. Schmitt*, Führung und Hegemonie, Schmollers Jahrbuch, 1939, S. 5 des Sonderdrucks; 4. für die kolonialen Protektorate (außer den bereits zitierten Schriften von *Zanobini* und *Biscaretti* noch) *Baldoni*, Le unioni internazionali di Stati, in Rivista italiana di scienze giuridiche, 1931, S. 13 des Sonderdrucks; 5. für das interne Recht von völkerrechtlichen Organisationen: *Baldoni*, Gli organi e gli istituti nelle unioni internazionali, in Rivista di diritto internazionale, 1931; *Monaco*, I regolamenti interni degli enti internazionali, in Jus gentium, Annuario italiano di diritto internazionale, I, 1938, S. 52 ff.]

§ 18

Der Begriff der Institution und seine Gleichstellung mit dem der Rechtsordnung werden bestätigt und verdeutlicht, wenn man ihn von anderen, ähnlichen Begriffen klar trennt.

Die wichtigste Feststellung ist, daß sich die Institution niemals in einer einzelnen Rechtsbeziehung oder in mehreren genau bestimmten Rechtsbeziehungen erschöpft (§ 10). Das „Rechtsverhältnis" gehört nämlich zur subjektiven Auffassung vom Recht, insofern, als es wenigstens zwei Pole als Bezugspunkte voraussetzt, von denen einer unserer Meinung nach unmittelbar aus einer Person bzw. bei einer juristischen Person aus einem ihrer Organe besteht; der andere Pol kann seinerseits wiederum entweder aus einer Person bestehen — wobei es sich eventuell auch um ein anderes Organ der gleichen Person handelt — oder auch aus einem Rechtsobjekt. Das Rechtsverhältnis stellt somit keine selbständige eigene Einheit dar, sondern eine Beziehung zwischen verschiedenen Einheiten. Demgegenüber ist die Institution das objektive Recht, und sie ist objektives Recht, weil sie selbst ein eigenes festes Gebilde, ein reales soziales Etwas ist, das in der Welt des Rechts effektiv, konkret, objektiv existiert. Rechtsverhältnisse gehören zu ihr, erschöpfen sie aber nicht, im Gegenteil: die Institution ist ihnen vorgeordnet, in dem Sinne, daß die Institution diejenige Organisation oder Struktur ist, ohne die die Rechtsverhältnisse selbst — wenn sie sich in ihr entfalten — nicht als rechtliche qualifiziert werden können. Die Institution ist Einheit; das Verhältnis — ob Rechtsverhältnis oder ob außerrechtliches Verhältnis — setzt Pluralität voraus. Und deshalb ist auch beispielsweise jene Auffassung nicht nur unzureichend, sondern irrig, wonach der Staat lediglich als Rechtsbeziehung zu definieren sei[46]: eine Auffassung, die auch für die Staaten ohne eigene Rechtspersönlichkeit abzulehnen ist.

Aus all dem ergibt sich als weitere Schlußfolgerung, daß die bloße Existenz von untereinander durch einfache Beziehungen verbundenen Personen nicht ausreicht, um eine Institution entstehen zu lassen. Zwischen ihnen muß vielmehr ein engeres und organischeres Band entstehen: es muß sich ein sozialer Überbau bilden, von dem nicht nur ihre einzelnen Beziehungen, sondern vor allem ihre eigene grundsätzliche Position abhängt und bestimmt wird. Deshalb ist es nicht möglich, sich eine lediglich aus zwei natürlichen Personen zusammengesetzte Institution vorzustellen. Diese Personen werden stets zwei Individualitäten bleiben und sich nicht zu einer verbinden können. Das bedeutet, wohl-

---

[46] Sie darf nicht mit jener anderen richtigen Auffassung, die als Zustandslehre bezeichnet wird, verwechselt werden. So jedoch *Jellinek*, Sistema dei diritti pubblici subbiettivi, Milano 1912, S. 38, und Allgemeine Staatslehre, 3. Aufl., Berlin 1914, S. 167.

bemerkt, jedoch nicht, daß es Institutionen geben kann, in denen das personale Element von nur zwei Personen gebildet wird. In einem solchen Falle ist es notwendig, daß dieses personale Element durch ein anderes ergänzt wird, das die sonst fehlende Kohäsion und Vereinheitlichung bewirkt. So kann etwa das eheliche Zusammenleben, das, für sich allein betrachtet, nur ein Rechtsverhältnis wäre, die Rechtsform der Familie, also einer Institution, annehmen, und tut dies auch in aller Regel. Das Zusammenleben kann sich etwa durch den Eingriff des staatlichen Rechts, indem dieses z. B. dem Ehemann die Stellung als Familienoberhaupt zuweist, zur Institution verdichten. Dies kann genauso gut auch allein durch die verfolgten Ziele, denen sich die Individuen unterordnen, geschehen, wenn dadurch eine kontinuierliche Einheit, ein konkretes soziales Gebilde entsteht. So bildet sich eine Institution etwa durch die mögliche — und normale — Fortsetzung des Zusammenlebens der Ehegatten über die beiden Ehegatten hinaus, also durch die Fortpflanzung der Familie. Ebenso kann das Zusammenleben zur Institution werden, indem sich die gegenwärtigen Mitglieder der Gemeinschaft mit ihren vergangenen und zukünftigen als Einheit fühlen und auftreten. Die Elemente können unterschiedlich sein. Entscheidend ist, daß das bloße Zusammenleben sich zu einem konkreten sozialen Gebilde hin entwickelt. So kann man die altrömische familia, die regierenden Häuser, die in manchen Ländern oft mit starker Autonomie ausgestatteten fürstlichen Familien oder die moderne Familie sicherlich nicht in eine einzige Kategorie zusammenwerfen — doch alle sind Institutionen[47].

Zwei juristische Personen können dagegen ohne weiteres eine Institution bilden — ohne daß dazu irgendein Eingriff von außen oder das Vorhandensein weiterer Elemente erforderlich wäre. Der Grund dafür liegt in der Tatsache, daß die innere Struktur von juristischen Personen ausschließlich eine Schöpfung des Rechts ist. Das Recht kann aus diesen juristischen Personen daher auch ohne weiteres eine zusätzliche echte Einheit bilden, wobei diese neue Einheit ihrerseits durchaus keine eigene juristische Person zu sein braucht. So könnten zweifellos die internationale Gemeinschaft und das Völkerrecht auch dann weiterbestehen, wenn sich die Zahl der Staaten auf nur zwei reduzieren sollte. Und im übrigen gibt es tatsächlich — außer der aus zahlreichen Staaten zusammengesetzten internationalen Gemeinschaft — andere solche Gemeinschaften, die sich als aus nur zwei Staaten gebildete Institutionen darstellen; als Beispiel seien gewisse Bundesstaaten oder Realunionen genannt. Eine solche Gemeinschaft wird ihrerseits durch Struktur und Verfassung der beiden Einzelstaaten ermöglicht. Eine

---

[47] Über die moderne Familie als soziale Organisation s. zuletzt *Cicu*, Il diritto di famiglia, Roma 1915, S. 7 ff., 77 ff.

weitverbreitete Auffassung sieht in solchen Staatenverbindungen lediglich ein Gesellschaftsverhältnis. Diese Meinung aber ist deshalb nicht zutreffend, weil sie, unter anderem, die Tatsache vernachlässigt, daß die Mitgliedsstaaten einer solchen Union durch ihre Mitgliedschaft sich selbst verändern. Indem jeder der beiden Staaten sich auf eine Ergänzung des andern hin entwickelt und indem beide sich zu Elementen einer umfassenden Institution, eines kollektiven Gebildes, wandeln, sind sie nicht mehr genau dieselben wie vorher. Diejenige Lehre, die diesen Unionen Rechtspersönlichkeit zuspricht, spürt, wie unzureichend die genannte Auffassung ist, die alles auf bloße Rechtsverhältnisse reduziert. Aber auch diese Meinung ist unannehmbar, da sie den Unionen eine Eigenschaft — die Rechtspersönlichkeit — zuspricht, die für eine solche Institution gar nicht notwendig ist und die in bestimmten tatsächlichen Staatenverbindungen fehlt. Und schließlich ist auch der Akt, durch den solche Unionen geschaffen werden, kein rechtsgeschäftlicher Vertrag im strengen Wortsinn; er setzt objektives Recht und gehört daher als völkerrechtlicher Vertrag — wenn man die gebräuchliche Terminologie benutzt — nicht in die Kategorie der austauschbestimmten Verträge, sondern in die der „Vereinbarungsverträge"[47a]. In entsprechender Weise bilden auch Staat und Kirche durch den Abschluß eines Konkordats eine Union, die sich ebenfalls nicht bloß in einzelnen genau bestimmten Rechtsbeziehungen erschöpft, sondern eine echte Institution entstehen läßt. Daraus resultiert auch — neben anderen Ursachen — die immer wieder festgestellte Schwierigkeit, die Figur des Konkordats, oder zumindest einiger Konkordate, auf die eines gewöhnlichen Vertrages zu beschränken[47b].

Diese Beispiele dürften wohl bestätigt haben, auf Grund welchen Kriteriums zwischen Institution und schlichtem Rechtsverhältnis zu unterscheiden ist. Die Institution ist ein Zustand, eine stabile Situation eines sozialen Gebildes; das Rechtsverhältnis ist eine mehr oder weniger vorübergehende Annäherung mehrerer solcher Gebilde. Ein Rechtsverhältnis kann nur dann zur Institution werden, wenn sich seine Bezugspunkte auf Grund innerer oder äußerer Kräfte in eine neue, stabile, selbständige Einheit verwandeln.

Während die Institution — in eben ihrer Eigenschaft als rechtliches Gebilde — selbst eine Ordnung darstellt, tut dies das Rechtsverhältnis

---

[47a] [Heute lehne ich eine solche Unterscheidung zwischen „austauschbestimmten Verträgen" und „Vereinbarungsverträgen" ab; s. meinen Corso di diritto internazionale, 4. Aufl., (s. oben FN 41a), Kap. V, Nr. 5.]

[47b] [Aus dem gleichen Grund, aus dem ich heute nicht mehr annehme, daß die sogenannten Vereinbarungsverträge eine eigenständige Gruppe innerhalb der völkerrechtlichen Verträge bilden, bin ich heute der Auffassung, daß auch die Konkordate vertraglichen Charakter haben. Zur Rechtsnatur des Konkordats zwischen Kirche und Staat vgl. meine Principii di diritto costituzionale generale (s. oben FN 9), Kap. X, § 4, Nr. 2.]

nicht. Es hängt vielmehr ab von dieser Ordnung, die sozusagen seine Lebensatmosphäre bildet, also etwas außerhalb von ihm selbst Stehendes. So erklärt es sich, daß ein Rechtsgeschäft, das lediglich Rechtsbeziehungen ins Leben ruft, für sich allein noch nicht objektives Recht zum Entstehen bringen kann. Um dies zu erreichen, genügt es nicht, ein Rechtsverhältnis zu begründen, das sich ausschließlich im Rahmen einer bereits bestehenden Ordnung hält; vielmehr muß das entsprechende Geschäft erst seinerseits eine Ordnung, wenigstens teilweise, schaffen. Da eine einzelne Regel, wie wir darzulegen versucht haben, nicht selbst objektives Recht darstellt, darf deshalb ein Rechtsgeschäft, damit man es als Rechtsquelle ansehen kann, sich nicht auf das Aufstellen bloßer Regeln beschränken, sondern muß eine mehr oder weniger komplette soziale Organisation schaffen[47c].

§ 19

Wenn eine Rechtsordnung — also eine Institution — nicht mit einer schlichten Beziehung zwischen zwei oder mehr Personen gleichgestellt werden kann, dann kann sie noch viel weniger mit einer bestimmten natürlichen Person identifiziert werden. Diese müßte dazu vielmehr auf stabile Weise mit anderen Elementen verbunden sein, dergestalt, daß jene letzteren das institutionelle Moment begründeten. Diese Elemente können auch von Gegenständen gebildet werden, also von den Objekten eines Rechts oder einer, einer Person zustehenden Befugnis. Sobald man jedoch diese Gegenstände als Elemente einer Institution ins Auge faßt, kann ihre rechtliche Qualifikation nicht mehr ausschließlich mit dem Begriff bloßer „res" gleichgesetzt werden, denn zwischen einer Sache und einer Person — zwischen Subjekt und Objekt — besteht, wie oben (§ 18) dargelegt, ein Rechtsverhältnis, das aber als solches nicht ausreicht, um eine Institution entstehen zu lassen.

Zur Verdeutlichung unserer Auffassung werden einige Beispiele von Nutzen sein. Auf diese Weise werden wir einige — wie uns scheint, interessante — Anwendungsfälle erwähnen können, indem wir die Figur der Institution dort verfolgen, wo sie gelegentlich etwas im Schatten bleibt, eben weil man ihre Elemente statt in ihrem Gesamt-

---

[47c] [Auch hinsichtlich der Rechtsnatur der Rechtsgeschäfte habe ich meine Meinung gegenüber der oben im Text ausgedrückten geändert. Rechtsgeschäfte schaffen nämlich nicht nur bestimmte Rechtsbeziehungen, sondern auch Normen, die ihrerseits diese Rechtsbeziehungen regeln. Bei diesen Normen handelt es sich um institutionelle insofern, als die Autonomie, auf die sie sich gründen, vom Staat abgeleitet ist und vom Staat geschützt wird. Vgl. hierzu zuletzt meine Principii di diritto costituzionale generale (s. oben FN 9), Kap. XIII, § 6, Nr. 6.]

zusammenhang nur als einfache reale Beziehungen untereinander betrachtet hat.

Beginnen wir mit jener typischen und charakteristischen Institution: mit dem Staat. Erinnern wir uns daran, daß man die Staaten mit eigener Rechtspersönlichkeit von jenen ohne eine solche unterscheidet, und daß die Lehre sodann häufig jene letzteren Staaten als Rechtsobjekte des Fürsten oder Monarchen ansah. Der Fürst oder Monarch stünde danach oberhalb und außerhalb des Staates[48]. Von unserem Standpunkt aus erscheinen diese und ähnliche Vorstellungen als unzutreffend, zumindest als ungenügend. Ohne nun einzelne Staatstypen untersuchen zu wollen — die, wie etwa der sogenannte Patrimonialstaat, überhaupt erst einmal näher erforscht werden müßten —, können wir uns auf die Feststellung beschränken, daß der Staat stets und in erster Linie ein System, eine Rechtsordnung, eine Institution ist. Monarch, Untertanen, Staatsgebiet oder Gesetze sind daher nur Elemente dieser Institution. So ist auch der Monarch Teil der Institution, er steht nicht außerhalb oder oberhalb von ihr, seine Stellung ist nicht unabhängig von der Institution, sondern eine von deren speziellen Ausprägungen. Die Stellung des Monarchen ist Teil des in der Institution sich konkretisierenden Rechts. König und Königreich bilden aus dieser Sicht notwendigerweise eine untrennbare Einheit. Das Reich kann man nicht als eine „res" ansehen, die mit dem König lediglich durch ein äußerliches Zugehörigkeitsverhältnis verbunden wäre, beide bilden vielmehr eine untrennbare Einheit, weil der Staat Institution ist, von deren mehreren Elementen eines der Monarch ist. Die gegenteilige Auffassung gründet sich auf eine unzutreffende Bewertung der souveränen Stellung des Monarchen. Zwar bezeichnet er sich selbst in der Tat manchmal als „dominus" oder „signore" seines Staates; das aber bedeutet lediglich, daß er das Oberhaupt des Staates ist und damit integrierender Bestandteil des Staates. Ein Eigentumsverhältnis ist hiermit nicht mehr gemeint. Mit diesem Problem hat die alte Frage, ob der König in manchen Staaten über den Gesetzen stehe, nichts zu tun, denn wir erörtern hier das Problem, ob der König oberhalb des *Staates* steht. Man kann den König zwar als über seinen Untertanen, als über seinem Land und als über den von ihm erlassenen Gesetzen stehend

---

[48] Zu der Lehre vom Staat als Objekt und der Figur des ober- und außerhalb des Staates stehenden Monarchen, vgl. *Jellinek*, Allgemeine Staatslehre, 3. Aufl. (s. oben FN 46), S. 164 ff., 669 ff. Unzutreffend scheint uns jedoch die von *Jellinek* (S. 165 f.) vorgenommene Verbindung zwischen der Lehre vom Staat als Objekt und der vom Staat als Anstalt. [Mit „Anstalt" wird hier etwas anderes gemeint, als das, wofür wir den Ausdruck „Institution" gebrauchen. Es handelt sich bei diesen beiden Lehren im Gegensatz zu *Jellineks* Auffassung um zwei verschiedene Theorien, von denen die eine eine wesentliche Fortentwicklung der anderen darstellt; s. dazu meine Principii di diritto costituzionale generale (s. oben FN 9), Kap. VI, § 1, Nr. 10, und § 3, Nr. 7.]

ansehen, und man kann dies auch, in der Form der heute gebräuchlichen Terminologie, dahingehend ausdrücken, daß Untertanen, Land und Gesetze Objekte seiner Gewaltbefugnis seien. Auf jeden Fall aber handelt es sich dabei um die einzelnen Elemente des Staates und nicht um den Staat insgesamt, zu dem auch der Monarch selbst gehört. Dieser verfügt, mit anderen Worten, nicht über eine rein individuelle Herrschaftsmacht, sondern über ein Recht, das ihm als souveränes Glied des Staates zusteht und das daher seine Eingliederung in den Staat voraussetzt. Daß es sich hierbei um ein grundlegend anderes Herrschaftsverhältnis als die Befugnis eines gewöhnlichen Rechtssubjekts gegenüber einem seiner Rechtsobjekte handelt, wird auch daraus deutlich, daß die Konsequenzen der Handlungen des Souveräns zu Veränderungen in der Struktur, in der Organisation und in den Gesetzen des Staates führen können, und somit zur Schaffung neuen objektiven Rechts. Die Richtigkeit dieser Sicht erweist sich an dem Schulbeispiel der Übertragung des Staates seitens des einen Monarchen auf einen anderen Monarchen. Dies hat nicht nur die Übertragung oder den Verlust eines Rechts zur Folge, sondern den Verlust bzw. den Erwerb eines persönlichen *status*. Die Auffassung vom Staat als einem Rechtsobjekt gründet sich lediglich auf den äußeren Anschein; sie ist vielleicht auch nur aus dem Wunsch heraus entwickelt worden, dem als Subjekt anzusehenden Staat eine Rechtsfigur entgegenzustellen, die in jeder Hinsicht — auch terminologisch — deren Gegenteil darstellen sollte. Richtigerweise ist der Staat stets Institution, die — ob mit oder ohne eigene Rechtspersönlichkeit — stets ihr Oberhaupt miteinschließt; wo sonst wollte man das objektive Recht ansiedeln, von dem die Rechte und Befugnisse des Staatsoberhauptes lediglich Ausprägungen sind?

Zur Bekräftigung der bisher angestellten Beobachtungen kann man vom Staat, jenem rechtlichen Makrokosmos, zu anderen, weniger bedeutsamen oder auch zu ganz unbedeutenden Institutionen übergehen. Besonders interessant sind dabei einige, die der Jurist im allgemeinen zu untersuchen nicht Gelegenheit hat. Wenn irgend jemand in jenem Bereich, in dem er selbst wie eine Art von König im Königreich dasteht, nämlich in seinem „Haus" (diesen Begriff in einem sehr weiten Sinne verstanden) eine bestimmte Ordnung errichtet, mit Geltung für seine Familienangehörigen, seine Untergebenen, die Sachen, über die er verfügen kann, seine Gäste, etc., dann schafft er damit im Grunde genommen nichts anderes als eine kleine Institution, zu deren Oberhaupt er sich bestimmt und deren integrierender Bestandteil er ist. Dies hat mit den staatlichen Gesetzen über Haus und Domizil nichts zu tun. Diese Gesetze schützen die Freiheit der Person, die Beziehungen zu den Familienmitgliedern, Bediensteten oder zu Gegenständen von einem ganz anderen Standpunkt aus und nur in Beziehung auf das jeweilige konkrete Schutzobjekt. Solche Gesetze meinen wir bei unserem hier angesprochenen „Hausrecht"[49] nicht, jenem Hausrecht, mit dem sich das staatliche Recht nicht — zumindest nicht direkt — befaßt. Hier handelt es sich vielmehr um eine autonome innere Ordnung, die eine Reihe von verschiedenen Elementen — Personen und Sachen — einer einheitlichen, von einem bestimmten Blickpunkt ausgehenden Direktionsgewalt unterwirft. Während es also beispielsweise für die staatlichen Gesetze nur das Subjekt eines Sachenrechts über ein Haus — im Falle des Eigentums — oder eines obligatorischen Rechts — bei gemietetem Haus — geben kann, ist diese Rechtsbeziehung als solche für die institutionelle Betrachtungsweise völlig *unerheblich*: das Haus ist vielmehr nur ein Element der in ihm entstehenden Institution, es bildet den Rahmen einer Stellung, die dem Oberhaupt dieser Institution allein deshalb zukommt, weil er ihr Oberhaupt ist und nicht etwa, weil er auch noch Eigentümer oder Mieter wäre.

Entsprechend kann jemand seinem Industrieunternehmen, einer von ihm geleiteten Schule oder einem Handelsgeschäft einen bestimmten Zuschnitt, eine bestimmte Organisation verleihen. In diesen Fällen handelt es sich ebenfalls um kleine Institutionen, um rechtliche Mikrokosmen, deren persönliches Element — der „dominus" der Institution — aus einem einzigen Individuum bestehen kann. Dieser dominus wird durch andere Elemente ergänzt, die in ihrer Zusammenfassung jene Einheit bilden, die man, wenn man den Begriff in einem sehr weiten Sinne gebrauchen will, Betrieb nennen kann. Er ist Institution auf Grund seiner inneren Rechtsordnung, und als Institution verfügt er über ein Oberhaupt, Untergebene, eigene Gesetze, ein ganzes ineinandergreifendes Räderwerk von verwaltungsmäßigen Zuständigkeiten: insgesamt gesehen also eine eigene rechtliche Welt, in seiner Art und in seinen Zielen nicht von außen her ergänzungsbedürftig (vgl. dazu auch unten §§ 31, 45, 47). Vom Blickpunkt des staatlichen Rechts aus handelt es sich um etwas ganz anderes: entweder wird aufgegliedert in jene Vielzahl von Beziehungen zwischen den einzelnen an diesem Betrieb

---

[49] Von einem sich aus staatlichen Normen ergebenden „Hausrecht" spricht man in verschiedener Hinsicht: anläßlich der Unverletzlichkeit der Wohnung (vgl. beispielsweise *Liszt*, Lehrbuch des deutschen Strafrechts, 5. Aufl., Berlin 1905, S. 401 ff. [25. Aufl., S. 581 ff.]), sowie anläßlich einiger Rechte, die man von der allgemeinen Disziplinarbefugnis hat trennen wollen. (Vgl. beispielsweise *Hubrich*, Die parlamentarische Redefreiheit und Disciplin, Berlin 1899, S. 419 ff., 424 ff.; *Romano*, Sulla natura dei regolamenti parlamentari, Nr. 23 ff., in Archivio giuridico, LXXV, 1905; *Tezner*, Die Volksvertretung, Wien 1912, S. 416 ff.; u. a.). Eine solche „häusliche Macht" hat man auch dem Staat für den Bereich seines Staatsgebietes zugesprochen, so *Donati*, Stato e territorio, Nr. 30 ff., Rivista di diritto internazionale, VIII, 1914. — Etwas wesentlich anderes und deutlicher Abgegrenztes sind etwa die Ordnungen eines Königshauses oder die in einigen Staaten bestimmten Adelsfamilien verliehene Autonomie.

beteiligten Personen, oder es tritt die einheitliche „universitas rerum" (z. B. auch im Sinne der Aktiva und Passiva des Geschäftsjahres) in den Vordergrund. Während somit das staatliche Recht die Stellung des Eigentümers des Betriebes definiert und der Betrieb so zu einem Rechtsobjekt wird, hat der Eigentümer für die uns hier interessierende Ordnung des Betriebes keine Bedeutung; er kann ohne weiteres außerhalb der Betrachtung des Betriebes bleiben, sofern diesem ein vom Eigentümer verschiedener Leiter voransteht. Aber auch dann, wenn der Eigentümer selbst den Betrieb leitet, ist auf jeden Fall wiederum nicht sein Eigentumsrecht entscheidend, sondern seine Eigenschaft als Leiter.

Zusammengefaßt läßt sich sagen, daß die Eigenschaft als Institution, die man dem Betrieb oder anderen sozialen Gebilden zuweisen muß, sich aus deren Struktur, aus ihrem internen Recht, ergibt und nicht aus der jeweils unterschiedlichen Form, in der sie vom staatlichen Recht erfaßt werden. Bedenkt man dies näher, so sieht man, daß schon etwas Richtiges an jenen Theorien war, die in allen solchen Gebilden juristische Personen sehen wollten, nicht nur etwa in einem Wirtschaftsbetrieb, sondern auch beispielsweise in einem Schiff, was insoweit in der Tat als besonders seltsame Auffassung erscheint[50]. Sicherlich sind diese Lehren unzutreffend, weil eine Rechtspersönlichkeit in diesen Fällen weder durch das staatliche Recht verliehen, noch, in der Regel, auf Grund eigenen internen Rechts gegeben ist, doch verdienen es diese Lehren gleichwohl, daß man sie nicht völlig der Vergessenheit anheimgibt. Diese Theorien spürten, daß die gebräuchlichen Begriffe, wie etwa die Figur der schlichten res oder der universitas rerum, die Wirklichkeit nicht zureichend erfassen konnten. Man spürte, daß diese Rechtsfiguren von einer lebendigeren und anpassungsfähigeren Figur überlagert werden, nämlich dem, was wir mit Institution bezeichnen. Und die staatlichen Gesetze täten sicherlich gut daran, dem Rechnung zu tragen.

---

[50] *Ferrara,* Teoria delle persone giuridiche, S. 704 [ebenso in Persone giuridiche, S. 86 f. (s. beide Titel oben FN 24); einige Autoren haben meiner Definition des Betriebes zugestimmt, manchmal freilich mit gewissen Einschränkungen: vgl. unter anderem *Ferrara,* Trattato di diritto civile, I, Roma 1921, S. 811 ff.; *Ferrara Junior,* Lezioni di diritto commerciale, Firenze 1939, S. 137 und in L'azienda, Firenze 1945; *Greco,* Profilo dell'impresa economica nel nuovo codice civile, Atti dell'Accademia delle scienze di Torino, 1941/42; *Messineo,* Manuale di diritto civile e commerciale, 6. Aufl., I, § 77, Nr. 17; *Valeri,* Manuale di diritto commerciale, Firenze 1945, I, S. 12. Es scheint, daß auch der Codice civile von 1942 in seiner Definition des Unternehmens zu meiner hier vertretenen Auffassung paßt. Während mit „Unternehmer" und „Betrieb" früher häufig dasselbe bezeichnet wurde, sind nunmehr die beiden Begriffe deutlich unterschieden: vgl. dazu meinen Aufsatz A proposito dell'impresa e dell'azienda agricola, Rivista di diritto agrario, 1944].

§ 20

Wenn ein einzelnes Rechtsverhältnis oder eine einzelne natürliche Person keine Institution bilden kann, so gilt umgekehrt, daß eine juristische Person für sich allein bereits Institution ist. Ohne hier auf die bekannten Streitfragen zur juristischen Person einzugehen, können wir aus den oben gemachten Überlegungen einige Schlußfolgerungen ziehen. Die Lehre hat im großen und ganzen immer die richtige Vorstellung vertreten, daß man zuerst einmal einen einheitlichen Begriff dieser Personen zu erarbeiten hätte und ihn höchstens danach in verschiedene Kategorien unterteilen könnte. Daß sie dieses ihr Ziel erreicht habe, wird man freilich kaum sagen können. Wenn man nämlich als „Substrat" der Personenverbände Personen annimmt und als „Substrat" der Stiftungen (oder Institutionen in engerem Sinn) andere Elemente — über die im einzelnen alles andere als Einigkeit besteht —, dann gelangt man auf diese Weise entgegen der ursprünglichen Absicht zu einem Dualismus. Diesen Dualismus zu überwinden ist man dann, trotz scharfsinnigster Überlegungen, nicht mehr in der Lage. Lediglich die Organisationstheorie, auf die wir oben (§ 11) bereits kurz hingewiesen haben, bietet eine einheitliche Lösung für das Problem, verwendet dazu aber — wie ebenfalls schon erwähnt (§ 13) — eine Konstruktion, deren wahre juristische Bedeutung sie nicht klar genug hervorhebt, sondern im Gegenteil durch völlig unjuristische Formulierungen verdeckt. Unserer Auffassung nach ist Basis einer juristischen Person stets eine Ordnung objektiven Rechts, das sich in dieser juristischen Person konkretisiert und in ihr enthalten ist. Basis einer juristischen Person ist also mit anderen Worten eine Institution in dem oben entwickelten Sinne. Substrat der Rechtspersönlichkeit sind nicht die beteiligten Personen — dies gilt auch für die Personenverbände —, nicht das zugrundeliegende Vermögen, nicht die Organe oder Ämter oder das verfolgte Ziel, Substrat ist vielmehr stets und ausschließlich die Rechtsordnung, die diese Personen umschlingt, die dem Vermögen eine bestimmte Zwecksetzung verleiht, seine Organe bestimmt und das Ganze auf ein bestimmtes Ziel hin koordiniert. Und wenn wir von Rechtsordnung als Substrat der juristischen Person sprechen, dann beziehen wir uns damit auf ihre „innere" Ordnung, nicht auf die Regeln, die von einer höheren, umfassenderen Ordnung, also beispielsweise vom Staat, für juristische Personen aufgestellt sind. Zwar ist es in der Tat denkbar, daß die Rechtspersönlichkeit von jener umfassenderen Rechtsordnung erst verliehen wird, doch kann dies nur auf der Basis der eigenen bereits bestehenden Ordnung des betreffenden Gebildes geschehen. Kurz zusammengefaßt läßt sich sagen — uns an dieser Stelle breiter darüber auszulassen, ist nicht möglich —, daß eine Institution dann zur Person wird, wenn sie auf Grund ihrer eigenen

Ordnung oder auf Grund einer fremden Ordnung ein mit eigenem Willen ausgestattetes Gebilde ist. Dies ist dann der Fall, wenn ein Wille geäußert wird, der als Wille der Institution selbst anzusehen ist, wobei dieser Wille rein tatsächlich von allen Individuen zum Ausdruck gebracht werden kann, die in einem weiten Sinn Elemente (Mitglieder, Organe, Angestellte) der Institution sind und die diesen Willen in der von der Struktur der Institution her gebotenen Form und ihren Zielen entsprechend zum Ausdruck bringen[50a]. Dies bedeutet, daß es für die Eigenschaft als Person ausreicht, daß das Gebilde eine objektive Ordnung darstellt, die in der Weise zielgerichtet ist, daß dieses Gebilde eines eigenen Willens (auf Grund eigener Kraft oder durch andere Personen) fähig ist. Die Tatsache, daß es so verschiedenartige Quellen für die Eigenschaft als Person gibt, erklärt auch, warum ein Gebilde manchmal nur auf Grund seiner eigenen Ordnung Person ist, nicht aber auf Grund einer fremden Ordnung, z. B. bei den sogenannten faktischen Gebilden, die vom Staat nicht als juristische Personen anerkannt werden (vgl. dazu unten § 31). Das Umgekehrte ist ebenfalls möglich, daß sich nämlich ein Gebilde selbst nicht als Person ansieht (beispielsweise gewisse Staaten, für die der Wille des Souveräns als solcher, und nicht als Wille des Staates unmittelbare Wirkung entfaltet), während es im Rahmen einer anderen Rechtsordnung — etwa im Völkerrecht — als Person gilt. Stets aber ist es notwendig, daß die innere Ordnung die Möglichkeit einer solchen Personifizierung bietet, daß es sich also um ein Gebilde handelt, das — wenn es auch selbst die Personeneigenschaft nicht in Anspruch nimmt — doch jedenfalls den anderen kraft seiner eigenen inneren Struktur die Möglichkeit gibt, ihm diese Eigenschaft zuzuweisen.

Wenn die bisherigen Überlegungen richtig sind, kann man daraus weiter schließen, daß der Akt, durch den eine juristische Person zum Entstehen kommt, stets ein Akt der Setzung objektiven Rechts ist. Dies muß daher auch dann gelten, wenn sich dieser Akt unter anderen Gesichtspunkten beispielsweise als ein privatrechtliches Rechtsgeschäft darstellt. Der Name, den man diesem Akt gibt, tut dabei nichts zur

---

[50a] [*Ferrara*, Persone giuridiche (s. oben FN 24), S. 25, FN 2 und S. 28, FN 1, hat entgegen der hier von mir vertretenen Auffassung bemerkt, daß es juristische Personen geben kann, die über keinen Eigenwillen verfügen und daß ein solcher eigener Wille jedenfalls der Person zum Handeln dient, nicht aber notwendig ist, um ihr Sein zu begründen. Hier ist nicht der Ort, sich mit jenen Lehren zu befassen, die man als voluntaristische Theorien der Persönlichkeit bezeichnen könnte. Wenn diese Theorien abzulehnen sein sollten, dann müßten auch einige meiner Bemerkungen oben im Text eingeschränkt werden. Es bleibt jedoch bei dem Grundsatz, daß die juristische Person dann, wenn sie ein reales soziales Gebilde ist (manchmal nämlich schreibt man auch abstrakten oder ideellen Vorstellungswerten, Gottheiten, Heiligen, etc., eine solche Rechtspersönlichkeit zu), eine Rechtsordnung, eine Institution ist, die von sich selbst oder von einer anderen Ordnung als Träger von Rechten und Pflichten angesehen wird.]

Sache — er bildet eben das „Statut", die „Gründungstafel", das „Grundgesetz" der juristischen Person. In der Lehre hat man nicht immer deutlich die beiden Aspekte unterschieden, die ein und derselbe Akt annehmen kann, je nachdem, ob man ihn unter dem Blickpunkt der inneren Ordnung der in Frage stehenden juristischen Person untersucht oder von einer anderen Rechtsordnung aus, wobei es sich im allgemeinen um die staatliche handelt. Aus dieser unzureichenden Differenzierung ergeben sich eine Reihe von überflüssigen, zumindest falsch gestellten, Streitfragen. Die hier vorgetragene Auffassung kann dagegen unter anderem auch gut erklären, warum der Staat durch die Zuerkennung der Eigenschaft als juristische Person eingreift, wenn diese juristische Person Rechtswirkungen im staatlichen Recht haben soll. Im übrigen wollen wir mit dieser Erklärung nicht behaupten, hier auch die Lösung jenes uralten Problems gefunden zu haben, ob die Verleihung der Eigenschaft als Person seitens des Staates als „lex specialis" anzusehen sei.

§ 21

Die von uns entwickelte Auffassung vom Recht erlaubt mit Hilfe einiger einfacher weiterer Schlußfolgerungen eine entschiedene Stellungnahme gegen eine in neuerer Zeit beobachtbare Tendenz: sie besteht darin, eine Reihe von Tatsachen, die die herkömmliche Lehre zutreffenderweise stets in den Bereich des Rechts eingeordnet hatte, als metajuristisch zu qualifizieren. Freilich muß man auch zugeben, daß diese neueren Theorien in ihren Schlußfolgerungen durchaus richtiger gefaßt sind als in ihrem Ausgangspunkt; man muß ihnen jedoch vorwerfen, wie sie von ihrem unzureichenden Ausgangspunkt (dem ungenügenden „Rechts"-Begriff) aus ihre Ergebnisse kaum rechtfertigen können — wenn sie überhaupt ein Bedürfnis verspürten, ihre Folgerungen zu rechtfertigen. Nimmt man sich die neuesten Entwicklungen dieser Lehren vor, so stellt man wiederum fest, daß der Ausgangspunkt (d. h. der benutzte Rechtsbegriff) der gleiche bleibt, daß die Konsequenzen zwar unter Aufwand logischer Akribie daraus gezogen, doch dadurch nur noch weniger richtig werden und auf diese Weise — sicherlich gegen den Willen ihrer Urheber — nur noch mehr die Haltlosigkeit des ursprünglichen Postulats erweisen.

Wir möchten im folgenden einige dieser Punkte aufzählen, die zu Unrecht aus dem Bereich des Rechts ausgeschlossen und in einer Art von Vorhölle angesiedelt werden. Andere werden wir später noch ansprechen; von einigen weiteren, wie den völkerrechtlichen „Vereinbarungen", die nach manchen Auffassungen außerhalb des Völkerrechts stehen sollen, war bereits die Rede (§ 17).

1. In erster Linie ist hier die staatliche Gewalt zu erwähnen, die einige Autoren als rein tatsächliche Gewalt ansehen, als ein vorrechtliches Attribut des Staates[51]. Diese Auffassung beruht im Grunde auf der Vorstellung, daß es die Staatsgewalt sei, die stets und in jedem Falle das Recht schaffe, dergestalt, daß sie als Ursprung, als prius der Rechtsordnung anzusehen sei. Das äußerste Zugeständnis dieser Lehre besteht darin, daß die Rechtsordnung, einmal geschaffen, die Staatsgewalt beschränken und so zu einer rechtlichen Gewalt machen könne. In ihrem Entstehungszeitpunkt soll ihr diese Eigenschaft jedoch noch nicht zukommen. Es ist ziemlich offensichtlich, daß sich diese Theorie auf das von uns bekämpfte Prinzip gründet, daß die staatliche Rechtsordnung lediglich aus den vom Staat kraft seiner legislativen Gewalt erlassenen Regeln und Vorschriften bestünde. Demgegenüber sind aber, wie immer wieder betont, Staat und staatliche Rechtsordnung nicht zwei verschiedene Phänomene, und nicht einmal verschiedene Ausprägungen eines Phänomens, sondern völlig miteinander identisch. Deshalb kann eines der wesentlichsten Attribute des Staates — die Staatsgewalt — niemals etwas Vor- oder Außerrechtliches sein, vielmehr entsteht sie mit ihm und mit seiner Ordnung und wird durch sie geregelt und beschränkt. Die Tatsache, daß die Staatsgewalt auch die Macht hat, „neues Recht" zu setzen, bedeutet nicht, daß sie „dem" Recht vorgängig sei: auch diese Wirkmöglichkeit der Staatsgewalt bewegt sich innerhalb eines von einem bereits bestehenden Recht umschriebenen Bereichs, der durch eben diese Staatsgewalt zum ersten Mal ins Leben tritt. Daraus ergibt sich sodann auch als weitere Schlußfolgerung, daß man die Theorie von der Selbstbeschränkung des Staates — wieviel Wahrheit sie auch enthalten möge — kaum in der weiten Form, die man ihr gegeben hat, akzeptieren kann[52]. Es mag nämlich durchaus zutreffen, daß der Staat sich selbst beschränkt, indem er seine Rechtsordnung errichtet — doch liegt irgendeine Beschränkung stets

---

[51] s. *Perozzi*, Istituzioni di diritto romano, Firenze 1906, S. 57, FN, [ebenso in der 2. Auflage von 1928]; *Petrone*, Il diritto (oben FN 14), S. 140 ff., 149; *Marinoni*, La natura giuridica del diritto internazionale privato, Rivista di diritto internazionale, 1913, S. 348, 358; La responsabilità (s. oben FN 20), S. 9 ff.; *Breschi*, La volontà dello Stato nell'ordine giuridico internazionale, Rivista di diritto internazionale, 1914, S. 422. Nach *Ottolenghi* (Intorno ai fonti del diritto internazionale pubblico, in Giurisprudenza italiana, 1902, S. 21 des Sonderdrucks) entspricht die Rechtsfähigkeit des Staates eher der Handlungsfähigkeit als der Rechtsfähigkeit beim Individuum. Die Lehre schließlich, die den Staat zwecks seiner Selbstbegrenzung dem Recht unterwirft, muß der Sache nach praktisch sagen, daß die Staatsgewalt Rechtscharakter erst zu einem nach dem Inslebentreten des Staates liegenden Zeitpunkt annimmt.

[52] s. *Jellinek*, Die rechtliche Natur der Staatenverträge, Wien 1880, S. 9 ff.; Gesetz und Verordnung, Freiburg i. B. 1887, S. 199 ff.; System, S. 95 ff., 214 ff. der italienischen Übersetzung (s. oben FN 46); Allgemeine Staatslehre (s. oben FN 2), S. 367 ff.; *Ranelletti*, Principii di diritto amministrativo, I, Napoli 1912, Nr. 94.

bereits von allem Anfang an vor, eben deshalb, weil es sich von Anfang an um eine *bestimmte* Ordnung handelt: die Selbstbeschränkung kann daher nur eine spätere Beschränkung dieser Ordnung sein. Entgegen der allgemeinen Meinung ist daher das Gesetz niemals der Beginn des Rechts, sondern eine Ergänzung (wenn es eine Lücke ausfüllt) oder eine Änderung bereits bestehenden Rechts[53]. So gesehen, ist der Gesetzgeber nicht der Schöpfer des Rechts, in einem vollen und absoluten Sinn des Wortes — und deshalb hat er auch nicht die Macht, es vollständig zu annullieren: um es zu annullieren, müßte er das Ende des Staates dekretieren.

2. Eng verwandt und häufig parallel mit der genannten Auffassung ist eine andere, die den Staat in einem gewissen Sinne enthauptet, indem sie seine Persönlichkeit gerade in ihren höchsten Ausprägungen leugnet, sie aber in anderen, untergeordneten Ausprägungen voll anerkennt. Einige Autoren[54] vertreten in der Tat die Auffassung, der Staat könne nur dann als Person auftreten, wenn er durch andere Organe als gerade durch sein souveränes Organ handle (also durch die legislative Gewalt bei uns, durch die verfassunggebende in anderen Staaten). Als Grund dafür wird angeführt, daß jenes Organ seinerseits keiner rechtlichen Disziplin unterworfen sei. Dabei übersieht man, daß die einzige logische Konsequenz dieser Überlegungen sein müßte, daß man den Staat nicht nur nicht als Person qualifizieren, sondern vor allem, daß er vom Recht überhaupt nicht mehr erfaßt werden könnte; die legislative Gewalt (bzw. in anderen Staaten die verfassungsgebende Gewalt) wäre dann im Hinblick auf das Verfassungsrecht nicht mehr dessen Objekt, sondern nur noch seine Prämisse. Das aber widerspräche der Wirklichkeit, da das Verfassungsrecht nicht nur die Struktur dieser Gewalten regelt (sie vielmehr sogar überhaupt erst schafft), sondern auch ihre Funktionen, zumindest deren formale und verfahrensmäßige Seite, und im übrigen unserer Meinung nach, was die legislative Gewalt

---

[53] Von einem ganz anderen Gesichtspunkt aus, nämlich der Meinung, eine Rechtsordnung habe niemals Lücken, kommt auch *Donati,* Il problema delle lacune (s. oben FN 12), S. 136 ff. zu dem Ergebnis, daß ein neues Gesetz stets eine Modifikation des vorher geltenden Rechts bedeute. Diese Behauptung kann aber — bleibt der Ausgangspunkt unverändert — nicht für das erste Gesetz überhaupt zutreffen.

[54] *Kelsen,* Hauptprobleme (s. oben FN 1), S. 395 ff., 434 ff.; über Staatsunrecht (s. oben FN 34), S. 4 ff.; *Donati,* Stato e territorio, Rivista di diritto internazionale, 1914, S. 320 (der mich insofern mißversteht, indem er auch mir diese Meinung zuschreibt); *Falchi,* I fini dello Stato e la funzione del potere, Sassari 1914, S. 28; *Breschi* (s. oben FN 51), S. 421; *Anzilotti,* Corso di diritto internazionale, Band III, Teil I, Roma 1915, S. 2 ff. [in den späteren Auflagen scheint er diese Meinung jedoch aufgegeben zu haben, vgl. 3. Aufl., S. 39 ff., deutsche Ausgabe, S. 309 ff. — beide Titel s. oben FN 15 —;] *Anzilotti,* Il concetto moderno dello Stato e il diritto internazionale, Roma 1915, S. 10.

angeht, auch (teilweise) deren inhaltliche Ausgestaltung (vgl. unten § 22, 4).

3. Aus ähnlichen Vorstellungen heraus hat man dem Territorium des Staates eine innerstaatliche rechtliche Bedeutung abgesprochen. Das Staatsgebiet sei konstitutives Element des Staates, es stehe daher außerhalb des Rechts und gehe ihm vor[55].

Ebenso habe die Staatsangehörigkeit in ihrer Bedeutung als Zugehörigkeit zu einem Staat für sich allein keine rechtliche Bedeutung, sondern stelle lediglich eine politische Situation der Individuen dar, sei also ausschließlich eine Voraussetzung für andere Rechte und Pflichten[56].

Beide Auffassungen beruhen — neben anderen für uns unannehmbaren Gründen, die wir in Kürze untersuchen wollen — auf dem Glauben, daß alle Elemente, die ihrerseits die Existenz des Staates determinieren, vor-rechtlich seien. Zu dieser Auffassung kommt es, indem man sagt, das Recht werde vom Staat gesetzt; also sei der Staat schon vor dem Recht da; also sei das, was den Staat konstituiere, vor-rechtlich. Und man übersieht dabei, daß das, was die verschiedenen Elemente, die den Staat konstituieren, miteinander verbindet, nichts anderes sein kann als eben die Rechtsordnung. Man übersieht, daß es eben diese Ordnung ist, die die staatliche Struktur bestimmt und seinen einzelnen Teilen ihre Funktion als Elemente des Staates zuweist — mit anderen Worten: daß Staat und staatliche Rechtsordnung dasselbe sind[56a].

§ 22

Aber nicht nur die konstitutiven Bestandteile des Staates sollen — als jedem „Recht" vorgängig — außerrechtlichen Charakter haben, sondern darüber hinaus sollen auch eine ganze Reihe von weiteren

---

[55] *Marinoni,* Dell'annessione della Tripolitania e della Cirenaica, Rivista di diritto e procedura penale, 1912, S. 7 ff. des Sonderdrucks [und in Scritti vari, Città di Castello, 1933, S. 102].

[56] *Marinoni,* Della condizione giuridica degli apolidi secondo il diritto italiano, Atti del R. Istituto veneto, LXXIII, S. 147 ff. [und in Scritti vari, S. 201 ff.].

[56a] [Im übrigen ist es allgemeine Meinung, daß der Staat als solcher ein nicht-rechtliches Gebilde sei, und daß somit dem Rechtsbegriff „Staat" etwas anderes vorausgehe. Vgl. dazu als Beispiele für viele *Rehm,* Allgemeine Staatslehre, Freiburg i. B. 1899, S. 11 ff., 159 ff.; *Jellinek* (s. oben FN 2), S. 137 ff., 162 ff.; *Seidler,* Das juristische Kriterium des Staates, Tübingen 1905, S. 17 ff.; *Ranelletti* (s. oben FN 52), Nr. 87 f., 91, 111; *Ravà* (s. oben FN 35), S. 1 ff.; *Marinoni,* L'universalità dell'ordine giuridico statuale, Rivista di diritto pubblico, 1916, S. 236, und in Scritti vari (s. oben FN 55), S. 355; La responsabilità (s. oben FN 20), S. 20; *Donati,* La personalità reale dello Stato, Rivista di diritto pubblico, 1921].

Elementen des Staates entweder ganz aus dem Bereich des Rechts ausgeklammert bleiben oder von ihm nur in gewissen Reflexen berücksichtigt werden. Die Theorien, die wir meinen, gehen immer wieder von jenem Postulat aus, daß die Rechtsordnung nichts anderes sei als ein Komplex von Normen. Sodann schränken diese Theorien das Ziel — oder wenn man so sagen will, das Objekt — dieser Normen auch noch ein, indem sie es in den Rechtsbeziehungen zwischen verschiedenen Subjekten erkennen wollen. All dem, was nicht in Form einer solchen Beziehung Ausdruck fände, käme keine juristische Relevanz zu. Es wäre wirklich überflüssig, unsere Zeit auf eine besondere Widerlegung dieser Gesichtspunkte zu verwenden, wo wir bereits auf den vergangenen Seiten die Unrichtigkeit ihrer beiden Voraussetzungen zu zeigen versucht haben, nämlich die verfehlte Gleichstellung des objektiven Rechts mit den Normen und die Beschränkung des Rechts auf die Regelung der Beziehungen zwischen mehreren Subjekten. Ein kurzer Blick auf einige der zur Anwendung dieser Theorien gemachten Versuche mag aber vielleicht nützlich erscheinen.

1. Schon oben (§ 8) hatten wir Gelegenheit, jene Lehre zu erwähnen, nach der die Sanktion keines der Hauptelemente des Rechts sein soll. Wir erkannten dabei, daß die Begründung dieser Lehre in der Vorstellung zu suchen ist, daß das Recht ausschließlich Beziehungen zwischen mehreren Subjekten regle, indem es zwischen ihnen Rechte und Pflichten schaffe. Andere haben in mehr oder weniger ähnlicher Form zwar nicht geleugnet, daß die Rechtsordnung auf einem System von Sanktionen und Zwängen aufgebaut sei, haben aber die Auffassung vertreten, dies sei nur für den Philosophen von Bedeutung, nicht aber für den Juristen. Mit anderen Worten: die Sanktion wäre etwas Außerrechtliches, weil sie ihrerseits „Garantie der rechtlichen Ordnung und als solche aus dem Komplex der objektiven Normen abstrakt zu deduzieren sei". Für den Juristen aber gäbe es nichts anderes als Normen, die jeweils einzeln im Hinblick auf die aus ihnen sich ergebenden Rechte und Pflichten zu analysieren wären. Ihre auf das rechtliche Gesamtsystem hin bezogene Finalität hätte völlig außer Betracht zu bleiben[57]. Diese Auffassung enthält, wie auch wir deutlich zu machen versucht haben, einen richtigen Kern; ganz unannehmbar jedoch ist die daraus gezogene Schlußfolgerung, die sich denn auch, wenn man einen anderen Rechtsbegriff zum Ausgangspunkt nimmt, selbst überflüssig macht.

2. Die andere oben erwähnte Auffassung, daß Staatsgebiet und Staatsangehörigkeit Begriffe ohne juristische Relevanz seien, gründet sich nicht nur auf den Gedanken, daß sie konstitutive Elemente des Staates betreffen und deshalb dem Recht dieses Staates vorgängig

---

[57] *Marinoni*, La responsabilità (s. oben FN 20), S. 35 ff.

seien, sondern auch noch auf eine weitere Überlegung. Sie besteht darin, daß sich der Jurist für die einzelnen Rechtsbeziehungen interessiert, die durch bestimmte Gesetze im Hinblick auf diese Elemente geschaffen werden, daß er sich aber nicht unmittelbar für Stellung und Bedeutung dieser Elemente interessiert. Man kann ziemlich leicht an einer bestimmten Gruppe von Auffassungen sehen, wie eine solche irrige Sicht zu einer zumindest unvollständigen Erfassung des Problems führt. Mit dieser Gruppe von Auffassungen meinen wir diejenigen Autoren, die zwar die hier kritisierte Meinung teilweise aufgeben, indem sie das Staatsgebiet nicht als ein solches konstitutives Element des Staates ansehen, dafür aber gleichwohl bei dem anderen irrigen Ausgangspunkt bleiben, nämlich dem auf Rechtsbeziehungen und Normen beschränkten Interesse, anstatt sich für die Funktion des Ganzen zu interessieren. So wird allerdings die rein negative Auffassung, die wir oben charakterisierten, durch eine andere, sicherlich realistischere ersetzt. Sie entspricht der Wirklichkeit deshalb viel eher, weil sie dem Recht wieder gibt, was dem Recht gebührt, läßt es aber trotz allem nur durch ein kleines Fensterchen herein und schon ziemlich schwer amputiert. Und schon von der Fragestellung her schränkt man — für das innerstaatliche Recht, also nicht für das Völkerrecht — die Frage nach dem Rechtscharakter des Staatsgebietes auf die folgende Formulierung ein: welches Rechtsverhältnis besteht zwischen dem Staat und den Staatsbürgern im Hinblick auf das Staatsgebiet[58]? Hier interessiert nicht, welche Antwort auf diese Frage zu geben ist, wichtig ist vielmehr die Feststellung, daß man auf diese Weise das eigentliche Problem schlichtweg unterdrückt, das Problem nämlich, welche rechtliche Stellung dem Staatsgebiet im Hinblick auf den Staat zukommt. Selbst wenn man zugestehen wollte, daß das Staatsgebiet nicht eines seiner konstitutiven Elemente wäre (was wir nicht für richtig halten), muß man doch jedenfalls die Befugnisse, die dem Staat über dieses Objekt zustehen, für sich allein und als solche untersuchen, und zwar bevor man sie zu erkennen versucht in jenen abgeleiteten und zweitrangigen Elementen, die die Beziehungen des Staates zu seinen Bürgern betreffen.

3. Im wesentlichen ist es immer wieder der gleiche Irrtum, der auf vielen Gebieten des öffentlichen Rechts — und gelegentlich auch des Privatrechts — festzustellen ist: man versäumt es, der Ordnung, in der eine Institution sich konkretisiert, rechtliche Bedeutung zuzuerkennen. Man tut dies vielmehr nur insoweit, als sie Rechtsbeziehungen zwischen mehreren Subjekten widerspiegelt. Eine der abwegigsten Konsequenzen, die man aus dieser Auffassung zieht — und die gleichwohl von

---

[58] So geht *Donati* (Stato e territorio, in Rivista di diritto internazionale, 1914, S. 535 ff.) das Problem an.

einer ganzen Reihe angesehener Autoren[59] vertreten wird —, ist jene, die den Beziehungen zwischen dem Staat und seinen Organen bzw. Behörden, sowie den Beziehungen der einzelnen Organe untereinander, den Rechtscharakter abspricht. Dann braucht man nur noch die Tatsache daneben zu stellen, daß diese Organe selbst keine Rechtssubjekte sind, um sodann diese unzweifelhaft richtige Feststellung mit dem unzutreffenden Rechtsbegriff zu verbinden und so zahlreiche Schlußfolgerungen abzuleiten, die mit der offenkundigsten Wirklichkeit in Widerspruch stehen. Es ist doch wohl unbestreitbar, daß sich zwischen diesen Organen die mannigfaltigsten Akte vollziehen und daß zwischen ihnen für das Recht außerordentlich bedeutsame Dinge abgewickelt werden. Es ist unbestreitbar, daß sich das Recht minutiös — durch Gesetze, Verordnungen, Anordnungen aller Art — mit ihnen beschäftigt. Alle diese Beziehungen aber sollen keinen Rechtscharakter haben (welchen anderen Charakter sie haben könnten, weiß man freilich auch nicht), einfach deshalb, weil sie sich ausschließlich im Innern der staatlichen Organisation vollziehen. Wenn sie aber nun — wie dies gelegentlich der Fall sein kann — zu Akten mit Wirkung für den Bürger werden, dann sollen diese Akte — und, man bedenke, auch die ihnen vorausgegangenen zwischenorganschaftlichen Beziehungen — Bedeutung für das Recht erlangen. Gemeint sein muß damit eine indirekte, verschämte Bedeutung, ein Schatten des Lebens, eine Art kurzzeitiger Galvanisierung. Demgegenüber ist festzuhalten, daß diese „Beziehungen" in der Wirklichkeit auch dann bestehen, wenn es an dieser Außenwirkung mangelt, wo diese Außenwirkung doch ohnedies nur eine von mehreren Auswirkungen dieser „Beziehungen" sein soll und auch keineswegs stets vorzuliegen braucht. Diese Beziehungen spielen sich also nach wie vor ab, und nach wie vor sind sie auch einer bestimmten äußerst komplexen Ordnung unterworfen. Auch der Jurist sieht sie, und er kann gar nicht anders als sie zu sehen — doch hat er sich ja nun einmal eine bestimmte Vorstellung vom Recht gemacht, von der er sich nicht zu entfernen gedenkt, und so glaubt er eben, sie seien nichts anderes als „nichtige Schatten, nur das Auge täuschend"[59a].

An dieser Stelle ist sicherlich nicht der Ort, Begriff und Natur der Staatsorgane zu untersuchen, und die Frage zu prüfen, ob die Beziehungen zwischen ihnen als indirekte Beziehungen des Staates mit sich selbst oder anders aufzufassen seien. Hier ist lediglich die Feststellung von Bedeutung, daß man diese Beziehungen genausowenig wie die Stellung jedes einzelnen Organs gegenüber dem Staat bestimmen kann,

---

[59] Vgl. insbesondere *Jellinek*, System, S. 213 ff. der italienischen Übersetzung (s. oben FN 46) und, zuletzt, *Ranelletti* (s. oben FN 52), Nr. 116 ff., 174.
[59a] Anmerkung des Übersetzers: Zitat aus *Dante*, Göttliche Komödie, Fegefeuer, 2. Gesang, Vers 79 b.

wenn man von der herkömmlichen Auffassung vom Recht ausgeht. Diese führt nämlich nicht nur zu den bereits erwähnten Konsequenzen, sondern, wenn man sie streng anwendet, auch zu der Behauptung[60], der Begriff des Organs habe, juristisch gesehen, überhaupt keine Bedeutung; juristisch relevant könne lediglich die Beziehung zwischen dem Staat und den verschiedenen Behördenleitern sein. Eine solche Konstruktion ist offensichtlich unannehmbar. Soweit hier nur demjenigen Ausschnitt der staatlichen Organisation, der die Beziehungen zu den Beamten betrifft, rechtliche Relevanz zugebilligt wird, handelt es sich wiederum um den gleichen Fehler wie bei jener Auffassung, die der staatlichen Organisation nur bezüglich ihrer Beziehungen zum Bürger rechtliche Bedeutung zumißt. Beide Auffassungen ergänzen sich im Grunde genommen gegenseitig, und es ist nur schwer verständlich, wie einige Vertreter der zweiten Meinung dazu kommen konnten, die erste zu bekämpfen und abzulehnen. Aber auch wenn man beide Lehren miteinander verschmilzt, geben sie das Phänomen der staatlichen Organisation kaum zutreffend wieder. Dieses erscheint vielmehr erst dann voll und ganz als rechtliches Phänomen, wenn man das von uns grundsätzlich aufgestellte Prinzip akzeptiert, daß das Recht nicht nur eine Norm für bestimmte Beziehungen, sondern daß es vor allem und in erster Linie Organisation sei. Das erste Problem für jede staatliche wie für jede andere Rechtsordnung ist nämlich *nicht* die Regelung der Rechtsbeziehungen des Staates zu seinen Bürgern und zu seinen Beamten, sondern vielmehr die Ordnung, Differenzierung, Koordinierung, Trennung, Zusammenfassung, Über- und Unterordnung und die Kontrolle, kurzum der Aufbau seiner Behörden. Erst dann geht es um Aufgaben und Stellung des Beamten, hierbei aber nicht in erster Linie um die Beamten als Träger von Rechten und Pflichten, als Beteiligte an Rechtsverhältnissen, sondern vielmehr als Mittel der staatlichen Willensbildung und des staatlichen Handelns.

Das Recht (hier liegt übrigens der schwache Punkt der Repräsentationstheorie) behandelt die Beamten nicht als Personen, die für den Staat wollen und für ihn handeln, sondern als solche, die den Staat überhaupt erst wollen und handeln lassen. Die Beamten könnten durchaus auch ein Heer von Sklaven sein, denn das, um was es hier an dieser Stelle geht, ist nicht der Umfang ihrer Rechtsfähigkeit, sondern allein ihre natürliche Handlungsfähigkeit. Daraus ergibt sich schließlich auch noch, daß nicht nur der bereits gebildete staatliche Wille, nicht nur die bereits anderen Rechtssubjekten gegenüber erfolgte staatliche Handlung rechtliche Relevanz haben, sondern auch der rechtliche Prozeß der Willensbildung oder Handlung.

---

[60] *Ferrara*, Teoria, S. 623 ff. [anders in seinem neueren Werk Le persone giuridiche, S. 89 ff.]. Beide Titel s. oben FN 24.

I. Teil: Der Begriff der Rechtsordnung § 23

4. Es gibt eine ganze Reihe von weiteren Einzelproblemen[60a], in denen sich die hier abgelehnte falsche Auffassung auswirkt. Eines der wichtigsten und am meisten typischen ist jenes, das die Grenzen der legislativen Gewalt betrifft. Die Frage, ob und in welcher Weise diese Gewalt rechtlichen Grenzen unterworfen ist, läßt sich unserer Meinung nach nicht in abstracto lösen, sondern nur nach dem jeweiligen positiven Recht. Was dabei das italienische Recht angeht, so haben wir an anderer Stelle die Existenz verschiedener Einschränkungen bejaht[61]. Andere Autoren haben dagegen (für das innerstaatliche Recht) die grundsätzliche Möglichkeit solcher Grenzen geleugnet, weil der Staat seinen Untertanen gegenüber irgendeine rechtliche Pflicht, ein Gesetz zu erlassen oder nicht zu erlassen, weder hätte noch haben könne[62]. Diejenigen Verfassungsnormen, die von solchen Einschränkungen sprächen, beinhalteten nur Verpflichtungen der die gesetzgebenden Organe bildenden natürlichen Personen gegenüber dem Staat. Hinter einer solchen Sicht der Dinge steht offenbar die Auffassung, daß alle diejenigen Beziehungen aus dem Bereich des Rechts auszuschließen seien, bei denen nicht auf beiden Seiten Rechtssubjekte beteiligt seien, daß also nur die Beziehungen zwischen Staat und Untertanen beziehungsweise den Beamten als rechtliche zu qualifizieren wären. Mit einer solchen Meinung verfehlt man aber bereits die richtige Fragestellung, ob nämlich die gesetzgebenden Organe in einem konkreten Staat schon unmittelbar — diesem Staat gegenüber, wechselseitig oder aus sich selbst heraus — rechtlich verpflichtet sein könnten, gewisse Grenzen einzuhalten[63].

§ 23

Wie man aus den bisherigen Ausführungen entnehmen kann, hat die von uns gegebene Definition des Rechts im objektiven Sinn auch Auswirkungen auf die verschiedenen Theorien zu den subjektiven Rech-

---

[60a] [Als solches Problem verdient jenes der politischen Repräsentation besondere Beachtung, vgl. dazu meine Principii (s. oben FN 9), Kap. XI, § 3 und dort insbesondere Nr. 6.]

[61] In dem Aufsatz Osservazioni preliminari per una teoria sui limiti della funzione legislativa nel diritto italiano, Archivio del diritto pubblico e dell' amministrativo italiano, I, 1902 [vgl. dazu jetzt meine Principii — s. oben FN 9 — Kap. XXII, § 1 Nr. 2].

[62] *Triepel* (s. oben FN 38), S. 268 f.; ebenso *Anzilotti*, Il diritto internazionale nei giudizi interni, Bologna 1905, S. 205, FN 2, nach dessen Auffassung die einzigen Grenzen, denen der moderne Staat in seiner Gesetzgebung unterworfen ist, diejenigen sind, die sich aus dem Völkerrecht ergeben, und zwar „wegen der Unmöglichkeit, in den anderen Fällen ein Subjekt zu finden, das einer solchen rechtlichen Verpflichtung des Staates gegenüberstehen würde".

[63] Man denke hierzu an das Kirchenrecht, in dem auch die höchste Gesetzgebungsgewalt rechtlich an das ius divinum gebunden ist, ohne daß dieser Bindung irgendein Recht eines bestimmten Subjekts entspräche.

ten. Hier können wir uns nicht auch noch mit diesem Gebiet befassen, doch gibt es sicherlich eine ganze Reihe von Begriffen und Instituten, die man unter einem neuen Licht sehen oder berichtigen könnte.

Dabei ist vor allem an den Begriff des Rechtsverhältnisses zu denken. In der heutigen Dogmatik wird er einerseits gelegentlich derartig eingeschränkt, daß er jede Kontur zu verlieren droht[64], während eine Reihe anderer Autoren ihn nicht weniger radikal auf Beziehungen zwischen zwei oder mehr Personen beschränken möchte. Die letzteren halten nur diese Art von Beziehungen für objektives Recht, während dieses doch, wie dargelegt, wesentlich umfassender ist. So bleiben bedeutsame Momente des Rechts außerhalb der rechtlichen Betrachtung, vor allem aber werden eine Reihe von Phänomenen, indem man sie auf den Begriff des Rechtsverhältnisses reduziert, schlichtweg deformiert. So geht es dem Begriff des „status"[65], wenn einige, jedenfalls was den status civitatis anbelangt, ihn geradezu als nichtexistent ansehen mit der Begründung, er sei kein Rechtsverhältnis, sondern lediglich eine Voraussetzung von Rechtsverhältnissen[66].

Genau der gleiche Fehler haftet unserer Auffassung nach der Definition der Sachenrechte an. Man hebt bei ihnen immer bloß auf ihre äußere Seite ab, also auf die Beziehung ihres Inhabers zu Dritten, auf seine Befugnis, andere von der Sache und ihrer Benutzung auszuschließen. Unserer Meinung nach aber liegt das Entscheidende bei einem Sachenrecht im Herrschaftsrecht über die Sache selbst, während

---

[64] *Kelsen*, Hauptprobleme (s. oben FN 1), S. 705 ff., faßt das Rechtsverhältnis als Beziehung eines Subjekts zur Rechtsordnung auf. Diese Meinung wurde übrigens schon vor ihm von *Cicala*, Rapporto giuridico, diritto subbiettivo e pretesa, Torino 1909, S. 10 ff. [2. Aufl. Firenze 1935, S. 12 ff.] vertreten. Diese Auffassung ist nicht etwa bereits als solche irrig; doch scheint sie etwas ganz anderes ins Auge zu fassen, als das, was man herkömmlicherweise meint, wenn man von einem Rechtsverhältnis spricht.

[65] s. zu diesem Problem *Redenti*, Il giudizio civile con pluralità di parti, Milano 1911, S. 91 ff.; *V. Arangio Ruiz*, Bullettino dell'Istituto di diritto romano, XXI, S. 237 ff.; *Cicu*, Il concetto di „status", Napoli 1914 (Sonderdruck aus den Scritti in onore di Simoncelli).

[66] Vgl. die oben erwähnte Auffassung von *Marinoni* zur Staatsangehörigkeit. Unter diesem Gesichtspunkt ist es durchaus logisch, wenn nicht nur der Begriff des status, sondern auch der Rechtspersönlichkeit zerstört und in einzelne damit verbundene Rechtsbeziehungen aufgelöst wird. So behauptet *Marinoni*, La natura giuridica (s. oben FN 51), S. 351, FN, ausdrücklich: „Die Rechtspersönlichkeit eines Subjekts kann — welches auch immer die Rechtsordnung, die sie verleiht, sein mag — lediglich in der Zuweisung von einem oder mehreren Rechten oder Pflichten innerhalb und für diese spezifische Rechtsordnung bestehen, dergestalt, daß man Rechtspersönlichkeit unabhängig von bestimmten Rechten oder Pflichten — welche allein sie konstituieren und charakterisieren können — weder verleihen noch anerkennen kann." Andere (*Jellinek*, System, S. 31 der oben in FN 46 zitierten italienischen Übersetzung) haben die Rechtspersönlichkeit insgesamt als eine Rechtsbeziehung aufgefaßt: sie ist „nicht in erster Linie ein Sein, sondern eine Beziehung zwischen einem Subjekt und anderen Subjekten und der Rechtsordnung".

dieses Herrschaftsrecht nach Ansicht vieler eben lediglich eine rechtlich unerhebliche res merae facultatis sein soll. Wenn man die Sachenrechte in ihrer vollen Bedeutung und der Wirklichkeit entsprechend erfassen will und sie gleichzeitig als Rechtsverhältnis konstruieren möchte, dann kann man dies nur mit dem Zugeständnis, daß es Rechtsverhältnisse auch zwischen Personen und Sachen geben kann. Man kann somit dem Begriff des Rechtsverhältnisses in Übereinstimmung mit der bisher allgemein anerkannten Auffassung und entgegen der engeren neueren Lehre seine bisherige weite Bedeutung belassen. Darüber hinaus ist es aber kaum nötig, diese Rechtsfigur auch dort zu suchen, wo es sie wirklich nicht gibt, in dem irrigen Glauben, sonst könne man bestimmte Tatsachen nicht richtig erklären. Deshalb haben wir erhebliche Bedenken gegen diejenigen Theorien, die im Prozeßrecht den Begriff des Prozeß-Verhältnisses in so außerordentlich weitem Umfang zur theoretischen Grundlage erhoben haben.

Hat man einmal anerkannt, daß die Rechtsordnung nicht bloß Verhältnisse regelt, oder gar nur korrespondierende Rechte und Pflichten, dann wird man auch die so allgemein anerkannte Theorie in Frage stellen müssen, daß jeder Rechtspflicht eines Subjekts das Recht eines anderen Subjekts entsprechen müsse. Das mag für das heutige Privatrecht zutreffen — zumindest in den meisten Fällen — entbehrt aber im öffentlichen Recht jeder Grundlage: das öffentliche Recht weist in seinem heutigen Zustand, und noch viel mehr in den dem gegenwärtigen Recht vorangehenden Ordnungen, eine ganze Reihe von Verpflichtungen der öffentlichen Hand auf, denen keinerlei darauf gerichteter Anspruch des Bürgers gegenübersteht[67]. Diese Tatsache ist für die zutreffende Einordnung zahlreicher Probleme von außerordentlicher Bedeutung; so für die Frage der Rechtsnatur individueller öffentlicher Rechte oder für das oben angesprochene Problem der Grenzen der Gesetzgebungsgewalt. Im Lichte der hier vorgetragenen Auffassung kann man auch den anderen Satz besser beurteilen, daß jedem hoheitlichen Recht eine Pflicht des Bürgers entspreche. Diese Entsprechung muß man in einem allgemeinen Sinn verstehen, weniger auf konkrete Rechtsbeziehungen beschränkt als auf die grundsätzliche Rechtsstellung der öffentlichen Hand gegenüber dem einzelnen (und umgekehrt).

Diese letztere Beobachtung erlaubt auch die Widerlegung jener in jüngerer Zeit von verschiedenen Seiten[68] vorgetragenen Theorie, daß

---

[67] Einige Bemerkungen in diesem Sinne bei *Cicu*, Il diritto di famiglia, Roma 1915, S. 143 ff.; *Carnelutti*, La prova civile, I, Roma 1915, S. 59 f. FN [nunmehr auch zahlreiche andere Autoren, vgl. meine Principii (s. oben FN 9), Kap. VIII, § 2, Nr. 4 und zuletzt *G. Miele*, Principii di diritto amministrativo, Pisa 1945, § 4].

[68] *Petrone* (s. oben FN 7), S. 140 ff.; *Marinoni*, La rappresentanza di uno Stato da parte di un altro Stato, Venezia 1910, S. 260 ff.; La responsabilità

alle Arten von Rechtssubjekten dem objektiven Recht gegenüber als gleich anzusehen seien. Diese Sicht geht erkennbar von der Vorstellung aus, daß für die Rechtsordnung nur Beziehungen zwischen Rechten und Pflichten von Bedeutung seien und diese von den Normen jeweils im Einzelfall umschrieben würden, daß also die jeweilige Stellung eines Subjekts unbeachtlich sei, sofern sie nicht in einer Rechtsbeziehung (in der Rechte und Pflichten sich entsprechen) zum Ausdruck käme. Die Unterordnung des einzelnen unter den Staat wäre eine vor-rechtliche Situation (in Parallele zu dem oben in § 21 erörterten „imperium" des Staates): im Bereich des Rechts aber gäbe es nur noch das Rechtsverhältnis als ein „Verhältnis wechselseitiger und gleicher Zuordnung". Man könnte wohl schon vom Begriff des Rechtsverhältnisses her Einwände gegen diese Auffassung vorbringen, doch läßt sich als Hauptargument gegen sie anführen, daß die umfassende Überordnungs-Stellung des Staates und die Unterordnungs-Situation des Bürgers bereits als solche zum eigentlichen Bereich der Rechtsordnung gehören, daß diese Ungleichheiten also überhaupt nicht anders als von der Rechtsordnung selbst festgelegt sein können.

§ 24

Für den von uns vertretenen Rechtsbegriff sprechen also nicht nur abstrakt-theoretische Überlegungen, sondern vor allem die Notwendigkeit, für eine Reihe von konkreten Problemen — einige davon haben wir erwähnt — eine passende Lösung zu finden. Wenn wir das Recht im großen und ganzen genauso eingrenzen, wie es der Sache nach schon immer getan wurde — lediglich ohne daß man sich darüber genaue theoretische Rechenschaft ablegte —, dann war unsere Neubesinnung inzwischen in der Tat notwendig geworden gegenüber einer es immer weiter einschränkenden und immer mehr entstellenden Tendenz. Bei unserem Versuch wollten wir strikt auf dem Boden des positiven Rechts bleiben und alle naturrechtlichen Vorstellungen vermeiden. Der Begriff der Institution, in welchem wir den der Rechtsordnung erkannten und welchen wir mit dem der Rechtsordnung identifizierten, ist die positivste denkbare Grundlage für eine Rechtstheorie: die Institution ist nicht eine bloß logische Notwendigkeit, ein abstraktes Prinzip, ein ideales Etwas, sie ist vielmehr ein wirkliches, tatsächliches soziales Gebilde. Andererseits haben wir dieses Gebilde nicht vom soziolo-

---

(s. oben FN 20), S. 9 ff.; *Kelsen*, Hauptprobleme (s. oben FN 1), S. X, 225 ff., 702 ff.; *Schenk*, Die Abgrenzung des öffentlichen und privaten Rechts, Österreichische Zeitschrift für öffentliches Recht I (1914), S. 72. Gegen *Kelsen*, vgl. *Tezner*, System der obrigkeitlichen Verwaltungsakte, Österreichische Zeitschrift für öffentliches Recht, I (1914), S. 5 ff. sowie *Nawiasky*, Forderungs- und Gewaltverhältnis, S. 13 ff., Festschrift für Zitelmann, München und Leipzig 1913.

gischen Standpunkt aus untersucht, also nicht von den tatsächlichen Kräften aus, die es zur Entstehung bringen und später beherrschen, auch nicht von seiner Umwelt aus, in der es und mit der es in Interdependenz steht, und auch nicht von seinen Ursprüngen und Auswirkungen auf die Umwelt. Wir haben vielmehr versucht, es für sich selbst und aus sich selbst heraus zu analysieren, insofern also, als es aus einer Rechtsordnung entsteht, als es ein eigenes System objektiven Rechts ist. Natürlich mußten wir uns bis hart an die Grenze jener Gegenden begeben, in denen man noch juristische Luft einatmen kann — doch überschritten haben wir sie niemals. Und während die herkömmliche Lehre gezwungen ist, das Feld des Rechts in abstracto und daher nicht wirklich eindeutig abzugrenzen, haben wir versucht, das Recht in ein objektives Ganzes einzuordnen — in jenes objektive Ganze, das das Prinzip, das Reich und der Zweck des Rechtes ist.

Es ist sicher nicht überflüssig, wenn wir hier wiederholen, daß wir damit keineswegs leugnen wollen — im Gegenteil! —, daß sich das Recht *auch* als Norm oder Komplex von Normen konkretisieren kann (vgl. oben an verschiedenen Stellen und insbesondere in § 10). Was wir wollten, war lediglich zu zeigen, daß letzteres notwendigerweise in unserem Begriff vom objektiven Recht mitenthalten ist, und daß es nicht zureichend definiert und erkannt werden kann, wenn man es vom Ganzen isoliert, dessen Teil es bildet und womit es in organischer Verbindung steht. Für uns sind alle in einem bestimmten positiven Recht anzutreffenden Normen nur Elemente einer anderen, umfassenderen und komplexeren Ordnung, auf der sie ruhen und die notwendig und unfehlbar ihre Grundlage bildet. Um nur das staatliche Recht zu nehmen: in ihm gibt es ganze Gebiete, in denen das Element „Norm" hervortritt und in denen man es sogar — bis zu einem gewissen Punkt — für das ausschließliche halten kann, beispielsweise im Privatrecht oder im Strafrecht. Andererseits haben wir auch für das Privatrecht gesehen, daß man einige seiner Aspekte nicht oder nur schlecht verstehen kann, wenn man nicht die weitere Auffassung von Rechtsordnung zugrundelegt. Beispiele hierfür waren die juristischen Personen und einige andere Institutionen, wie die Familie, deren einheitliches Erscheinungsbild man zwar betont, doch nicht klar genug rechtlich erfaßt; ein weiteres Beispiel ist der Betrieb, den man in wenig befriedigender Weise unter die Sachgesamtheiten — der unbeweglichen Sachen — einordnet. Auf bestimmten anderen Gebieten des staatlichen Rechts ist die Richtigkeit unserer Betrachtungsweise noch deutlicher: so erschöpft sich das Staatsrecht nicht in den Normen, die die Rechtsbeziehungen des Staates regeln, sondern befaßt sich in erster Linie und überwiegend mit dem Staat als solchem, mit seinen Funktionen, die — wie etwa die gesetzgebende Gewalt — keine konkreten einzelnen Rechtsbeziehungen begründen. Das Staatsrecht ist jener Bereich, in dem das Recht als Institution so ausgeprägt ist, daß ein Leugnen oder Übersehen dieses Momentes praktisch fast die Aufhebung des gesamten Staatsrechts bedeuten würde. Aber auch das Verwaltungsrecht befaßt sich, bevor es die aus der Verwaltungstätigkeit sich ergebenden Rechtsbeziehungen regelt, mit der Organisation der Verwaltungsträger, die es anwenden sollen. Ebenso gründet sich das konkret anzuwendende Prozeßrecht auf die Gerichtsorganisation. An weiteren Beispielen ließe sich dies fortsetzen. Liest man nun die wissenschaftlichen Werke über diese Rechtsgebiete, so gewinnt man stets den Eindruck eines Bruches zwischen zwei Teilen: einem, wo es um das Erscheinungsbild und die Struktur einer Institution geht, und einem zweiten, wo es um die Anwendung auf konkrete Fälle, also um das Recht als Norm geht. Zwischen der Behandlung der beiden Teile scheint eine Art von Umweltveränderung zu liegen, und die Verfasser schlagen einen anderen Ton an. Das ist auch ganz natürlich und notwendig, weil es ganz verschiedenen Aspekten des Rechts entspricht. Wer sich aber den Unterschied nicht erklären kann und glaubt, das wahre, das reine Recht sei nur dort, wo die Norm herrsche, der wird, indem er den Unterschied spürt, in einen Zustand der Unsicherheit versetzt und dadurch häufig veranlaßt, die Behandlung der anderen Teile ganz sein zu lassen oder doch — in aller Regel — wenigstens stark einzuschränken. So übergehen die Verwaltungsrechtler — vor allem in der deutschen Literatur — häufig die Theorie der Organisation der Verwaltung[69], und im Bereich des Prozeßrechts vernachlässigt man — auch bei uns — die Gerichtsverfassung ziemlich und beschränkt sie auf wenige Vorbemerkungen. Das sind einige äußerliche, indirekte und häufig unbemerkte, aber doch symptomatische Konsequenzen jener einseitigen Auffassung vom Recht, die wir zu erweitern versucht haben[69a].

---

[69] Vgl. die Bemerkungen von *O. Mayer* (Deutsches Verwaltungsrecht, 2. Aufl., I, S. 17 f.) über den Vorteil, aus einer Abhandlung des deutschen Verwaltungsrechts die Behandlung der Verwaltungsorganisation auszuschließen und sie dem Verfassungs- und Staatsrecht zu überlassen. Es handelt sich hier um einen praktischen Kunstgriff, mit dem man es vermeidet, zwei Darstellungen miteinander zu verbinden, in denen jeweils ein anderer Gesichtspunkt vorherrscht. In der ersten Auflage seines Lehrbuches (I, S. 14) war *Mayer* sogar noch weiter gegangen, indem er behauptete, daß die Verwaltungsorganisation nicht notwendigerweise Rechtsordnung sein müsse [anders nunmehr in der 3. Auflage, 1924, I, S. 18]. Diese Auffassung ist im übrigen in der deutschen Lehre herrschend, vgl. insbesondere den Aufsatz von *Anschütz*, Kritische Studien über den Begriff der juristischen Person und über die juristische Persönlichkeit der Behörden insbesondere, im 5. Band des Archivs für öffentliches Recht.

[69a] [Es ist nicht einfach, die verschiedenen Standpunkte der Lehre gegenüber unserer Auffassung von der Identität von Rechtsordnung und Institution (in dem von uns definierten Sinn) zusammenzufassen.
Ohne auf einige offenkundig wissenschaftlich nicht haltbare und die Grundfragen einer allgemeinen Theorie des Rechts mißverstehende Kritiken

eingehen zu wollen, ist dazu zu bemerken, daß meine Auffassung vor allem von rechtsphilosophischer Seite Widerstand gefunden hat. Ferner ist sie von denjenigen Autoren, die sich mit meiner Lehre vom philosophischen Standpunkt aus befaßt haben, kritisiert worden. Außer den vor allem oben in FN 33a genannten Autoren (*del Vecchio, Miceli, Cesarini Sforza, Volpicelli, Crisafulli, Capograssi* und *Bobbio*) sind hier ferner anzuführen: *Camarata*, Contributo ad una critica gnoseologica della giurisprudenza, I, Roma 1925, S. 49 ff., 158 ff.; Il concetto del diritto e la pluralità degli ordinamenti giuridici, Catania 1926; *Condorelli*, Ex facto oritur ius, Rivista internazionale di filosofia del diritto, 1931, S. 585; *Passerin d'Entrèves*, Il negozio giuridico, Torino 1934, S. 44 ff.; *Perticone*, in verschiedenen Schriften und zuletzt in La théorie du droit, Paris 1938, S. 49 ff.; *Battaglia*, Corso di filosofia del diritto, II, Roma 1940, S. 170; *Orestano*, Filosofia del diritto, Milano 1941, S. 103, 143, 278, etc. Eine genaue Aussage darüber, inwieweit diese Autoren jeweils mit mir übereinstimmen und in welchen Punkten sie meine Meinung ablehnen, ist freilich nicht immer einfach — und noch viel weniger eine Aussage darüber, ob meine Auffassung stets zutreffend verstanden wurde. Manchmal wird meine Lehre insgesamt abgelehnt, dann jedoch kommen diese Gegner zu Anwendungsfällen, die meine Konstruktion logisch voraussetzen. Andere gestehen zu, daß ich selbst bei der Ausarbeitung keine philosophischen Absichten gehabt habe — wie von mir ausdrücklich betont — bestehen aber gleichwohl auf einer Kritik aus philosophischer Sicht (z. B. *Bonucci, Perticone*). Andere wiederum sprechen meiner Theorie zwar philosophischen Wert ab, stimmen ihr aber für den Bereich der Rechtsdogmatik zu (z. B. *Volpicelli, Crisafulli, Capograssi*). Im übrigen fehlt es nicht an Autoren, die meine Lehre auch zu den Zwecken der Rechtsphilosophie bejahen (*Maggiore*, Filosofia del diritto, Palermo 1925, S. 127, sowie in anderen Arbeiten wie, beispielsweise, in Principii di diritto penale, 2. Aufl., Bologna 1937, I, Nr. 2 und 3; und, zumindest teilweise, *Carlini*, in Nuovo Digesto italiano, Torino, IV, 1938, S. 887, Stichwort diritto, Nr. 7).

Von rechtswissenschaftlicher Seite vgl. (abgesehen jeweils von denjenigen Autoren, die meine Lehre völlig mißverstehen) als Gegenstimmen zu meiner Auffassung: *Ferrara*, Trattato di diritto civile, Roma 1921, I, S. 13 FN; *Orlando*, in den oben FN 29b und 30b zitierten Schriften, dies trotz der Tatsache, daß er auch eine ganze Anzahl der gegen mich vorgebrachten Kritiken zurückgewiesen hat; *Maiorca*, Il riconoscimento della personalità giuridica degli enti privati, Palermo 1933, S. 311; *Chiarelli*, Lo Stato corporativo, Padova 1936, S. 135 ff., trotz seiner Gegnerschaft gegen die rein normative Auffassung vom Recht; vom gleichen Autor s. auch La personalità giuridica delle associazioni professionali, Padova 1931, S. 152; *Mortati*, La costituzione in senso materiale, Milano 1940, S. 58 ff., zumindest in wesentlichen Punkten; *Gueli* (s. oben FN 30a), insbesondere S. 126 ff., 212; *Ziccardi*, La costituzione dell'ordinamento internazionale, Milano 1943, S. 71 ff., trotz Anerkennung einiger Ergebnisse, zu denen ich gekommen sei (s. auch S. 108 ff., 120 ff.).

Volle oder zumindest teilweise Zustimmung fand meine Lehre — außer bei den oben bereits genannten Autoren, die meine Meinung vom philosophischen Standpunkt aus ablehnen, vom juristischen aus aber akzeptieren (*Volpicelli, Crisafulli, Capograssi*) — und außer dem ebenfalls bereits zitierten *Maggiore*, bei: *Criscuoli*, La discrezionalità nelle funzioni costituzionali, Roma 1922, S. 32; *Mastino*, Analisi critica delle più recenti teorie sul concetto e i caratteri della legge in senso materiale, Cagliari 1923, S. 187 ff.; *F. Ruffini*, Corso di diritto ecclesiastico, Torino 1924, I, S. 70; *A. Levi*, Saggi di teoria del diritto, Bologna 1924, S. 70; *Breschi* (s. oben FN 45b), S. 87 ff.; *Cereti*, L'ordinamento giuridico internazionale, Genova 1925; *Fedozzi* (wie oben in FN 41a); *Longhi*, in Diritto del lavoro, 1927, I, S. 903; *Salemi*, in Diritto del lavoro, 1930, I, S. 244 ff.; Corso di diritto corporativo, Padova 1935, S. 77 ff.; *Baldoni* (wie oben in FN 45b); *Rocco* (Arturo), Lezioni di diritto penale, Roma 1933, S. 42, und in Annali di diritto penale, 1935, S. 976; *Manzini*, Trattato di diritto penale italiano, Torino 1933, I, Nr. 103; *Caristia*,

Saggio critico sul valore e l'efficacia della consuetudine nel diritto pubblico interno, Macerata 1919, S. 18 ff.; Corso di istituzioni di diritto pubblico, 3. Aufl., Catania 1935, Nr. 4; *Paresce*, Diritto, norma, ordinamento, in Rivista internazionale di filosofia del diritto, 1933, S. 14 ff. des Sonderdrucks; *Monaco*, wie oben in FN 45b, sowie in Dizionario pratico del diritto privato, IV, S. 518 ff., Stichwort Ordinamento giuridico; *Zanobini*, in Enciclopedia italiana, XXXIII, S. 621, Stichwort Stato; Corso di diritto ecclesiastico, 2. Aufl., Pisa 1936, S. 10 ff.; *G. Miele*, Le situazioni di necessità dello Stato, in Archivio di diritto pubblico, 1936, I, S. 418 f.; Principii (s. oben FN 67), I, § 1; *Sinagra*, Principi del nuovo diritto costituzionale italiano, Napoli 1935, S. 18 ff.; *Biscaretti di Ruffia*, wie oben in FN 45b und nunmehr in dem Band Lo Stato democratico moderno, Milano 1946, S. 43 ff.; *Schmitt* (s. oben FN 45b), S. 11 ff.; *Messineo*, Manuale di diritto civile e commerciale, 6. Aufl., I, § 1, Nr. 10, 15, 16; § 4, Nr. 20, 21, 23.

Bei einigen Autoren bin ich mir nicht ganz sicher, ob ich sie richtig verstehe. *Piccardi* (La pluralità degli ordinamenti giuridici e il concetto di rinvio, Scritti in onore di Santi Romano, Padova 1940, I, S. 256 ff. und passim), *Carnelutti* (Metodologia del diritto, Padova 1939, S. 40, 65 und in Teoria generale del diritto, Roma 1940, S. 95, 96, § 54) und *Ago* (Lezioni di diritto internazionale, Milano 1943, S. 22 ff.) halten, so wie ich sie verstehe, die Begriffe Rechtsordnung und Organisation, und also auch Institution, für identisch und setzen sodann „Institution" mit „Komplex" oder „System von Normen" („Befehlen", in der Terminologie *Carneluttis*; „Wertungen" in der Terminologie *Agos*) gleich. Dabei leuchtet mir jedoch nicht ein, wie ein Befehl, eine Norm, oder eine Wertung, die selbst nicht bereits „rechtlich" sein sollen, nunmehr durch ihre Zugehörigkeit zu einem System von Befehlen, Normen oder Wertungen Rechtscharakter erlangen sollen, also dann, wenn sie Teil eines Systems anderer Normen werden, von denen ebenfalls keine aus sich heraus „rechtlich" ist: Nicht-Recht plus Nicht-Recht soll Recht ergeben. Und weiter: wenn diese Autoren unter „Organisation", „System", etc. mehr als einen schlichten Komplex von Normen verstehen wollen, ist dies dann nicht dasselbe wie die „Institution", die ebenfalls mehr als eine Zusammenfassung von Normen sein will, nämlich ein soziales Gebilde, in dem sich eine Rechtsordnung konkretisiert? Mit anderen Worten: es scheint, daß diese Autoren auf halbem Wege — auf dem richtigen Wege! — stehen bleiben, was sich auch in ihrer Terminologie äußert: das Wort „Organisation" wird nämlich in einem sehr unscharfen Sinn gebracht, wenn es nur eine Zusammenfassung von Normen bezeichnen soll; ein solches bloßes Agglomerat ist sicherlich für sich allein noch keine Organisation.

Über das Verhältnis dieses Problems zu der Frage, ob das Recht nur staatlicher Natur sein könne, vgl. die unten in FN 94a zitierte Literatur.

Die wesentlichsten gegen meine Formulierung der institutionellen Theorie des Rechts vorgebrachten Kritiken sind, zusammengefaßt, folgende:

1. Der Begriff der Institution erscheine nicht klar und genau definiert. Vgl. dazu oben FN 30a und ferner FN 29b.

2. Der Begriff der Institution sei kein Rechtsbegriff. Dieser Vorwurf entbehrt insofern jeder Grundlage, als die „Institution" als Aequivalent von „Rechtsordnung" definiert wurde und daher kaum juristischer sein könnte. Siehe dazu FN 30b, die Seiten des Textes, auf die sich diese Fußnote bezieht, sowie das oben in § 24 Gesagte.

3. Es handle sich um eine Tautologie. Dazu ist oben in FN 30b und in § 24 ausgeführt, daß es sich um die notwendige Konsequenz (und um den Beweis) der Autonomie des Rechts handelt, damit es seinerseits nicht erst unter Bezugnahme auf außerrechtliche Elemente definiert werden muß.

4. Der Begriff der Institution setze den des Rechts voraus, er sei ihm vorgängig und könne daher nicht mit ihm identisch sein. Hierzu ist auf den Text, insbesondere § 15 und die FN 30b, 33a, sowie auf § 21 und FN 56a zu verweisen.

5. Das Recht habe deontische Struktur, während die Institution eine Tatsache sei. Das was sei, könne man aber nicht mit dem, was sein solle, gleichsetzen. Mit einer solchen Argumentation tut man aber doch nichts anderes, als die normative Theorie vom Recht zu vertreten, ohne irgendein zusätzliches für sie sprechendes Argument vorzubringen. Hierzu ist anzumerken, daß ich den normativen und auf Rechtsverhältnisse angelegten Charakter des Rechts nicht etwa leugne, sondern lediglich versucht habe — und dies erscheint mir notwendig — ihn in die institutionelle Natur des Rechts zu integrieren, indem ich die Beziehung beider zueinander herauszuarbeiten versuchte. Ich bin überzeugt, daß sich die Notwendigkeit dieses Vorgehens nicht nur aus rechtlichen, sondern auch aus verschiedenen philosophischen Erwägungen ergibt, nämlich solchen, die mit der Unterscheidung des Rechts von Moral und Wirtschaft zusammenhängen — mit anderen Worten: mit der Unterscheidung des Rechts von den übrigen Ausprägungen des sogenannten praktischen Tuns. Ferner spielen hierbei die Erklärung für die Existenz des ius involuntarium und das Problem der Funktion des Rechts eine wesentliche Rolle. Doch möchte ich meinem Vorsatz, in diesem Buch keine rechtsphilosophischen Fragen zu erörtern, nicht untreu werden. Hier sei daher nur soviel gesagt, daß die Behauptung, die Rechtsordnung sei ausschließlich normativen Charakters, vielleicht gelegentlich auf dem Eindruck beruht, daß die Rechtswissenschaft — oder genauer gesagt, jener Teil der Rechtswissenschaft, der sich Rechtsprechung nennt — eine normative Wissenschaft ist: bei dieser Schlußfolgerung begeht man daher den gleichen Fehler, wie wenn man aus dem normativen Charakter der Grammatik auf einen normativen Charakter der Sprache schließen wollte. Im übrigen ist die ausschließlich normative Theorie des Rechts bekanntlich immer mehr auf dem Rückzug, siehe dazu u. a. *Bobbio*, Scienza e tecnica del diritto, Torino 1934; *Piccardi*, S. 260, 283; *Ziccardi*, S. 113, beide oben in dieser Fußnote zitiert; *Ago*, Lezioni di diritto internazionale, Milano 1943, S. 43; *Gueli* (s. oben FN 30a), S. 16 ff.

6. Der Begriff der „Rechtsordnung" könne sich nicht auf *alle* Institutionen beziehen, man müsse ihn vielmehr auf den Staat beschränken oder, äußerstenfalls, auf einige wenige weitere Institutionen. Im folgenden Kapitel wird die Unrichtigkeit der engeren dieser beiden Auffassungen und die logische Willkür der zweiten dargelegt werden.]

Zweiter Teil

Die Vielfalt der Rechtsordnungen und ihre Beziehungen untereinander

§ 25

Aus der von uns im ersten Teil dieser Untersuchung gegebenen Definition der Rechtsordnung ergibt sich, daß es so viele Rechtsordnungen wie Institutionen gibt. Zwischen ihnen sind dabei — wie bereits kurz angedeutet (§ 12) und wie in Bälde noch näher auszuführen sein wird — verschiedene Beziehungen denkbar. Soweit sie in der einen oder anderen Form miteinander verbunden sind, können ihre Ordnungen je nach Blickwinkel entweder als voneinander getrennt oder als integrierende Bestandteile einer umfassenderen Institution erscheinen. Letzteres braucht freilich keineswegs notwendigerweise der Fall zu sein, und noch viel weniger gibt es eine Institution, die derartig weit wäre, daß sie alle übrigen umfassen könnte. So stellt, um ein Beispiel zu bringen, jeder Staat in der Regel eine von den anderen Staaten getrennte Ordnung dar. Die internationale Gemeinschaft — ungeachtet der Tatsache, daß sie eine Institution von Institutionen ist — bildet in scheinbarem Gegensatz hierzu zwar eine Ordnung, die die Ordnungen der einzelnen Staaten voraussetzt und zusammenfaßt; sie geht aber gleichzeitig von dem Prinzip der Unabhängigkeit und Autonomie der Staaten aus, und deshalb sind deren Ordnungen nicht in die der internationalen Gemeinschaft eingegliedert. Das hier dargestellte Prinzip, das man als das der Vielfalt der Rechtsordnungen bezeichnen könnte, ist für das Verhältnis der verschiedenen Staaten untereinander anerkannt, ebenso — zumindest in der neueren Lehre — für das Verhältnis zwischen Völkerrecht und staatlichem Recht. Für alle übrigen Ordnungen wird es jedoch vielfach energisch bestritten. Es heißt, alle sonstigen Ordnungen seien ausnahmslos auf das staatliche Recht zurückzuführen. Der Staat sei es, der ihnen rechtlichen Charakter verleihe, indem er die übrigen Institutionen überhaupt erst zur Entstehung bringe, oder indem er sie wenigstens anerkenne. Im Falle der dem Staat feindlich gesinnten Institutionen oder von Institutionen, die wesentlichen Grundsätzen des staatlichen Rechts widersprechen, fehlt es an einer solchen Anerkennung. Diese Institutionen sollen daher als antirechtlich aufzufassen sein, nicht nur im Hinblick auf dieses staatliche Recht — das ist ohnehin selbstverständlich —, sondern auch in sich und für sich selbst betrachtet. Echte Rechtsordnungen wären danach nur die staatliche Ordnung und die zwischen den einzelnen Staaten bestehende Völkerrechtsordnung; alle übrigen Ordnungen wären mittelbar oder unmittelbar der staatlichen zuzurechnen, wären damit deren integrierende Bestandteile oder, äußerstenfalls, eine Art von Satelliten. Das Recht wäre als eine Kraft oder als ein Wille aufzufassen, der vom Staat (im Völkerrecht: von mehreren Staaten), und nur vom Staat, ausstrahlt[70].

Diese Auffassung scheint uns nicht bloß mit der von uns erarbeiteten Definition im Widerspruch zu stehen, sondern vor allem mit dem historischen Befund und mit dem heutigen Rechtsleben, so wie es sich in der Wirklichkeit vollzieht.

§ 26

Zumindest in ihrer theoretischen Formulierung ist diese Auffassung erst ziemlich jung. Das schließt nicht aus, daß zu gewissen Zeiten — insbesondere in der Antike — die staatliche Rechtsordnung die einzige

---

[70] Es ist ein fast unmögliches Unterfangen, die zahlreichen Autoren, die diese Meinung vertreten, oder ihr als einem selbstverständlichen Postulat anhängen, zu zitieren. In der italienischen Literatur vgl. man: *Filomusi Guelfi* s. oben FN 31), §§ 14, 112; *Vanni*, Lezioni di filosofia del diritto, 3. Aufl., Bologna 1906, S. 58, 68 und besonders 81 ff.; *Miceli*, La norma giuridica, Palermo 1906, S. 127 f.; Principii di filosofia del diritto, Milano 1914, § 26; [Il concetto filosofico del diritto secondo *G. Gentile*, in Annali delle Università toscane, 1920, S. 12 f. des Sonderdrucks]; *Simoncelli*, Lezioni di diritto ecclesiastico, Roma 1917, S. 17 [3. Aufl. 1921, S. 1]; Istituzioni di diritto privato italiano, 2. Aufl., Roma 1917, Nr. 1 ff.; *Brugi*, Introduzione enciclopedica alle scienze giuridiche e sociali, 4. Aufl., Milano 1907, §§ 10 und 11; *Petrone* (s. oben FN 7), S. 135 ff.; *Dallari*, Il nuovo contrattualismo nella filosofia sociale, Torino 1911, S. 422 ff.; *Ranelletti*, Principii (s. oben FN 52), Nr. 39; *Chironi*, Istituzioni di diritto civile italiano, 2. Aufl., Torino 1912, § 1; *Schiappoli*, Manuale di diritto ecclesiastico, Napoli 1913, Nr. 15 ff. [4. Aufl. 1934, S. 6 und S. 50 ff.]; *G. Arangio Ruiz*, Istituzioni di diritto costituzionale italiano, Torino 1913, Nr. 15 ff.; *Bartolomei*, Lezioni di filosofia del diritto, Napoli 1914, I, S. 118 ff.; *Barassi*, Istituzioni di diritto civile, Milano 1914, § 1 [Istituzioni di diritto privato, Milano 1942, § 1]; *de Ruggiero*, Istituzioni di diritto civile, Napoli 1915, I, § 7 [*de Ruggiero* und *Maroi*, Corso di istituzioni di diritto privato, 1945, I, § 7]; *del Giudice* (s. oben FN 5), S. 52 ff.; *Maggiore* (s. oben FN 4), S. 107 ff.; *Bonucci*, Il fine dello Stato, Roma 1915, S. 44 ff. An ausländischer Literatur s. u. a.: *Ihering* (s. oben FN 17), Kap. VIII; *Lasson*, System der Rechtsphilosophie, Berlin und Leipzig 1882, S. 412; *Berolzheimer*, System der Rechts- und Wirtschafts-Philosophie, München 1906, III, S. 322; *Jellinek* (s. oben FN 2), S. 364 ff.; *Kelsen*, Hauptprobleme (s. oben FN 1), S. 97 ff., 405 ff.; Über Staatsunrecht (s. oben FN 34), S. 9; [Das Problem der Souveränität und die Theorie des Völkerrechts, Tübingen 1920, besonders S. 13 ff.].
[In der nach Veröffentlichung dieser Schrift erschienenen Literatur hat sich die Einstellung der Lehre zu der Frage des Verhältnisses von Staat und Recht erheblich gewandelt, vgl. dazu die Zitate unten FN 94a.]

von Juristen und Philosophen ins Auge gefaßte Ordnung war. Das ius gentium oder ius naturale der Römer, in seinem Gegensatz zum ius civile, ist keine Ausnahme; das ius gentium wurde nämlich nicht auf Grund einer Theorie geschaffen — dafür bieten die Quellen keinen Anhaltspunkt —, sondern auf Grund einer Reihe tatsächlicher Umstände. Man kannte nämlich die anderen Rechtsordnungen so wenig, daß man sie kaum für eine allgemeine Definition des Rechts hätte heranziehen können. Ganz anders die Situation im Mittelalter: in der mittelalterlichen Gesellschaft, zerrissen und aufgesplittert in zahlreiche verschiedene, oft voneinander ganz unabhängige oder nur lose miteinander verbundene Gemeinschaften, in dieser Gesellschaft manifestiert sich das Phänomen der Vielfalt der Rechtsordnungen mit einer solchen Deutlichkeit und Eindrücklichkeit, daß seine Nichtberücksichtigung schlechthin unmöglich wäre. Ganz abgesehen von anderen Rechten mit ausgeprägtem Autonomiecharakter genügt es, als Beispiel das Recht der Kirche zu nennen, das man kaum als Teil des staatlichen Rechts ansehen kann. Erst mit dem Aufkommen des sogenannten modernen Staates und als Konsequenz aus der Ausdehnung seiner Vorherrschaft über andere, bis dahin unabhängige Gemeinschaften, konnte die Illusion entstehen, daß nunmehr die Rechtsordnung vereinheitlicht sei. Erst jetzt konnte sich daher, ohne zu offensichtlichen Widerspruch mit der Wirklichkeit, die Theorie entwickeln, die im Staat den Herrn und Richter nicht nur über sein eigenes Recht, sondern über alles Recht erblickt.

Historisch erklärt sich diese Theorie als eine nicht ganz zutreffende Beurteilung und als Überbewertung eines geschichtlichen Prozesses, dem freilich durchaus erhebliche Bedeutung zukommt (§ 27). Ideengeschichtlich gehört die Lehre von der Suprematie des Staates zur naturrechtlichen Vorstellung vom Recht, mit der sie zwar auf den ersten Blick in vollständigem Widerspruch zu stehen scheint, von der sie jedoch eines der wichtigsten Überbleibsel darstellt. Das Kennzeichen einer naturrechtlichen Auffassung besteht darin, im Recht die — möglichst einzige und einheitliche — konkrete Verwirklichung eines transzendentalen und absoluten Prinzips, nämlich der ewigen abstrakten Gerechtigkeit zu sehen. Die Konsequenz dieser Vorstellung ist es daher, denjenigen sozialen Ordnungen, die man nicht wenigstens als Versuch zur Verwirklichung dieses Prinzips ansprechen kann, die Eigenschaft als Recht zu bestreiten. Noch viel mehr gilt dies für jene sozialen Ordnungen, die eine solche Gerechtigkeitsvorstellung offen bekämpfen. Die Lehre, die im Staat das einzige „Organ des Rechts", den einzigen Rechtsschöpfer, sieht, gründet sich sicherlich auf solche und ähnliche Vorstellungen. Hinzu kommt jene neuere Auffassung vom Staat als dem „ethischen Ganzen par excellence". Diese beiden Linien verschmolzen miteinander und bilden, etwa seit Beginn des 18. Jahrhunderts, die

Grundlage der herrschenden Lehre — auch für diejenigen Autoren, die die historischen Grundlagen längst aufgegeben haben. In Wahrheit ist der Zusammenhang mit diesen Voraussetzungen jedoch nach wie vor unlöslich, und deshalb findet man bei den neueren Autoren auch eher die schlichte Überzeugung von der Richtigkeit ihres Ausgangspunktes als eine volle Beweisführung. Man könnte diese von uns bekämpfte Auffassung denn auch kaum anders begründen als mit der Annahme, das positive Recht sei ein Produkt des Naturrechts, und es könne auch nichts anderes sein, sowie mit der anderen Annahme, daß allein der Staat berufen sei, dieses Naturrecht in seinen Gesetzen zum Ausdruck zu bringen. So gelangt man schließlich zu jener Staatsauffassung, die sich mit dem Namen *Hegels* verbindet: wenn man mit ihm davon ausgeht, daß der Staat die ethische Totalität sei, daß er den Eintritt Gottes in die Welt bedeute, daß man ihn wie etwas Welt-Göttliches zu verehren habe, daß er eine reale Gottheit sei[71] — dann befindet man sich im Angesicht eines Systems, das man kaum aufgeben kann, ohne ihm ein anderes entgegenzusetzen. Wer diesem System folgt — indem er so das Recht völlig in der Ethik aufgehen läßt —, kann dann auch darauf verzichten, eine etwas vollständigere Begründung für seine Auffassung zu geben. Fallen die genannten Voraussetzungen, dann fällt auch das System. Mit jeder anderen Voraussetzung ist es unvereinbar. Deshalb reicht es nicht, wenn man bei den jüngsten Vertretern immer noch ein fernes — und im übrigen ziemlich unverständliches, wirklich sehr schwaches — Echo der klaren und scharfsinnigen Überlegungen *Hegels* verspürt, wenn Hegel hier in Wahrheit nur noch in einigen seiner ausdrucksvollsten Formulierungen gegenwärtig ist. Diese Bemerkungen seien hier nur nebenbei gemacht, im Hinblick auf einen der jüngsten Versuche zur Rückführung der Rechtsordnung auf einen einzigen Willen, den des Staates, wobei behauptet wurde, dieser Wille gehe auf eine geistige Notwendigkeit zurück, die jener vergleichbar sei, die zur Idee Gottes führt. Die Analogie zwischen dem Mikrokosmos des Rechts und dem Makrokosmos der Ordnung des Universums soll zur Notwendigkeit einer solchen Personifikation führen, die ihrerseits sodann die Vorstellung von einem einheitlichen Willen in einem harmonischen System ermögliche[72].

---

[71] *Hegel*, Rechtsphilosophie, § 257 ff. und Nachträge zu den §§ 258 bis 272.
[72] *Kelsen*, Über Staatsunrecht (wie oben FN 34). [In anderen Arbeiten greift K. diese Gedanken erneut auf und führt dabei u. a. aus, der Omnipotenz Gottes in der Welt entspreche die Omnipotenz des Staates im Recht, sowie, die Summa theologica und die Summa juridica seien gleichbedeutend, in Das Problem der Souveränität und die Theorie des Völkerrechts, Tübingen 1920, S. 21 FN. Nicht viel anders scheint, wenn wir sie recht verstanden haben, die Position von *Carnelutti* zu sein, wenn er (in Metodologia del diritto, Padova 1939) dem Prinzip der Vielfalt der Rechtsordnungen zustimmt (S. 40 ff.) und sodann (S. 67) ausführt: „Das Recht, wenn man genau hinsieht, ist eine einzige unermeßliche Institution. Dieser Wahrheit sind wir uns nun-

Zieht man aus dem bisher Gesagten eine Schlußfolgerung, so ergibt sich, daß derjenige, der den Staat nur als eine unter mehreren Formen — wenn auch als die am höchsten entwickelte Form — der menschlichen Gesellschaft ansieht und der ihm die Göttlichkeit nicht zuspricht, die er auch früheren oder anderen sozialen Gebilden verweigert, daß derjenige dann auch die Ordnung jener anderen Gebilde als rechtlich ansehen muß, nicht minder und aus dem gleichen Grund wie für die staatliche Ordnung. Worin soll denn jene vollkommene Verbindung zwischen Recht und Staat bestehen, auf Grund deren das Recht nur als ein Produkt des Staates vorstellbar sein soll? Eine solche Verbindung ist nicht beweisbar, im Gegenteil, beweisbar ist, daß es sie überhaupt nicht gibt[73]. Während man das Recht in der Tat definieren kann, ohne auf den Staat zu rekurrieren, ist es umgekehrt nicht möglich, den Staat ohne Rückgriff auf den Begriff des Rechts zu definieren: der Staat ist nicht eine rein faktische Anhäufung von Menschen, ein rein tatsächlicher, zufälliger Zustand, sondern eine organische Gemeinschaft, also ein rechtliches Gebilde — eine der verschiedenen rechtlichen Ordnungen, die wir in der Wirklichkeit vorfinden.

Der Staat ist also nichts anderes als eine Untergruppe des Oberbegriffs „Recht". Die umgekehrte Behauptung ist, vom philosophischen Standpunkt aus, abzulehnen. Hauptbegründung dafür: die Voraussetzungen sind nicht annehmbar. Zweiter Grund: eine solche Behauptung wäre mit der Definition des Rechts unvereinbar, denn das Recht ist dem Begriff des Staates logisch vorgängig. Drittens: man kann philosophischen, absoluten Wert einem Prinzip nicht zubilligen, das — vor allem in bestimmten historischen Epochen — sich als im offenkundigsten Gegensatz zur *Wirklichkeit* stehend erwiesen hat.

§ 27

Sehr häufig wird die Auffassung von der Identifikation des Rechts mit den (unmittelbar oder mittelbar) staatlichen Ordnungen nicht so sehr als philosophische Doktrin, sondern als gegenwärtig geltendes positivrechtliches Prinzip formuliert. Dieses Prinzip soll sich aus der in der Neuzeit im Gegensatz zu früher völlig gewandelten Stellung des Staates ergeben. Auch mit diesen Einschränkungen scheint uns diese Lehre nicht zutreffend.

---

mehr mehr oder weniger bewußt, wenn wir wissen, daß das Recht sich im Staat erschöpft." s. auch seine Teoria generale del diritto, Roma 1940, §§ 55, 56 und 57].

[73] Einen Beweis dafür hat — neben anderen — *Stammler*, Theorie der Rechtswissenschaft, Halle 1911, S. 396 f., und in einigen seiner früheren Arbeiten versucht.

Ihr Ursprung liegt wahrscheinlich in dem — wenn auch unbewußten — Wunsch, mit dem genannten, äußerst suggestiven, philosophischen Ansatzpunkt nicht ganz Schiffbruch erleiden zu müssen. Solche Rettungsversuche können niemals Erfolg haben und machen sich auf jeden Fall suspekt. Eine im Reiche der philosophischen Spekulation geborene Theorie hat, wenn sie sich dort schon nicht lebensfähig erwies, erst recht kaum eine Überlebenschance in der Welt der Wissenschaft vom positiven Recht — wenn überhaupt, kann sie dort nur als völlige Umgestaltung, also gar nicht mehr als sie selbst existieren.

Abgesehen von solchen Gedanken glauben wir, daß das positive Recht den gegenwärtigen Staat nicht etwa so ausgestaltet habe, daß er zum einzigen Schiedsrichter über den Rechtscharakter aller übrigen Ordnungen geworden wäre. Die Gegenmeinung stützt sich auf ein historisches Faktum, das man jedoch nicht überbewerten und verallgemeinern darf. Es ist zwar richtig, daß viele Gebilde, die früher dem Staat gegenüber unabhängig oder unabhängiger als heute waren, jetzt, zum Teil vollständig, in seinen Einflußbereich geraten sind. Es ist darüber hinaus richtig, daß ihre Rechtsordnungen im Laufe dieses Prozesses mehr oder weniger mit der des Staates verschmolzen. Zu bestreiten ist aber, und zwar mit aller Entschiedenheit, daß das staatliche System zum einzigen System in der Rechtswelt geworden sei; eine solche Konzentration wäre inhaltlich überhaupt nicht möglich. Wollte man Voraussagen wagen, könnte man sogar vermuten, daß sich dieser Prozeß einmal in einer nicht fernen Zukunft umkehren könnte. Die sogenannte Krise des modernen Staates bedingt nämlich gerade die Tendenz einer sehr großen Anzahl sozialer Gruppen, jeweils für sich ihren eigenen unabhängigen Rechtskreis zu konstituieren[74]. Doch bleiben wir auf dem Boden des geltenden Rechts; für das geltende Recht läßt sich unsere Auffassung für einige Ordnungen relativ einfach beweisen; sie ist jedoch auch, wie wir sehen werden, für andere gültig.

§ 28

In erster Linie gilt dies für das Völkerrecht. Die einzige mit den genannten Voraussetzungen logisch vereinbare Konstruktion ist die schon von *Hegel* vertretene, der bekanntlich von dem Prinzip ausging, daß der Staat keinem anderen Willen als seinem eigenen unterworfen sein dürfe, und so zu der Auffassung gelangte, daß das Völkerrecht nicht als allgemeines, über den Staaten stehendes Wollen erklärt

---

[74] s. meine Rede, Lo Stato moderno e la sua crisi, Rivista di diritto pubblico, 1910, S. 97 ff. [ebenfalls in: Prolusioni e discorsi accademici, Modena 1931, S. 69 ff.].

werden könne, sondern sich in dem Einzelwollen eines jeden einzelnen dieser Staaten erschöpfe[75]. Diese Vorstellung läuft praktisch auf ein Leugnen des Völkerrechts überhaupt hinaus; das Völkerrecht wird zu einem nach außen gerichteten öffentlichen Recht des Staates[76]. Der Versuch, einen gemeinsamen Nenner zur Rettung des Dogmas von dem keiner Zwangsgewalt unterworfenen Staat — außer wenn er selbst damit einverstanden ist — und der Autonomie des Völkerrechts zu finden, dieser Versuch scheint in einem wenig überzeugenden logischen Spiel zu enden. Ohne unsere früheren Bemerkungen (§ 17) wiederholen zu wollen, kann man ergänzend feststellen, daß die heute am meisten verbreitete Auffassung mehr oder weniger zwischen zwei einander widersprüchlichen Behauptungen schwankt, daß das Völkerrecht vom Willen der Staaten abhänge und daß es sich diesem Willen gegenüber durchsetze. Um diese Antithese aufzulösen, nimmt man Zuflucht zu der Unterscheidung zweier Momente, in denen sich zuerst das eine und sodann das andere Prinzip verwirklicht. Als echtes Recht erscheint aber das Völkerrecht doch nur insoweit, als es das staatliche Wollen beherrscht und einschränkt, das heißt insoweit, als es sich als selbständiges Ganzes äußert, wobei es sich bei diesem Ganzen unserer Meinung nach um die Ordnung der internationalen Gemeinschaft handelt, der die einzelnen Staaten — in gewissem Umfang — untergeordnet sind. Der umfassendste Gegenstand im rechtlichen Universum ist also nicht der Staat, sondern diese Gemeinschaft, in die der Staat eingeschlossen ist, wenn freilich auch in geringerem Maße als etwa die unterhalb des Staates stehenden Gebilde in den Staat eingeschlossen sind.

Von diesem Gesichtspunkt her erkennt man deutlicher die heute allgemein anerkannte Trennung zwischen der staatlichen und der internationalen Rechtsordnung: daraus ergibt sich auch die Möglichkeit, daß erstere Elemente enthält, die in Widerspruch zu letzterer stehen und umgekehrt — ohne daß dies irgendwie den Rechtscharakter der jeweiligen Ordnung in Frage stellen würde. Jede von ihnen ist unabhängig und hat ihre eigene Autonomie, die es ihr erlaubt, in ihrem Bereich

---

[75] Rechtsphilosophie, §§ 333 f. Von einem anderen Ausgangspunkt her versucht nunmehr *Verdross* diese These wieder zu beleben (Zur Konstruktion des Völkerrechts, Zeitschrift für Völkerrecht, VIII, 1914, S. 329 ff.). [Bei der Wiener Schule (*Kelsen, Verdross, Merkl, Wenzel* etc.) beachte man die sogenannte monistische Auffassung vom Völkerrecht; einige Anhänger der Wiener Schule gehen daher von einem Primat des staatlichen Rechts gegenüber dem Völkerrecht aus, während andere bekanntlich die umgekehrte These vertreten.]

[76] Vgl. insbesondere *Anzilotti*, Teoria generale (s. oben FN 18), S. 30 ff., sowie in Il diritto internazionale (s. oben FN 62), S. 26 ff., Fußnote und die dort zitierten Autoren [sowie eine Reihe von Autoren jüngerer Zeit. Siehe hierzu näher meinen Corso di diritto internazionale, 4. Aufl., Padova 1939, sowie die oben in FN 45b genannten Autoren, die sich den hier im Text dargelegten Ausführungen angeschlossen haben].

sich offen und eigenständig zu entfalten. Von jeder anderen Voraussetzung aus müßte man einen Gegensatz zwischen Völkerrecht und staatlichem Recht als nicht möglich ansehen.

§ 29

Es gibt eine zweite Ordnung — jene der Kirche —, die man, ohne sie völlig zu verkennen, nicht auf die staatliche zurückführen kann. Diejenigen, die diese Ordnung ohne Vorurteile und in ihrem tatsächlichen Erscheinungsbild betrachtet haben, bedienten sich ihrer, um so die Lehre von der Identität allen Rechts mit dem des Staates zu widerlegen. Man kann durchaus sagen, daß einige Autoren auf diese Weise, vom Kirchenrecht ausgehend, zu einer insoweit richtigen Sicht des Rechts überhaupt gelangten. Verwunderlich, daß andere ihnen dies gelegentlich sogar zum Vorwurf machten und darin eine petitio principii oder gar eine bestimmte Absicht sehen wollten[77]. Diese Kritiken erwecken den Anschein, als könne und solle der Jurist das Recht definieren und dabei jene Ordnungen vernachlässigen, die sich in der Wirklichkeit als rechtliche darstellen und als solche auch stets angesehen wurden.

Die These, daß die Ordnung der Kirche ihren Rechtscharakter von der des Staates ableite[78], steht im offensichtlichsten Gegensatz zu den Grundmerkmalen der staatlichen wie der kirchlichen Ordnung. Dies ergibt sich bereits einmal daraus, daß jener Teil des staatlichen Rechts, der sich mit Kirchenangelegenheiten befaßt, stets wesentlich enger und weniger umfangreich ist als die Ordnung, die die Kirche für sich selbst aufgestellt hat. Daher steht diese Lehre vor der Notwendigkeit, eine Reihe von Instituten, die man herkömmlicherweise als Rechtsinstitute ansah, nunmehr als nichtrechtliche zu bezeichnen: dies gilt für das kanonische Eherecht, das kanonische Strafrecht, das Recht der Sakramente im allgemeinen, und so weiter[79]. Es ist zwar richtig, daß diese Bereiche für das staatliche Recht — zumindest unmittelbar — keine

---

[77] Dieser Vorwurf findet sich bei *Petrone*, La fase recentissima della filosofia del diritto in Germania, Pisa 1905, S. 127; *Dallari*, Il nuovo contrattualismo (s. oben FN 70), S. 438; *del Giudice*, Il diritto ecclesiastico (s. oben FN 5), S. 45 f. [vgl. jedoch von diesem Autor seine späteren Schriften, die wir in der Folge zu zitieren haben werden].

[78] Vgl. neben den in der vorigen FN genannten Autoren *Thudichum*, Deutsches Kirchenrecht des 19. Jahrhunderts, Leipzig 1877, I, S. 6; *Ihering* (wie oben FN 70); *Jellinek*, Allgemeine Staatslehre (s. oben FN 2), S. 367, mit einigen Einschränkungen im System (vgl. S. 302 f. der oben FN 46 zitierten italienischen Übersetzung); *Ranelletti*, Principii (s. oben FN 52), S. 61 ff., 499; *Schiappoli*, Manuale (s. oben FN 70), Nr. 15 ff.

[79] Vgl. zuletzt in diesem Sinne *del Giudice* (s. oben FN 5), S. 48 f.

Relevanz mehr haben; aber daß sie dadurch jeden Rechtscharakter verloren haben sollten, und dies, obgleich es sich nach wie vor um positiv geregelte Institute, um ein ganzes System von Normen handelt, abgesichert durch bestimmte Organe, Gerichte und kircheninterne Sanktionen — diese Konsequenz erscheint derartig paradox, daß eine solche Überlegung bereits genügen müßte, um zur Vorsicht gegenüber den Voraussetzungen einer solchen Lehre zu mahnen. Und sicherlich befänden sich ihre Vertreter in der größten Verlegenheit, wenn man von ihnen nicht nur die Aussage, jene Institute seien keine rechtlichen, verlangte, sondern eine positive Angabe, um was es sich denn nun bei diesen Instituten handle.

Ferner gilt, daß diejenige Lehre, nach der erst der Staat der Ordnung der Kirche den Rechtscharakter verleihen soll, nicht leugnet, daß ein so verstandenes Kirchenrecht teilweise — zu einem sehr geringen Teil — staatlichen Ursprungs ist, in der Hauptsache aber von der Kirche geschaffen wurde. Die Befugnis der Kirche dazu wäre jedoch keine ursprüngliche und eigene, sondern ihr vom Staat verliehen. Im Falle eines konfessionell geprägten Staates würde es sich hierbei um „autarke" Befugnisse der Kirche handeln, die sie kraft „Delegation", als mittelbares Staatsorgan, ausüben würde, um damit nicht nur eigene Bedürfnisse, sondern auch staatliche zu erfüllen. Im Falle eines laizistischen Staates kann man dagegen kaum mehr von Autarkie sprechen und noch viel weniger von der Delegation staatlicher Befugnisse; hier würde es sich vielmehr um Autonomie handeln[80].

Der erste Teil dieser Konstruktion ist nicht akzeptabel. Dies ergibt sich aus folgender Überlegung: ein konfessionell geprägter Staat, der ein Dogma der Kirche ablehnen würde, ist nicht vorstellbar. Ebensowenig vorstellbar ist, daß er eine Befugnis, die die Kirche als ihre eigene ansehen würde, als von ihm abgeleitet oder delegiert bezeichnen würde. Und ohne daß wir hier einen kurzen historischen Ausflug zu unternehmen brauchen, können wir feststellen, daß auch rein tatsächlich kein konfessionell geprägter Staat die Kirche je in der gleichen Weise behandelt hat wie eine bürgerliche Gemeinde oder eine jener anderen Körperschaften, die von der Lehre als „autark" qualifiziert werden.

Der Begriff der Autonomie, der im laizistischen Staat die eigene Gesetzgebungsgewalt der Kirche charakterisieren soll, ist für sich allein zwar nicht unrichtig, doch löst er das Problem nicht, und wenn doch, so in genau dem umgekehrten Sinn wie es beabsichtigt war. Von den verschiedenen Bedeutungen des Begriffs „Autonomie" ist jedenfalls diejenige auszuschließen, die man meint, wenn man von der

---

[80] *Jellinek* (s. oben FN 2), S. 367: *del Giudice* (s. oben FN 5), S. 56 ff.

Autonomie der Privatpersonen spricht, denn die öffentlichrechtliche Eigenschaft der kirchlichen Körperschaften wird auch von der Autonomielehre nicht bestritten. Es handelt sich auch nicht um Autonomie in dem Sinne einer Befugnis, sich eine eigene Ordnung zu geben wie sie diejenigen Körperschaften haben, die man als „autark" bezeichnet. Dann wäre die Autonomie der Kirche eine Befugnis, die der Staat nicht erst verleihen müßte, sondern lediglich anzuerkennen hätte. Mit anderen Worten: diese Befugnis bestünde bereits unabhängig von der staatlichen Anerkennung, und vor ihr. Die Anerkennung wäre also gar nicht ihr Rechtsgrund, sondern nur die Bedingung für ihre legitime Ausübung — im Verhältnis zum Staat — und für ihre, soweit anerkannt, bürgerlichen Rechtsfolgen. Ohne solche Anerkennung würde es lediglich an diesen Rechtsfolgen fehlen, doch würde dies nicht die Unwirksamkeit der kirchlichen Befugnisse im außerstaatlichen Bereich bedeuten.

In Wahrheit beruhen diese von uns bekämpften Theorien auf einem Mißverständnis, das es ins Blickfeld zu rücken gilt. Man geht nämlich von der Existenz *eines* Kirchenrechts aus und schließt daran, durchaus logisch, die Überlegung an, daß seine Quellen nicht gleichzeitig und oft gar, einander widerstreitend, vom Staat *und* von der Kirche gesetzt sein könnten. Wenn dem so wäre, könnten — stets nach dieser Argumentation — die verschiedenen, häufig sogar gegensätzlichen Teilbereiche dieses Rechts erst durch das Eingreifen einer Art von Schiedsrichter miteinander vereinbar gemacht werden. Diesem Schiedsrichter obläge die Aufgabe, jene Teile des Rechts, die ihr Ziel, nämlich soziale Wirksamkeit, erreichen, von jenen Teilen des Rechts zu trennen, die toter Buchstabe bleiben und daher als nichtrechtliche, zumindest als imperfekte Normen zu qualifizieren wären[81]. Nur die ersteren hätten sich durchsetzen können und wären daher im positiven Sinne „Recht". Eine solche Differenzierung aber kann man nur im Hinblick auf die Stärke der Normen oder auf ihre Übereinstimmung mit den jeweils allgemein verbreiteten Überzeugungen oder der sogenannten kollektiven Zustimmung vornehmen. Man müßte sich also Kriterien außerhalb des jeweiligen positiven Rechts bedienen. Und dies war der Grund dafür, daß man eine solche Konzeption des Kirchenrechts als „soziologische" oder „relativistische" qualifizieren konnte und ihr dies denn auch zum Vorwurf gemacht hat.

Hier geht es nicht darum, festzustellen, ob die dargestellte Auffassung je in dieser präzisen Form von irgendjemand vertreten wurde, oder ob es sich bei ihr nicht eher um eine Art Vogelscheuche handelt, der eine Anzahl verschiedener, nicht grundsätzlicher Elemente aus anderen Theorien den Anschein eines wohlgerüsteten Riesen verleihen.

---

[81] *del Giudice* (s. oben FN 5), S. 43 ff.

Wahrscheinlich beruht ein solcher Eindruck vor allem darauf, daß man aus didaktischen oder sonstigen praktischen Gründen das Recht der Kirche und das staatliche Recht in kirchlichen Dingen gemeinsam abhandelt und dabei diejenigen Teile des ersteren, die für das staatliche Kirchenrecht von geringerer Bedeutung sind, etwas vernachlässigt. Nicht selten hat diese gemeinsame Behandlung zu Mißverständnissen oder Irrtümern geführt. Sei dem wie es sei — die richtige Auffassung vom Kirchenrecht ist jedenfalls eine andere. Im folgenden soll versucht werden, sie kurz zusammenzufassen.

Die von der Kirche aufgestellte Ordnung und die jeweilige staatliche Ordnung in Kirchendingen sind zwei voneinander völlig getrennte und unterschiedliche Bereiche; jedem von ihnen kommt seine eigene Sphäre zu, eigene Quellen, eine eigene Organisation, eigene Sanktionen. Sie bilden keine Einheit. Wenn man daher vom Kirchenrecht als dem irgendwie zustandegekommenen Ergebnis beider Bereiche spricht, so ist dies eine ungenaue Ausdrucksweise. Vielmehr gibt es eine ganze Anzahl von Kirchenrechten: jenes der Kirche und das des jeweiligen Staates. Zwischen beiden kann es Übereinstimmungen geben, genausogut aber auch Gegensätze. Beide können sich ergänzen, aufeinander aufbauen, sich gegenseitig anerkennen oder auch bekämpfen. Das führt zu ähnlichen (wenn auch nicht identischen) Konsequenzen wie bei den Beziehungen zwischen den einzelnen Staaten und der internationalen Ordnung. Und ähnliche Beziehungen bestehen, wie wir noch sehen werden, mutatis mutandis auch zwischen zahlreichen ganz anderen Ordnungen. Unter rechtlichen Gesichtspunkten ist es erforderlich, daß jede der beiden beteiligten Ordnungen, die des Staates sowohl wie die der Kirche, jeweils für sich selbst allein betrachtet wird und daß man sich auf die andere stets nur insoweit bezieht, als die gerade untersuchte Ordnung dies selbst tut. Jede von ihnen arbeitet für eigene Rechnung, für ihre eigenen Ziele, in ihrem Bereich und mit den ihr von ihrer Organisation und ihrer eigenen Struktur her zugewiesenen Mitteln und Kräften. Daher kann der Staat seine Souveränität, soweit dies überhaupt möglich ist, auch über die Kirche ausdehnen, dergestalt, daß der Staat nach eigenem freien Entschluß die von ihm für richtig gehaltenen Grenzen kirchlicher Macht setzt. Genauso sind in den Fällen, in denen er die Kirche anerkennt, die Grenzen und der Umfang dieser Anerkennung ausschließlich vom staatlichen Recht bestimmt. Andererseits entfaltet aber auch die Kirche kraft ihrer — nicht vom Staat abgeleiteten, sondern auf ihrer eigenen Ordnung beruhenden — Autonomie ihre Herrschaftsgewalt gegenüber ihren Gläubigen, gegenüber den Körperschaften, aus denen sie selbst gebildet ist, sowie gegenüber denjenigen, zu denen sie in Beziehung tritt, den Staat einbegriffen. In den Grenzen, in denen sie dabei vom Staat als erlaubt oder sonstwie relevant anerkannt ist, kann sie auch zivile Wirkungen entfalten; ansonsten kann sie sich nur auf geistliche und interne Sanktionen stützen, bei denen es sich jedoch unserer Auffassung nach stets um echte rechtliche Sanktionen handelt, weil und soweit sie institutionellen Charakter haben — und dies auch dann, wenn daneben auch noch staatliche Sanktionen stehen (§ 14)[82]. So kann der Staat beispielsweise den Klerikern das Recht zur Eheschließung gewähren, und die Kirche kann ihnen dies, rechtlich, verwehren. Der Staat kann die Kirchensteuer abschaffen, und die Kirche kann fortfahren, sie zu erheben. Jede dieser Möglichkeiten, Pflichten oder Freistellungen, gilt für den Bereich der Ordnung, der sie entstammt; und sie gilt, unabhängig von gegenläufigen Bestimmungen in der jeweils anderen Ordnung. Es handelt sich um zwei rechtliche Welten, von denen die eine jeweils rein faktisch die andere beeinflussen kann, die aber vom rechtlichen Standpunkt aus stets voneinander getrennt und autonom bleiben oder zumindest bleiben können[82a].

§ 30

Die dargestellten — jetzt so auch von der herrschenden Meinung anerkannten — Beziehungen zwischen Staat und Völkerrecht und zwischen Staat und Kirchenrecht — insoweit abweichend von der herrschenden Meinung — können unserer Auffassung nach auch im Verhältnis zwischen dem Staat und den von ihm als unerlaubt ange-

---

[82] Die gegenteilige Auffassung geht dagegen häufig von dem Prinzip aus, daß echte Sanktion nur die vom Staat verliehene sein könne (*Ihering*, *Jellinek*, etc.).

[82a] [Mehr oder weniger damit übereinstimmend: *N. Coviello*, Manuale di diritto ecclesiastico, Roma 1922, S. 2 f.; *Jemolo*, Il valore del diritto della Chiesa nell'ordinamento giuridico italiano, in Archivio giuridico, 1923; lezioni di diritto ecclesiastico, Città di Castello 1933, S. 68 ff., 77 ff.; *del Giudice*, Il diritto dello Stato nell'ordinamento canonico, Archivio giuridico, 1924; Istituzioni di diritto canonico, 3. Aufl., Milano 1933, S. 1 ff.; Nozioni di diritto canonico, 6. Aufl., Milano 1944, S. 13; Corso di diritto ecclesiastico, 4. Aufl., Milano 1939, S. 2 ff.; *Cornaggia Medici*, Lineamenti di diritto ecclesiastico italiano, Milano 1933, S. 71, 107, 238, 244, 282; *Zanobini*, Corso di diritto ecclesiastico, 2. Aufl., Pisa 1936, S. 10 ff.; *Jannaccone*, I fondamenti del diritto ecclesiastico internazionale, Milano 1936, S. 19 ff.; *d'Avack*, Chiesa, Santa Sede e Città del Vaticano nel jus publicum ecclesiasticum, Firenze 1937, S. 12, 13, 241; La posizione giuridica del diritto canonico nell'ordinamento italiano, Scritti in onore di Santi Romano, IV, S. 313 ff.; *Checchini*, Introduzione dommatica al diritto ecclesiastico italiano, Padova 1937, S. 10 ff.; *Piola*, Introduzione al diritto concordatario comparato, Milano 1937, S. 131 ff.; *Giacchi*, La giurisdizione ecclesiastica nel diritto italiano, Milano 1937, S. 327 f., 330, 333; *Falco*, Corso di diritto ecclesiastico, 4. Aufl., Padova 1938, II, S. 36 ff., 120 ff.; *Capograssi* (s. oben FN 30b), Nr. 24; *Cassola*, La recezione del diritto civile nel diritto canonico, Tortona 1941, S. 3 ff.; *Ciprotti*, Contributo alla teoria della canonizzazione delle leggi civili, Roma 1941, S. 13 ff.; *de Luca*, Rilevanza dell'ordinamento canonico nel diritto italiano, Padova 1943, S. 9 ff.]

sehen Institutionen Anwendung finden[83]. Dies wird ein weiteres Argument für die Richtigkeit unserer Auffassung sein. Die Unerlaubtheit der genannten Institutionen gilt nur, und kann auch nur gelten, im Verhältnis zur staatlichen Ordnung. Der Staat hat die Möglichkeit, solche Institutionen mit allen ihm zur Verfügung stehenden, auch mit strafrechtlichen, Mitteln zu verfolgen. Aber solange diese Institutionen noch bestehen, verfügen sie über eine innere Organisation und über eine Ordnung, die — wenn man sie für sich allein betrachtet — nicht anders denn als rechtliche qualifiziert werden kann (§ 14). Die Durchsetzungskraft und Wirksamkeit dieser Ordnung wird von ihrer Verfassung, ihren Zielen, ihren Mitteln, ihren Normen und den ihr zur Verfügung stehenden Sanktionen abhängen: sie kann daher, bei einem starken Staat, schwach sein; sie kann aber auch manchmal derartig bedeutsam sein, daß sie vielleicht sogar die Existenz des Staates in Frage stellen kann. Aber weder die eine noch die andere konkrete Ausprägung hat irgendeinen Einfluß auf die rechtliche Beurteilung dieser Ordnung. Bekanntlich gibt es — obwohl von staatlichen Gesetzen verfolgt — häufig Vereinigungen, die im Untergrund existieren, und deren Organisation man im kleinen als der des Staates analog bezeichnen kann. Solche Organisationen können eigene gesetzgebende und ausführende Organe haben, eigene Gerichte zur Beilegung von Streitigkeiten, Kommandos, die die verhängten Strafen unerbittlich vollziehen, und Statuten, die genauso eingehend ausgearbeitet sind wie staatliche Gesetze. Diese Organisationen verwirklichen also eine eigene Ordnung, genauso wie dies der Staat und die von ihm anerkannten Organisationen tun. Wollte man den verbotenen Organisationen den Rechtscharakter absprechen, so wäre dies lediglich als Folge einer

---

[83] Die unserer Auffassung nach bestehende interne *rechtliche* Struktur der vom Staat oder von der Kirche als unerlaubt angesehenen Gebilde stellt für die Autoren, die sich entweder mit staatlichem oder mit Kirchenrecht befassen, häufig ein unüberwindbares Hindernis für ein Akzeptieren der weiteren Auffassung vom Recht dar, auch wenn diese Autoren sich grundsätzlich durchaus dazu bereit zeigen. Scharf gegen eine solche Beschränkung: *Croce* (s. oben FN 14), S. 331; [5. Aufl., S. 313; *A. Levi*, Contributo ad una teoria filosofica dell'ordine giuridico, Genova 1914, S. 285 ff.; Saggi di teoria del diritto, Bologna 1924, S. 87 f.; *Maggiore*, Filosofia del diritto, Palermo 1925, S. 166; *del Vecchio*, Saggi intorno allo Stato, Roma 1935, S. 35; Lezioni di filosofia del diritto, Roma 1936, S. 305; *Capograssi*, Alcune osservazioni sopra la molteplicità degli ordinamenti giuridici, Sassari 1936, S. 11 ff., sowie in Note (s. oben FN 30b), Nr. 15]. Eine ganz isolierte Meinung vertritt *Ravà* (s. oben FN 7), Kap. IV, § 3, der eine besondere Gruppe von Vereinigungen einführt, nämlich „illegale Vereinigungen, und zwar solche, die nicht ein partikuläres, nur auf sich selbst bezogenes Ziel verfolgen, sondern vielmehr eine neue Rechtsordnung, die auf anderer Grundlage als die gegenwärtig herrschende beruht, errichten wollen: dabei kann es sich beispielsweise um eine Geheimgesellschaft, oder um eine politische Sekte, z. B. die Kommunisten, handeln". Die innere Ordnung dieser Vereinigungen soll nach *Ravà* eine rechtliche sein, im Unterschied zur Ordnung von anderen Vereinigungen, die nur eigene Ziele verfolgen, nicht aber gesamtgesellschaftliche.

ethisch-moralischen Bewertung möglich, da diese Gebilde häufig gesetzwidrig oder unmoralisch sind. Ein solches Vorgehen wäre nur dann zulässig, wenn ein enger und unmittelbarer Zusammenhang zwischen positivem Recht und Moral bewiesen wäre, was unserer Auffassung nach nicht der Fall ist, jedenfalls nicht in einer derart naiven Form. Darüber hinaus könnte man dem sogar noch die weitere Bemerkung anschließen, daß — beispielsweise — eine politische Gruppe, die sich die Umwälzung eines den fundamentalsten Gerechtigkeitserfordernissen widersprechenden Staates vorgenommen hätte, vom ethischen Standpunkt aus wesentlich positiver zu beurteilen wäre als der Staat, der sie für verboten erklärt. Ähnliches gilt bzw. galt auch häufig für religiöse Gemeinschaften, die nicht selten den Moralvorstellungen eher entsprachen als ein gegen sie gerichtetes Verbot. Und im übrigen ist allgemein bekannt, wie zufällig und veränderlich die Kriterien sind, deren sich der Staat beim Verbot oder bei der Zulassung gewisser Gruppen oder Organisationen bedient[84]. Dies alles aber hat für den Juristen völlig unbeachtlich zu bleiben; er kann in solchen Fällen nichts anderes tun, als die Existenz solcher objektiver Ordnungen festzustellen, die in ihrem Bereich institutionell und daher rechtlich sind, während sie im Verhältnis zum Staat unerlaubt, anti-rechtlich sind und von ihm aus seiner Sphäre ausgeschlossen und bekämpft werden[84a].

Was für die von der staatlichen Ordnung als unerlaubt angesehenen Gruppen gilt, muß natürlich erst recht für jene gelten, um die der Staat sich überhaupt nicht kümmert, die also für ihn irrelevant sind.

---

[84] Verschiedene Beispiele bei *Ferrara*, Teoria, s. oben FN 24, S. 408 ff.

[84a] [Ohne Interesse ist für den Juristen deshalb die im übrigen völlig zutreffende, auf *Platon* zurückgehende und seitdem von vielen wiederholte Beobachtung, daß auch die Vereinigungen von Übeltätern eine gewisse eigene Gesetzlichkeit beobachten, dergestalt, daß man auf sie den Ausdruck von *Bergson* beziehen könnte, der in einem, freilich ganz anderen Zusammenhang von einer „moralischen Organisation der Unmoral" sprach. Der Jurist kann sich darauf beschränken, mit *Voltaire Pascal* zu widersprechen, der es als „originell" bezeichnet hatte, daß Menschen, die, wie die Räuber, alle Gesetze Gottes über Bord geworfen hatten, sich nun selbst andere machten, die sie peinlich genau befolgten. *Voltaire* antwortete darauf, daß dies wesentlich „nützlicher" als „originell" sei, denn es beweise, daß keine menschliche Gesellschaft auch nur einen Tag ohne Gesetze bestehen könne, und daß die Gesellschaft einem Spiel zu vergleichen sei, das ebenfalls nicht ohne Regeln bestehen könne. Dem sei hinzugefügt, daß es nicht nur Gesellschaften oder Institutionen gibt, die offen und in vollem Umfang im Gegensatz zur Moral stehen, sondern auch zahlreiche andere, die mit ihr nur teilweise in Widerspruch stehen, was jedoch nicht bedeuten muß, daß der Staat ihnen den Rechtscharakter absprechen müsse. Man denke hierzu an Art. 31 des Einführungsgesetzes zum Zivilgesetzbuch; diese Vorschrift beschränkt sich darauf, bestimmten Ordnungen Wirksamkeit innerhalb des Staatsgebietes abzusprechen, obwohl diese Ordnungen als solche durchaus anerkannt werden, sowie darauf, bestimmten Handlungen von Institutionen, soweit sie mit den guten Sitten in Widerspruch stehen, Wirkungen abzusprechen.]

§ 31

Auch bei den von der staatlichen Ordnung erlaubten Institutionen kann man häufig ein Phänomen beobachten, das wir oben bei den verbotenen oder Geheim-Institutionen schilderten. Dieses Phänomen führt dabei zu höchst interessanten Komplikationen. Die innere Ordnung der erlaubten Organisationen beruht in der Regel entweder unmittelbar auf staatlichen Vorschriften oder auf einem Privatrechtsgeschäft im Rahmen der staatlichen Gesetze. Hier wollen wir nicht die Frage erörtern, ob man diese Privatrechtsgeschäfte auf Grund staatlichen Rechts gelegentlich als Quellen objektiven Rechts ansehen kann. Festzuhalten ist jedenfalls, daß die rechtliche Stellung jener Organisationen auf jeden Fall, unmittelbar oder mittelbar, von der staatlichen Ordnung bestimmt und festgelegt ist. Häufig kommt es dabei jedoch vor, daß das staatliche Recht nicht in der Lage ist, Bedeutung und Inhalt dieser Institutionen bis ins letzte zu regeln. Dies kann auf einer gewollten oder ungewollten Unvollständigkeit des staatlichen Rechts beruhen, auch auf veralteten, aber nicht abgeschafften Normen, oder überhaupt auf dem Fehlen von Normen, die den gewandelten Umständen angepaßt sind. In diesen Fällen schaffen die so nicht voll erfaßten Institutionen sich ihre eigene rechtliche Ordnung, die anders ist als die ihnen seitens des Staates auferlegte und die den staatlichen Vorschriften sogar entgegengesetzt sein kann, auch wenn dies nach außen hin überhaupt nicht deutlich wird.

Zum Beweis kann man eine Reihe von Beispielen anführen. Einige davon sollen kurz angesprochen werden.

Unserer Auffassung nach kennt das italienische Privatrecht keine Form rechtlicher Überordnungsgewalt. So etwas gibt es nur im öffentlichen Recht. Das Privatrecht regelt Rechtsverhältnisse, die unter seine Normen fallen, ohne irgendwie auf eine derartige Gewalt Bezug zu nehmen. Die Wirklichkeit aber sieht anders aus. In allen Fällen, in denen ein auch nur einigermaßen komplexer sozialer Organismus vorliegt, entwickelt sich in seinem Innern eine bestimmte Disziplin mit einer eigenen Autoritätsstruktur, mit Befugnissen, Normen und Sanktionen. Ohne hierbei die Familie als Beispiel anführen zu wollen, bei der es erst einige andere Probleme zu lösen gälte, können wir jede irgendwie geartete Gemeinschaft nehmen, eine Fabrik, eine Anstalt, einen Betrieb, eine Schule, ein Konvikt oder einen Freizeitzirkel. Jede von ihnen braucht solche inneren Satzungs- oder Ordnungsvorschriften, die Verstöße gegen die festgesetzte Ordnung regeln. Manchmal sind diese Vorschriften dem Staat völlig gleichgültig (vgl. §§ 46, 47); er hat keinen Anlaß, sich mit ihnen zu befassen, weder um diese Vorschriften irgendwie anzuerkennen, noch um sie aufzuheben. In anderen Fällen liegen die Dinge schwieriger und problematischer. Die Gerichte werden angerufen, um über die Wirksamkeit einer internen Ordnungsmaßnahme zu entscheiden, die irgendjemandes Rechte verletzt haben soll. Die Gerichte können die Wirkungen solcher Maßnahmen nur insoweit als gerechtfertigt anerkennen, als es sich dabei auch um Rechtsfolgen der Anwendung oder Verletzung von Privatrechtsgeschäften handelt — in aller Regel eines Vertrages. Solche Ordnungsmaßnahmen sind also für die betreffende Organisation, für die Anstalt, oder für den Betrieb ein Ausdruck echter Hoheitsgewalt, von Über- und Unterordnung; für den Staat aber können sie nur unter einem ganz anderen Gesichtspunkt relevant sein. Wenn sie diesem anderen Gesichtspunkt nicht entsprechen, wenn sie also nicht auf einem staatlichrechtlich wirksamen privaten Rechtsgeschäft beruhen, dann werden sie vom Staat notwendigerweise als anti-rechtlich bezeichnet (vgl. unten § 45).

Weiter: jedermann weiß, wieviel komplexer die Arbeitsverhältnisse in unserer heutigen Zeit geworden sind im Vergleich zu jenem Bild vom Arbeitsverhältnis, von dem unser Zivilgesetzbuch in seinen wenigen und völlig unzureichenden diesbezüglichen Paragraphen ausgeht[84b]. Das geltende Recht unseres Staates kann diese Materie im wesentlichen sicherlich nicht anders als vom Vertragsbegriff her angehen. Doch trotz der Anstrengungen und der Aufbietung alles nur denkbaren begrifflichen Scharfsinns, will es der Rechtsprechung und Lehre nicht gelingen, das Arbeitsverhältnis vollständig in das Vertragsschema einzubauen, es sei denn, daß dabei einige Elemente dieses Verhältnisses geopfert oder zumindest deformiert werden. Mit diesen Bemerkungen wollen wir uns sicherlich nicht auf die Seite derjenigen schlagen, die beispielsweise dem Tarifvertrag die Vertragseigenschaft abgesprochen haben. Aber irgendetwas Richtiges — wenn auch nicht ganz zutreffend Bewertetes — scheint uns diese Auffassung zu haben. Sicherlich ist die Meinung abzulehnen, wonach es sich bei den Tarifverträgen handeln soll um „une véritable loi qui s'appliquera non seulement à ceux qui font partie de ces groupes au moment de la convention, mais encore à ceux qui en feront partie plus tard, et aussi à tiers qui ne font partie de ces groupes"[85]. Zweifelhaft ist auch, ob und in welchem Sinne man hierbei, wie gelegentlich geschehen, auf die Rechtsfigur der Vereinbarung

---

[84b] [Die Bemerkungen im Text zum Arbeitsverhältnis und zum Tarifvertrag beziehen sich auf die frühere italienische Gesetzgebung und nicht auf die neuere, die, von anderen und im übrigen noch nicht endgültigen Ausgangspunkten her diese Materie neu geregelt hat. Zumindest was das Arbeitsverhältnis anbetrifft, treffen die obigen Bemerkungen zu Disziplinarbefugnissen im Privatrecht daher nicht mehr zu.]

[85] *Duguit*, Les transformations du droit public, Paris 1913, S. 129. Im übrigen handelt es sich hierbei durchaus nicht um eine alleindastehende Meinung, vgl. die Nachweise bei *Gény*, Science et technique en droit privé positif, I, Paris 1914, S. 59.

zurückgreifen kann. Offenkundig ist jedenfalls die Tendenz der Sozialpartner, die von ihnen geschaffene Ordnung von einer Regel intra partes zu einer Vorschrift supra partes zu erheben. Daher auch das Ungenügen des Vertragsbegriffes zur Wiedergabe solcher Sachverhalte[86]. Es handelt sich hierbei wohl auch nicht um eine bloße Ausfüllung der den Individuen vom Staat eingeräumten Autonomie (Art. 1123 Zivilgesetzbuch)[87]. Unserer Meinung nach haben wir es hier mit einem rechtlichen Phänomen zu tun, das zu gleicher Zeit zwei Seiten aufweist und das man nur dann vollständig erklären kann, wenn man zugibt, daß es in zwei verschiedenen rechtlichen Ordnungen gleichzeitig — und manchmal gegenläufig — existiert. Bei der einen Ordnung handelt es sich um die staatliche, und für sie ist die Rechtsfigur des Vertrages in der Regel die einzig relevante. Was sich nicht hierunter subsumieren läßt, ermangelt des Schutzes der staatlichen Ordnung und läuft sogar Gefahr, von ihr für ungesetzlich erklärt zu werden. Bei der anderen Ordnung handelt es sich um jene spezielle, die in einer solchen aus Arbeitgebern und Arbeitnehmern zusammengesetzten Institution zum Ausdruck kommt. Was für das staatliche Recht ein Vertrag ist, ist für jenes ein mehr oder weniger autonomes System objektiven Rechts, das sich mit Hilfe der Mittel der Organisation in deren Innern Geltung verschafft. Diese Mittel können, vom Staat aus gesehen, durchaus außerrechtlich oder sogar gesetzwidrig sein — innerhalb jenes Regimes, auf das sie sich beziehen, sind sie rechtmäßig, weil dem Recht, der Ordnung dieser Institution entsprechend. Wenn heute ziemlich allgemein anerkannt ist, daß die staatlichen Gesetze in dieser Materie nicht ganz passen, dann bedeutet dies nichts anderes, als daß sich neben und manchmal entgegen diesen staatlichen Gesetzen andere Ordnungen gebildet haben. Sie streben danach — bisher vergeblich —, auch in den staatlichen Normen anerkannt zu werden, damit die bisher nur auf ihnen beruhenden internen Sanktionen innerhalb eines Betriebes, eines Berufsverbandes, etc. ergänzt werden können durch die viel wirksameren staatlichen Sanktionen. Mit anderen Worten: es gibt Gebilde, die für das staatliche Recht nur rein faktisch existieren, die aber, wenn man sie für sich allein betrachtet, jenen institutionellen Charakter aufweisen, der sie gemäß den bisherigen Überlegungen zu rechtlichen Organismen macht.

Ganz ähnlich ist in gewisser Hinsicht das sonst sehr schwierige und unklar bleibende Problem der sogenannten nicht-anerkannten Ver-

---

[86] s. *Messina*, I concordati di tariffe nell'ordinamento giuridico del lavoro, Milano 1904, S. 6 ff. Zur Unsicherheit der diesbezüglichen Rechtsprechung, s. *Redenti*, Il contratto di lavoro nella giurisprudenza dei probiviri, Atti del Consiglio superiore del lavoro, 1905, S. 106 ff.
[87] Dies ist die Auffassung von *Messina* (s. vorige Note), S. 5. [Dem im Text zitierten Art. 1123 des Codice civile von 1865 entspricht nunmehr der Art. 1372 Codice civile von 1942.]

einigungen oder Institutionen zu behandeln, jener Institutionen also, denen vom Staat keine Rechtspersönlichkeit verliehen wurde[88]. Ein Problem ergibt sich hier daraus, daß man diese Gebilde unter dem Blickwinkel des Privatrechts sicherlich nicht als Rechtssubjekte bezeichnen kann. Von ihrer inneren Ordnung her, von der Struktur her, die sie auf Grund ihrer inneren Ordnung besitzen, treten sie aber genauso auf, wie es Rechtssubjekte tun. Die ideale Lösung dieser Antithese läge sicherlich in der sorgfältigen Trennung zwischen dem, was für das staatliche Recht relevant ist, und dem, was nur eine auf den eigenen Bereich jener Gebilde beschränkte Wirksamkeit hat. Es gälte also zu unterscheiden zwischen den Gebilden, die die vom Staat aufgestellten Voraussetzungen für Rechtspersönlichkeit erfüllen, und denjenigen, die nur in ihrem eigenen Bereich „Rechtspersönlichkeit" haben. Dem steht jedoch nicht nur die praktische Schwierigkeit entgegen, diese Unterscheidung mit einem klaren, sauberen Trennungsstrich vorzunehmen; hinzu kommt, daß die interne Ordnung in der Praxis versucht, sich nach außen zu profilieren und in der einen oder anderen Form eine staatliche Anerkennung zu erlangen. Manchmal gelingt es, im staatlichen Recht selbst legale Wege und Mittel zu finden, auf Grund deren solche rein tatsächlichen Gebilde rein praktisch die gleichen (oder ähnliche) Ziele wie die anerkannten juristischen Personen erreichen. Bekanntes, aber keineswegs einziges Beispiel dafür sind die von den in Italien nicht mehr anerkannten religiösen Orden benutzten Mittel[88a]. In anderen Fällen ist ein solches Vorgehen nicht mehr möglich, und dann bleibt nur noch der Ausweg, diese Gebilde auf andere vom staatlichen Recht zur Verfügung gestellte Rechtsfiguren zurückzuführen: auf die Form der bürgerlich-rechtlichen Gesellschaft, auf die eines verselbständigten oder besonderer Verwaltung unterstellten Vermögens, etc. Man kann jedoch, da es sich um rein faktisch wirklich bestehende soziale Gebilde handelt, bei einem solchen Vorgehen nicht mehr als eine mehr oder weniger blasse Analogie erreichen. Daraus resultieren dann so viele Probleme und Streitfragen, daß die Lösungsversuche an die Quadratur des Kreises erinnern[88b].

---

[88] s. zu diesem Problem die, wie bekannt, umfangreichste Übersicht über die Lehre bei *Ferrara*, Teoria (s. oben FN 24), S. 990 ff. [sowie sein jüngeres, ebenfalls oben in FN 24 zitiertes, Werk Le persone giuridiche, S. 299 ff.]. Unserer Auffassung näherstehend *Gierke*, Vereine ohne Rechtsfähigkeit, 2. Aufl., Berlin 1902.
[88a] [Seit dem Konkordat mit dem Heiligen Stuhl vom 11. Februar 1929 können in Italien auch diejenigen kirchlichen Körperschaften anerkannt werden, denen vorher eine solche Anerkennung versagt wurde.]
[88b] [Es hat den Anschein, daß diese Schwierigkeiten auch durch die Bestimmungen des neuen Codice civile von 1942 über die nichtanerkannten Vereinigungen (Art. 36 ff.) nicht ganz ausgeräumt sind, wenn dort lediglich das Prinzip aufgestellt wird, daß „die innere Ordnung und Verwaltung der nicht als Rechtspersonen anerkannten Vereinigungen sich durch Vereinbarung der Mitglieder regelt".]

Aus den bisherigen, hier nicht weiter vertiefbaren (vgl. dazu jedoch unten § 45) Überlegungen ergibt sich jedenfalls, daß auch die nach staatlichem Recht erlaubten Organisationen manchmal eine eigene, außerhalb des staatlichen Rechts stehende, rechtliche Ordnung besitzen. Diese bleibt — bzw. sollte bleiben — grundsätzlich auf sich selbst bezogen. Auf den folgenden Seiten soll dieses äußerst interessante Phänomen näher untersucht werden, das an dieser Stelle zweckmäßigerweise bereits kurz angesprochen wurde.

§ 32

Sowohl die von uns erörterten theoretischen Prinzipien wie die von uns genannten praktischen Beispiele — denen man noch zahlreiche weitere anfügen könnte — bestätigen somit unsere Lehre, daß jede Institution sich in einer eigenen rechtlichen Ordnung konkretisiert, deren Grundlage nicht die des Staates ist, zu der sie vielmehr sogar in Gegensatz stehen kann.

Damit nähern wir uns jener bekannten, insbesondere von *Gierke* und zahlreichen Nachfolgern vertretenen Auffassung, wonach „jede organische Gemeinschaft in der Lage ist, Recht zu schaffen"[89]. Unsere Auf-

---

[89] *Gierke*, Deutsches Privatrecht, I, Leipzig 1895, S. 119 f. und in einigen früheren Arbeiten. s. ferner: *Thon*, Rechtsnorm und subjektives Recht, Weimar 1878, S. X ff.; *Merkel*, Juristische Encyklopädie, Berlin 1885, §§ 807, 827; Elemente der allgemeinen Rechtslehre, in Holtzendorff's Encyklopädie der Rechtswissenschaft, 5. Aufl., Leipzig 1890, S. 5 f.; *Preuss*, Gemeinde, Staat, Reich als Gebietskörperschaften, Berlin 1899, S. 201; *Bierling*, Juristische Prinzipienlehre, I, Leipzig 1894, S. 19; *G. Meyer*, Lehrbuch des deutschen Staatsrecht, § 15; *Rehm* (s. oben FN 56a), S. 146 ff., 160; *Bekker*, Grundbegriffe des Rechts und Mißgriffe der Gesetzgebung, Berlin 1910, S. 27 ff., 184 ff.; *Enneccerus*, Lehrbuch des bürgerlichen Rechts, I, § 29 [ebenso in der 13. Aufl.]; *N. Coviello* (s. oben FN 7), S. 11 [4. Aufl., S. 3]; Manuale (s. oben FN 82a), I, S. 3 [ebenso in der 2. Aufl., 1922; *A. Levi*, Contributi ad una teoria filosofica dell'ordine giuridico, Genova 1914, S. 285 ff.]. Damit stimmt die große Mehrheit der Kirchenrechtler überein, vgl. als Beispiel für viele *Scherer*, Handbuch des Kirchenrechts, I, Graz 1866, §§ 1, 18; *Friedberg-Ruffini*, Trattato di diritto ecclesiastico, Torino 1893, § 2; *Stutz*, Die kirchliche Rechtsgeschichte, Stuttgart 1905, S. 37 ff.; *Wernz*, Ius decretalium, 2. Aufl., I, Romae 1905, S. 55; [Ius canonicum, 3. Aufl., Romae 1938, S. 9 - 25]; *Sägmüller*, Lehrbuch des katholischen Kirchenrechts, Freiburg 1909, § 3 [ebenso in der Auflage 1925]; *Heiner*, Katholisches Kirchenrecht, 6. Aufl., Paderborn 1912, I, §§ 1 und 3. Im übrigen ist daran zu erinnern, daß *Rosmini* (in Filosofia del diritto, Milano 1843, II, S. 9 f.) schon vor den oben zitierten Autoren ausgeführt hatte: „Unter sozialem Recht verstehen wir nicht, wie üblich, allein das Recht der bürgerlichen Gesellschaft, sondern das Recht einer jeden Gesellschaft ... Jede mögliche Gesellschaft hat ihr eigenes Recht." Für *Rosmini* war jedoch das soziale Recht nicht gleichbedeutend mit dem Recht insgesamt.

Es gibt im übrigen auch noch eine ganze Reihe anderer Autoren, die eine Identität zwischen Recht und staatlichem Recht ablehnen, die jedoch ent-

fassung ist jedoch in verschiedenen Punkten anders als diese Lehre. Dies gilt vor allem für die „Gemeinschaft", an deren Stelle wir von „Institution" sprechen, einem unserer Meinung nach weiteren und umfassenderen Begriff, der darüber hinaus auch noch in wesentlich stärkerem Maße juristisch geprägt ist. Der zweite Grund ist, daß *Gierke* nach wie vor von dem allgemein anerkannten Prinzip ausgeht, daß das objektive Recht ein Komplex von Normen, Regeln oder Vorschriften sei[90], während wir das objektive Recht gerade nicht als das Produkt der Institution ansehen, sondern als die Institution selbst. Schließlich stimmen wir auch in der Frage nach der Grundlage des Rechts nicht mit den Meinungen der verschiedenen Anhänger der genannten Theorie überein.

Auf diesen letzten Punkt wollen wir später nocheinmal zurückkommen. Hier sei nur betont, daß wir die „Genossenschaftstheorie" erweitert haben und daß wir deshalb auch die Einschränkungen ablehnen, die einige Autoren dazu angebracht haben. Einige taten dies im übrigen sogar ohne jede Begründung[91], andere auch mit gelegentlicher Beweisführung.

So ist beispielsweise jüngst die Auffassung vertreten worden, daß nur die Ordnung der vom moralischen Standpunkt aus „notwendigen" Gemeinschaften eine rechtliche sei[92]. Den Ausgangspunkt dieser Überlegung könnte man, wenn man ihn richtig verstehen will, in einem gewissen Sinne auch für zutreffend halten: wo eine Quelle von Recht ist, dort ist „Autorität", und wo „Autorität" ist, dort ist auch eine Quelle von Recht. Das aber bedeutet doch nicht, daß dies nur in einer

---

weder jenes letztere dem Naturrecht entgegensetzen und damit den Bereich des positiven Rechts verlassen (beispielsweise *Cathrein*, Filosofia morale, I, s. 570 ff. der italienischen Übersetzung, Firenze 1913) oder von einer spezifischen philosophischen Warte ausgehen (*Croce, Stammler*), oder ihre Auffassung in verschiedener Form wieder einschränken (vgl. außer den im folgenden zitierten Autoren: *Ravà* — s. oben FN 7 — Kap. IV, Kap. V, § 4, Kap. VII). [Vgl. ferner die neuere Bibliographie in FN 94a].

[90] *Gierke* (s. oben FN 89), S. 113: „... objektives Recht ... ist der Inbegriff der Rechtssätze". Diese Formulierung entspricht der herrschenden Meinung.

[91] So behauptet *Regelsberger*, Pandekten, Leipzig 1893, S. 85 ohne weiteres, daß die Aufgabe, eine Rechtsordnung zu setzen, Aufgabe des Staates sei, sowie die einiger kleinerer, einen Teil des Staates bildender Gemeinschaften, wie etwa der Gemeinden und der katholischen Kirche. Letztere habe eine über die Grenzen des Staates hinausgehende rechtliche Einheit erreicht. Es ist sehr zweifelhaft, ob *Regelsberger* hier wirklich von einem einheitlichen Prinzip ausgeht. Im Grundsatz vertritt *Gény* (s. oben FN 85), S. 55 ff. die gleiche Meinung.

[92] *Sohm*, Weltliches und geistliches Recht, Festgabe der Leipziger Juristenfakultät für K. Binding, München und Leipzig 1914, S. 10 f. Auf Grund dieser Auffassung bestreitet er, daß das Recht der Kirche auch heute noch aus sich selbst heraus Recht sei, da die Kirche nunmehr zu einer freiwilligen Vereinigung geworden sei. [Im gleichen Sinne jetzt auch *Battaglia*, Scritti di teoria dello Stato, Milano 1939, S. 163 Fußnote].

Gesellschaft mit verpflichtenden Normen der Fall sein könnte, und noch viel weniger, daß es eine solche Gesellschaft nur dann geben könne, wenn sie vom moralischen Standpunkt aus notwendig sei. Man braucht hierzu nur ein Argument: auf diese Weise würde die Existenz des positiven Rechts von einem außerrechtlichen Kriterium abhängig gemacht, das sich an der Ethik zu orientieren hätte. Bereits diese Erwägung reicht aus, um die genannte Lehre ablehnen zu können — jedenfalls was den von einem Juristen einzuhaltenden Blickwinkel angeht. Zwar gibt diese Auffassung zu, daß das Recht nicht notwendigerweise nur staatliches sein müsse und daß man diese Tatsache in gewissen historischen Epochen nachweisen könne, insbesondere mit der Existenz eines geistlichen Rechts der Kirche[93] neben dem zeitlichen Recht des Staates. Doch die Schlußfolgerung, daß daher heute nur noch das letztere existiere — und existieren könne —, ist im Grunde genommen nichts anderes als die oben von uns widerlegte These.

Unabhängig von ethischen Gesichtspunkten haben auch andere Autoren[94] eine solche Unterscheidung zwischen notwendigen und freiwilligen Gemeinschaften vorgenommen. Bei den ersteren soll das Individuum der sozialen Gruppe als einem in jeder Hinsicht höheren Ganzen untergeordnet sein. Bei den letzteren soll es an einer solchen grundsätzlichen Subordination fehlen; die persönliche Freiheit des Individuums soll vielmehr nur in einzelnen Punkten eingeschränkt sein — ähnlich wie bei vertraglich begründeten Einschränkungen. Daher könne es in dieser Gemeinschaft zwar durchaus einen einheitlichen Willen geben, der aber nicht ein notwendig höherer, übergeordneter Wille sein müsse. Aus diesen Überlegungen hat man sodann geschlossen, daß ein „Organ" im juristischen Sinne, sowie überhaupt eine „Organisation" nur bei den „notwendigen" Gemeinschaften anzutreffen seien, während es in den „freiwilligen" Gemeinschaften keine direkte Willensäußerung der Gruppe als solcher geben könne, sondern nur eine Summe von Einzelwillen. Bei den freiwilligen Gemeinschaften sei eine Willensbildung nur in Form der Repräsentation möglich.

Auch wir haben bei der Zurückführung der „Organisation" auf den Begriff der Institution, also der rechtlichen Ordnung, unterschieden zwischen Organisation und bloßem Rechtsverhältnis bzw. Summe von

---

[93] In seinem Kirchenrecht, Leipzig 1892, I, S. 1 hatte *Sohm* bekanntlich die These vertreten, daß das Kirchenrecht im Widerspruch zur Natur der Kirche stünde, weil die Kirche geistlichen Charakters sei, das Kirchenrecht aber zeitlichen Charakters. Zu dieser Lehre vgl. *Niedner*, Recht und Kirche, in Festgabe für R. Sohm, München und Leipzig 1914, S. 275 ff.

[94] *Cicu* (s. oben FN 67), S. 16 ff. Cicu befaßt sich mit dieser Frage eigentlich nur zwecks Unterscheidung von individuellem und sozialem Recht, insofern, als diese Unterscheidung mit der zwischen bürgerlichem Recht und öffentlichem Recht nicht übereinstimmt; doch haben seine Bemerkungen gleichwohl unmittelbare Bedeutung auch für die allgemeine Rechtstheorie.

Rechtsverhältnissen (§ 18 f.). Aber mit einer Differenzierung zwischen notwendigen und freiwilligen Gemeinschaften scheint uns dies nichts zu tun zu haben. Die Wirklichkeit beweist uns ständig, daß die „freiwilligen" Gemeinschaften rein tatsächlich in ihrer Struktur im Grunde den „notwendigen" gleichen können. Bekannt ist, daß der Staat stets sozusagen als Modell auch für zahlreiche andere Institutionen gedient hat. Wir glauben auch nicht, daß der Begriff der Organisation unvereinbar mit dem einer Gemeinschaft von Gleichberechtigten sei, in der es an einer Unterordnung der Mitglieder unter ein bestimmtes Subjekt fehle. Dies haben wir am Beispiel der internationalen Gemeinschaft zu erläutern versucht (§ 17). Und schließlich muß man sich fragen, in welchem Sinne man denn nun die „Notwendigkeit" beziehungsweise „Freiwilligkeit" sozialer Gebilde zu verstehen haben soll? Was aus dem einen Blickwinkel als notwendig erscheint, kann unter einem anderen freiwillig sein. Kann man beispielsweise die Gemeinschaft der Staaten als notwendig bezeichnen? Im Hinblick auf die heutigen Notwendigkeiten ihrer Beziehungen könnte man die Frage mit ja beantworten. Und doch tritt jeder Staat, zumindest formal, ganz aus eigenem Entschluß in sie ein und nimmt völlig freiwillig an ihr teil. Und ihre Organisation ist so schwach entwickelt, daß sie vom überwiegenden Teil der Autoren sogar geleugnet werden kann. Oder nehmen wir das Beispiel der Kirche: nach dem Recht eines die Religionsfreiheit gewährenden Staates ist die katholische Kirche eine freiwillige Gemeinschaft, zumindest in dem Sinne, daß jeder aus ihr austreten kann. Nach Kirchenrecht dagegen hat die Taufe unvergängliche Bedeutung, und auch ein Abtrünniger gilt immer noch als Mitglied der Kirche. Handelt es sich dabei nun um eine notwendige oder um eine freiwillige Gemeinschaft? Auch wenn man von der Beziehung des Einzelnen zur Kirche absieht, hält sie selbst sich für notwendig und unfehlbar, ihres Ursprungs und ihrer Ziele wegen. Wer einer anderen religiösen Gemeinschaft angehört, wird darüber natürlich anderer Auffassung sein. Richtigerweise kann die Frage, ob einem sozialen Gebilde „notwendiger" Charakter zukommt oder nicht, nur mit rechtlichen Kriterien beantwortet werden — einfach deshalb, weil wir uns hier auf dem Gebiete des Rechts befinden. Und da es hier nur um die innere Struktur des Gebildes geht, unabhängig von den Beziehungen zu anderen oder zum Staat, deshalb kann diese Frage nur aus der inneren Ordnung des Gebildes heraus beurteilt werden. Die Notwendigkeit oder Freiwilligkeit ergibt sich dann aus der Art, wie es sich durch sein eigenes Recht nach außen hin darstellt. Eine von einem anderen Standpunkt aus vorgenommene Klassifizierung ist rechtlich irrelevant. Deshalb ist es das objektive Recht, das über die Eigenschaft des Gebildes als „notwendig" oder „freiwillig" entscheidet und nicht etwa umgekehrt. Auch die „freiwilligen" Gebilde sind daher Systeme objektiven Rechts, sind Institutionen, sind Organisationen in dem von uns diesen synonymen Ausdrücken beigelegten Bedeutungen[94a].

[94a] [Die nach Veröffentlichung dieser Arbeit erschienene Literatur zu dem Problem, ob das Recht ausschließlich staatlichen Charakter habe, ist außerordentlich umfangreich, so daß eine auch nur summarische Zitierung und Beurteilung sehr schwierig wäre. Es ist deshalb notwendig, sich auf einige Hinweise zu beschränken.
Eine Reihe von Autoren halten weiterhin nur die Ordnung des Staates und die Ordnungen, die sich auf ihn gründen, für rechtlich, vgl. *Bonucci* (s. oben FN 30b); *Ferrara*, Trattato di diritto civile italiano, I, Roma 1921, Nr. 1; *Mastino*, Analisi critica delle più recenti teorie sul concetto e i caratteri della legge in senso materiale, Cagliari 1923, S. 187 ff., 210 ff.; *Costamagna*, La teoria delle istituzioni sociali, Archivio giuridico 1929 und in anderen Schriften; *Mazzoni*, L'ordinamento corporativo, Milano 1934, S. 29 ff.; *Perticone*, La théorie du droit, Paris 1938, S. 49 ff. und in anderen früheren Arbeiten; *Ranelletti*, Istituzioni di diritto pubblico, 9. Aufl., Padova 1942, S. 3; *Orestano*, Filosofia del diritto, Milano 1941, S. 233 ff.; *Scuto*, Istituzioni di diritto privato, 3. Aufl., Napoli 1941, I, Nr. 3; *M. Rotondi*, Istituzioni di diritto privato, Milano 1942, Nr. 6; *Barassi*, Istituzioni di diritto privato, Milano 1942, § 1. Einige dieser Autoren haben, soweit sie sich mit meiner Auffassung zu dem Problem befassen, diese ziemlich gründlich mißverstanden. Dazu möchte ich hier keine Stellung beziehen. Die These vom Staat als alleiniger Grundlage des Rechts wird auch von einigen anderen Autoren vertreten, die jedoch dem Begriff „Staat" einen derart weiten Inhalt geben, daß jedes mit Autonomie ausgestattetes Gebilde — also auch die Kirche — darunterfällt. So beispielsweise *A. Volpicelli*, Santi Romano, in Nuovi Studii di diritto, economia e politica, II, 1929, S. 19 ff., der auch die Ordnung der Kirche (S. 352) und die internationale Ordnung (S. 355 ff.) als staatlich ansieht. In ähnlicher Weise behauptet *Kelsen*, Allgemeine Staatslehre, Berlin 1925, S. 133, daß, wenn „die Kirche Rechtsordnung ist, dann ist sie Staat"; auf diese Weise macht man aus dem Problem jedoch nur noch eine Frage der Terminologie, indem man dem Wort „Staat" eine andere (und darüber hinaus willkürliche) Bedeutung als die gewöhnliche zuweist. Vgl. hierzu die zutreffenden Bemerkungen von *Balladore Pallieri*, in Rivista di diritto internazionale, 1935, S. 47 und von *Checchini*, Introduzione dommatica al diritto ecclesiastico italiano, Padova 1937, S. 11, Fußnote. *Panunzio* (in Studi in onore di O. Ranelletti, Padova 1931, II, S. 183 f., und in Studi in onore di G. del Vecchio, Modena 1931, II, S. 179 ff.) möchte außerstaatliche Ordnungen anerkennen, was ihre Entstehung anbelangt, glaubt aber, daß sie, einmal entstanden, vom Staat abhängen; darüber hinaus sind für ihn auch die Familie, eine gens, eine Stadt, eine Zunft sowie die Gesellschaft der Staaten „Staat"! Zahlreich sind sodann die Auffassungen, die zwar außerstaatliche Ordnungen anerkennen, die jedoch dem Staat die Aufgabe zuweisen, dem Recht „Einheit" zu verleihen. So beispielsweise *Orlando*, Stato e diritto (s. oben FN 29b), §§ 1 und 2; *S. Lessona*, Istituzioni di diritto pubblico, 8. Aufl., Roma 1943, S. 1 ff. (wenn wir ihn richtig verstanden haben); *Carnelutti*, Metodologia del diritto, Padova 1939, S. 40, 67; Teoria generale del diritto, Roma 1940, S. 97 ff., §§ 56, 57. Andere wie *Rovelli*, Sulla statualità del diritto, in: Studi in onore di O. Ranelletti, II, Padova 1931, S. 211 ff. gehen von der Staatlichkeit des Rechts, auch des Völkerrechts, aus, geben jedoch zu, daß die Kirche eine Ausnahme von dieser Regel bilde (S. 226 ff.). Mittelmeinungen, die sich nicht ganz genau definieren lassen, vertreten u. a. *Grispigni*, Corso di diritto penale, I, Padova 1932, S. 138 ff., und *Chiarelli*, Lo Stato corporativo, Padova 1936, S. 139, 150 f. *Gueli* (s. oben FN 30a), S. 212 ff. erkennt als theoretische Möglichkeit die Vielfalt von Rechtsordnungen an, ist aber der Meinung, daß in einer bestimmten sozialen Umwelt rein tatsächlich wirkend nur eine einzige Ordnung bestehen könne, bei der es sich um die staatliche handle. Als Beispiel für einen Autor, der weiterhin der

II. Teil: Die Vielfalt der Rechtsordnungen § 32   111

§ 33

Wenn man die verschiedenen Beziehungen, die sich zwischen den einzelnen Rechtsordnungen entwickeln können, näher untersucht, bestätigen sich die dargestellten Prinzipien: eine solche Untersuchung wurde bisher von der Lehre noch nicht vorgenommen, auch nicht einmal andeutungsweise, mit Ausnahme lediglich der Beziehungen zwischen

---

Unterscheidung zwischen notwendigen und freiwilligen Gesellschaften anhängt, vgl. *del Giudice*, Istituzioni (s. oben FN 82a), S. 14: während er grundsätzlich alle seit Jahrhunderten bestehenden Ordnungen für rechtlich hält, soweit sie als eigene Institutionen im Gefühl der Völker anerkannt seien, sieht er doch in concreto allein die staatlichen Ordnungen, die Völkerrechtsordnung und die der Kirche als rechtlich an, auf Grund eines Kriteriums, das man, nach diesem Autor, als „notwendige Sozialität des Rechts" bezeichnen könnte.

Einen besonderen Hinweis verdienen diejenigen Autoren, die den philosophischen Ansatzpunkt vom rechtswissenschaftlichen trennen. Nach *Cammarata* (Contributo ad una critica gnoseologica della giurisprudenza, Roma 1925, S. 49 ff., 146 ff.; Il concetto del diritto e la pluralità degli ordinamenti giuridici, Catania 1926) kann das Problem vom rechtswissenschaftlichen Standpunkt aus sowohl im Sinne der Staatlichkeit als in dem der Nicht-Staatlichkeit des Rechts gelöst werden, während es vom philosophischen Standpunkt aus unlösbar sein soll. Die Meinung derjenigen *(Capograssi, Crisafulli)*, die sich unmittelbarer mit meiner Auffassung befassen, sie unter philosophischen Gesichtspunkten ablehnen, unter dogmatischen aber bejahen, haben wir bereits oben in der FN 69a erwähnt.

Wesentlich zahlreicher sind nunmehr diejenigen, die klar und eindeutig einen ausschließlich staatlichen Charakter der Rechtsordnungen ablehnen. Inzwischen kann man diese Meinung als die herrschende bezeichnen. Vgl. außer den oben FN 89 genannten Autoren und außer dem überwiegenden Teil der Völkerrechtler und Kirchenrechtler, von denen ein großer Teil bereits zitiert wurde, ferner: *A. Levi*, Filosofia del diritto e tecnicismo giuridico, Bologna 1920, S. 31; Saggi di teoria del diritto, Bologna 1924, S. 49 ff. (sowie bereits in Contributo — s. oben FN 83 — insbesondere § 24); *Maggiore*, L'aspetto pubblico e privato del diritto e la crisi dello Stato moderno, Rivista internazionale di filosofia del diritto, 1922, S. 111; Filosofia del diritto, Palermo 1921, S. 65, 161 ff.; Principii (s. oben FN 69a), Nr. 3 und 4; *F. Ruffini*, Corso di diritto ecclesiastico, I, Torino 1924, S. 164 ff.; *de Francisci*, Il trasferimento della proprietà, Padova 1924, S. 80; *Cesarini Sforza*, Il diritto dei privati (s. oben FN 29b), S. 4 und passim; Lezioni di teoria generale del diritto, Padova 1930, S. 83 ff.; La teoria degli ordinamenti giuridici e il diritto sportivo, in Foro italiano, 1933, I, S. 138 ff.; Ordinamenti giuridici, in Nuovo Digesto italiano, IX; *Longhi*, in Diritto del lavoro, 1927, S. 903; *del Vecchio*, Sulla statualità del diritto, Rivista internazionale di filosofia del diritto, 1929; Saggi intorno allo Stato, Roma 1935, S. 10 ff.; *Tedeschi*, Volontà privata autonoma, in Rivista internazionale di filosofia di diritto, 1929; *Calamandrei*, Regole (s. oben FN 29b), Nr. 2 und 3; *Esposito*, Lineamenti di una dottrina del diritto, Camerino 1930, Nr. 59 ff.; *Salemi*, in Diritto del lavoro, 1930, I, S. 244 ff.; Corso (s. oben FN 69a), S. 153 ff.; *d'Eufemia*, Le fonti del diritto corporativo, Napoli 1931, S. 24 ff.; *Paresce*, Diritto, norma, ordinamento, Rivista internazionale di filosofia del diritto, 1933, S. 14 ff., 21 ff.; *R. Ravà*, La teoria della pluralità degli ordinamenti giuridici e le associazioni sindacali riconosciute, Firenze 1933, S. 8; *Maiorca*, Il riconoscimento della personalità giuridica degli enti privati, Palermo 1934, S. 29 ff.; *Caristia*, Corso di istituzioni di diritto pubblico, 3. Aufl., Catania 1935, Nr. 4; *Monaco*, in Dizionario del diritto privato, Stichwort ordinamento

Völkerrecht und staatlichem Recht[94b]. Von unserem Ausgangspunkt her wäre es notwendig, diese Feststellungen zu *verallgemeinern* und zu versuchen, ein Schema für alle denkbaren Beziehungen zwischen allen Rechtsordnungen zu entwerfen, oder zumindest zwischen jenen, die in besonderem Maße die Aufmerksamkeit des Juristen auf sich lenken. Eine solche Untersuchung würde außerordentlich detaillierte Ausführungen erforderlich machen und kann hier daher nur in recht bescheidenem Umfang unternommen werden, insoweit, als dadurch unsere Definition der Rechtsordnung verdeutlicht werden könnte: wir haben uns daher auf einen kurzen summarischen Abriß zu beschränken.

Dabei ist es wichtig, die grundlegenden Charakteristika der Institutionen, die miteinander in Berührung kommen können, nicht zu vernachlässigen. Und da die Zahl dieser Charakteristika praktisch unbegrenzt ist, und es hier nicht auf eine vollständige Klassifikation ankommt, wollen wir unsere Aufgabe hier darauf beschränken, die Figuren, die für unsere Zwecke am wichtigsten erscheinen, hervorzuheben. Einige wurden bereits erwähnt (vgl. insbesondere § 12); aus den bereits erwähnten und verschiedenen anderen ergeben sich die folgenden Unterscheidungen:

1. Zuerst einmal gibt es „originäre" Institutionen — es sind jene, in denen sich eine nicht von anderen Institutionen gesetzte Rechtsordnung

---

giuridico (IV, S. 518); *Crisafulli*, Sulla teoria della norma giuridica, Roma 1935, S. 69 ff.; *Sinagra*, Principii del nuovo diritto costituzionale italiano, Napoli 1935, S. 18 ff.; *Betti*, Istituzioni di diritto romano, 2. Aufl., I, Padova 1943, S. 5 ff., §§ 3 und 4; La creazione del diritto nella jurisdictio del pretore romano, in Studi in onore di G. Chiovenda, I, S. 167 ff.; *Invrea*, La parte generale del diritto, Padova 1935, Nr. 159; *Capograssi*, Alcune osservazioni sulla molteplicità degli ordinamenti giuridici, Sassari 1936, S. 7 ff.; Note — wie oben FN 30b —; Il problema della scienza giuridica, Roma 1937, S. 2 ff.; *Zanobini*, Corso di diritto ecclesiastico, 4. Aufl., Pisa 1936, S. 39; Corso di diritto corporativo, 6. Aufl., S. 38; *Crosa*, Diritto costituzionale, 2. Aufl., Torino 1941, S. 2; *V. Arangio Ruiz*, Istituzioni di diritto romano, 7. Aufl., Napoli 1943, S. 17, FN 1; *A. Ravà*, Istituzioni di diritto privato, Nr. 9; *Pergolesi*, Istituzioni di diritto corporativo, 3. Aufl., Bologna 1938, Nr. 52; *L. R. Levi*, Sull'approvazione degli statuti degli enti pubblici, Rivista di diritto pubblico, 1938, S. 298; *Checchini*, Dal comune di Roma al comune moderno, Cagliari 1921, S. 128 ff.; Introduzione (s. oben FN 82a), S. 10 ff.; *Perassi*, Introduzione alle scienze giuridiche, Roma 1938; *Biscaretti di Ruffia*, Contributo alla teoria giuridica della formazione degli Stati, Milano 1938, S. 11 FN 11; Sulla esistenza — wie oben FN 45b; Lo Stato democratico moderno, Milano 1946, § 10; *C. Schmitt* — wie oben FN 45b; *Piccardi* — wie oben FN 69a; *Messineo*, Manuale (s. oben FN 30b), § 4; *G. Fragapane*, Lo Stato di diritto, Milano 1944, S. 54 ff.; Il sistema gradualistico delle fonti normative, Milano 1944, S. 22 ff.; *G. Miele*, Principii di diritto amministrativo, I, Pisa 1945, § 1 sowie in anderen früheren Arbeiten.]

[94b] [In jüngerer Zeit haben sich solche Untersuchungen auf das Verhältnis zwischen staatlichem Recht und kirchlichem Recht ausgedehnt: vgl. dazu u. a. die bereits zitierten Schriften von *Jemolo, del Giudice, Checchini, d'Avack, Ciprotti, Cassola, de Luca*. Bei diesen Autoren weitere bibliografische Hinweise.]

konkretisiert, sie ist daher, auf ihren Ursprung bezogen, unabhängig. Daneben gibt es auch abgeleitete Institutionen, deren Ordnung von einer anderen Institution aufgestellt wurde, die auf diese Weise ihre Überordnung über sie zum Ausdruck bringt. Eine Zwischenform bilden diejenigen Institutionen, deren Ordnung teils originär und teils abgeleitet ist. Die Staaten können daher der ersten oder dritten Ordnung angehören, da sie durch eine wenigstens teilweise Unabhängigkeit charakterisiert sind[94c], während beispielsweise die Gemeinden stets im obigen Sinne „abgeleitete" Institutionen sind[95].

2. Sodann sind die Institutionen, die bestimmte, also beschränkte, Zwecke verfolgen, von denjenigen zu unterscheiden, die sich allgemeine und daher potentiell unbegrenzte Ziele gesetzt haben. Diese Unterscheidung gewinnt gerade von unserem Standpunkt aus besonderes Interesse, da sie verschieden weitreichende Wirkungssphären der jeweiligen Rechtsordnung voraussetzt. Die erstere Gruppe von Institutionen betrifft nur eine oder einige bestimmte Seiten des menschlichen Lebens (z. B. die religiöse, wirtschaftliche, etc.). Diese Institutionen verlangen damit eine insoweit positiv abgegrenzte Abhängigkeit ihrer Mitglieder. Die zweite Gruppe, wie beispielsweise der Staat, kann in ihren Beziehungen zu anderen sozialen Gebilden ihre weitergehende Herrschaftsmacht über ihre Mitglieder zum Ausdruck bringen. Dabei muß man sich jedoch vor der verbreiteten Auffassung hüten, daß die staatliche Rechtsordnung alle Ausdrucksformen des individuellen Lebens beinhalten könne, soweit sie nicht von Natur aus außerhalb des rechtlich erfaßbaren Bereichs lägen. Auch unter diesem Gesichtspunkt ist der Staat nämlich kein universales Gebilde, und wenn man von seinen allgemeinen Zielen spricht, so soll dies nur bedeuten, daß diese nicht im einzelnen positiv abgegrenzt sind, sondern stets potentiell erweitert werden können. In der geschichtlichen Wirklichkeit gibt und gab es jedoch nie einen Staat, der jede nur denkbare Lebensäußerung seiner Untertanen als Objekt seines Rechts angesehen hätte. Diese Tatsache darf bei der Lösung einiger bedeutsamer Probleme nicht übersehen werden (vgl. unten §§ 46 - 47).

[94c] [Ich bin nunmehr der Auffassung (vgl. meine Principii — oben FN 9 — Kap. VI, § 4, Nr. 4), daß die Ordnung der Staaten auch dann, wenn der einzelne Staat anderen Staaten untergeordnet ist (wie im Fall der Mitgliedstaaten eines Bundesstaates), stets und in vollem Umfang originär ist. Die Ordnung des höheren Staates bildet für den nachgeordneten Staat nicht die Quelle seiner Rechtsordnung, sondern nur eine Beschränkung, die im übrigen außerdem noch von dem nachgeordneten Staat in einer eigenen Norm anerkannt wird.]
[95] Vgl. meine Monographie Il comune, Parte generale, Nr. 25 ff., insbesondere Nr. 44 ff., im Trattato di diritto amministrativo, herausgegeben von *Orlando*, Band II.

3. Um den jeweiligen Wirkungsbereich der Rechtsordnungen im Falle ihres Zusammentreffens abzugrenzen, ist es sinnvoll, nicht nur die Ziele der Institutionen heranzuziehen, sondern auch die Elemente, aus denen sie bestehen. Diese Elemente können, wie oben in § 12, 2 dargelegt, ganz unterschiedlicher Art sein. Des weiteren ist hier noch anzumerken, daß eine Rechtsordnung gelegentlich nicht nur innerhalb des von ihren konstitutiven Elementen her bestimmten Rahmens Bedeutung hat, sondern auch nach außen hin Wirkungen entfalten kann. Dies gilt für Institutionen, deren Adressaten oder Leistungsempfänger außerhalb ihrer selbst stehen, oder für einen Staat, der seine Befugnisse auf Ausländer oder auf fremdes Staatsgebiet ausdehnt.

4. Von Wichtigkeit ist ferner ein erneuter (vgl. oben § 12, 3) Hinweis auf die Unterscheidung zwischen einfachen und zusammengesetzten Institutionen (also Institutionen von Institutionen). In letzterem Falle liegt zumeist eine übergeordnete Institution vor, in die eine oder mehrere andere Institutionen eingegliedert sind. Solche Subordination kann graduell ganz verschieden sein. Es kann sich um von der Hauptinstitution abgeleitete Institutionen handeln oder um teilweise originäre oder sogar hinsichtlich ihrer eigenen inneren Ordnung um völlig originäre Institutionen, die nur in einer ganz bestimmten Hinsicht von der höheren Institution abhängen, indem sie bestimmte Rechte oder Pflichten ihr gegenüber haben. Sie können diese Rechte oder Pflichten auch anderen, außenstehenden Institutionen gegenüber haben, wie beispielsweise die Staaten im Verhältnis zur internationalen Gemeinschaft. So nähert sich die Unterscheidung zwischen einfachen und komplexen Institutionen jener zwischen originären und abgeleiteten — ist mit ihr jedoch nicht identisch. Dabei darf man nicht nur die Unterordnung der kleineren Institutionen gegenüber der größeren, sie umfassenden, berücksichtigen, sondern auch die Stellung der komplexeren Institution selbst, denn diese setzt ihrerseits die Existenz jener anderen, und damit deren Ordnung, voraus. So setzt beispielsweise die internationale Gemeinschaft die einzelnen sie bildenden Staaten voraus (in welchem Sinne sie dies tut, werden wir in § 37 sehen).

5. In ähnlicher Weise kann man (§ 12, 3) die vollkommenen Institutionen — die stets originär sind und entweder einfach oder zusammengesetzt sein können — von den unvollkommenen unterscheiden, die sich an andere anlehnen. Dabei kann es sich um Überordnung, Gleich- oder Unterordnung handeln. Die unvollkommenen Institutionen sind zumeist abgeleitete, können jedoch auch ursprüngliche sein, wenn sie nicht völlig untergeordnet sind. Sodann gibt es, wie schon mehrfach betont, einander antithetische Institutionen, die also in mehr oder weniger offenem Gegensatz untereinander stehen.

II. Teil: Die Vielfalt der Rechtsordnungen § 34

6. Schließlich kann für unsere Zwecke eine gewisse Bedeutung auch noch der Eigenschaft als juristische Person zukommen. Sofern eine Institution juristische Person ist, hat sie eigene Befugnisse, der ihre Mitglieder (bei denen es sich auch um andere Institutionen handeln kann) unterworfen sind. Die Eigenschaft als juristische Person stellt in diesem Falle den Kernpunkt ihrer jeweiligen Organisation dar. In den Institutionen ohne diese Eigenschaft und somit ohne diese Befugnis sind die Mitglieder entweder gleichberechtigt (wie, in der Regel, in der internationalen Gemeinschaft), oder einzelne bestimmte Mitglieder üben eine gewisse Oberhoheit aus.

7. Zum Abschluß des bisher Gesagten ist festzuhalten, daß es Institutionen gibt, die voneinander unabhängig sind; daß es solche gibt, deren eine ihre Unabhängigkeit gegenüber der anderen zum Ausdruck bringt, während die andere sich von ihr als abhängig ansieht; daß es Institutionen gibt, die ihre gegenseitigen Beziehungen auf dem Prinzip der Gleichberechtigung aufbauen, und daß es schließlich andere gibt, die im Verhältnis der Über- und Unterordnung stehen.

§ 34

Die Frage nach den Beziehungen zwischen den verschiedenen Rechtsordnungen ist notwendigerweise in der Frage nach der Relevanz einer Rechtsordnung für eine andere mitenthalten. Wenn eine Rechtsordnung für eine andere irrelevant ist, dann bedeutet dies offenbar, daß es zwischen ihnen keine Beziehungen gibt. Für unsere Zwecke wird daher die Untersuchung der entgegengesetzten Hypothese ausreichen, daß nämlich einer (oder mehreren) Ordnung Relevanz für andere Ordnungen zukommt. Mit der Untersuchung dieser Hypothese ist dann auch die zuerst gestellte umgekehrte Frage beantwortet, indem dort die hier festzustellenden Charakteristika fehlen.

Was hat man unter „rechtlicher Relevanz" zu verstehen? Sie ist nicht zu verwechseln mit der rein tatsächlichen Relevanz, die eine Ordnung für eine andere haben kann. Ebenso ist sie nicht zu verwechseln mit einem rein äußerlich einheitlichen Erscheinungsbild mehrerer Ordnungen. Etwas derartiges kann durchaus ungewollt sein oder zum Beispiel durch politische, vom Anstand, oder augenblicklichen Nutzen gebotene Umstände bewirkt werden. An sich kann es keinem Zweifel begegnen, daß eine Unterscheidung zwischen rechtlicher und bloß tatsächlicher Relevanz erforderlich ist. Aber es ist nicht immer einfach, sie durchzuhalten und in ihrer rechten Bedeutung zu verstehen. Hier wollen wir uns mit einem allgemeinen Hinweis begnügen. Auf eine kurze Formel gebracht, läßt sich unsere Auffassung dahingehend zusammenfassen, daß rechtliche Relevanz dann vorliegt, wenn entweder die *Existenz* oder der *Inhalt* oder die *Wirksamkeit* einer Ordnung durch eine andere Ordnung bedingt ist, und zwar infolge eines *rechtlichen Grundes*[95a].

§ 35

Zuerst einmal wollen wir diesen „rechtlichen Grund" untersuchen, der — nach den Umständen — ganz verschiedener Art sein kann.

[95a] [Daß eine Ordnung in ihrer Eigenschaft als Rechtsordnung für eine andere relevant sein könne, hat man für die originären Ordnungen bestritten. Man hat diese Meinung damit begründet, daß diese originären Ordnungen von Natur aus, aus sich selbst heraus betrachtet, Ausschließlichkeitscharakter hätten. Diese Meinung wurde zuerst von *Kelsen* vertreten (Das Problem der Souveränität, Tübingen 1920, S. 97, 105 ff.; Allgemeine Staatslehre, Berlin 1925, S. 102 ff.; Les rapports de système entre le droit interne et le droit international public, Recueil des Cours de La Haye, 1926, IV, S. 263 ff.) und wurde dann in verschiedenem Umfang von einer Reihe von Autoren übernommen. Da diese jedoch *Kelsens* Grundauffassungen ablehnen, führt diese Übernahme zu erheblichen Widersprüchen. Vgl. beispielsweise *Ago*, Teoria del diritto internazionale privato, Padova 1934, S. 106; *Balladore Pallieri*, Le dottrine di H. Kelsen e il problema dei rapporti fra diritto interno e diritto internazionale, Rivista di diritto internazionale, 1935, S. 30 ff. des Sonderdrucks; Diritto internazionale pubblico, 3. Aufl., S. 53 ff.; *Checchini* (s. oben FN 82a), S. 72; *Morelli*, Nozioni di diritto internazionale, Padova 1943, S. 74, Nr. 56, jeweils mit weiteren Nachweisen. Vgl. zu diesem Problem auch *Piccardi* (s. oben FN 69a), § 12 ff., S. 182 ff. Daß in einer bestimmten originären Ordnung die Normen einer zweiten Ordnung nur auf Grund von Normen der ersteren Bedeutung haben können, ist richtig, doch ist unserer Meinung nach die umgekehrte Schlußfolgerung daraus, daß jede Ordnung nur ihre eigenen Normen als rechtlich ansieht und alle anderen Normen als irrelevant, unzutreffend. Eine solche Meinung steht im Widerspruch zur Wirklichkeit. Das Prinzip, daß jede originäre Ordnung „exklusiv" ist, muß man in dem Sinne verstehen, daß sie jeder anderen Ordnung rechtliche Bedeutung absprechen *kann*, nicht aber, daß sie dies *notwendigerweise* tun *muß*. Woraus sollte sich eine solche Notwendigkeit, und demgemäß eine derartige Einschränkung ergeben, die bereits wieder in Widerspruch zu der Grundeigenschaft der originären Ordnungen stehen müßte, nämlich daß sie selbst souverän sind und nur die jeweils von ihnen selbst gesetzten Grenzen anzuerkennen brauchen? Vgl. dazu meinen Corso di diritto internazionale, 4. Aufl., Padova 1939, S. 51 und meine Principii (s. oben FN 9), Kap. VI, § 2, Nr. 3 und Kap. VII, § 6, Nr. 11. Mit anderen Worten: eine Ordnung kann eine andere ignorieren oder ablehnen; sie kann auf sie genausogut auch Rücksicht nehmen und ihr dabei eine andere Bedeutung zuweisen, als es diese Ordnung für sich selbst tut, kann sie also auch als schlichtes Faktum betrachten. Warum sollte sie sie dann nicht etwa auch als Rechtsordnung akzeptieren können, entweder in vollem Umfang oder mit den ihr vernünftig erscheinenden Einschränkungen? Dabei wird es durchaus auch vorkommen können, daß sie die fremde Ordnung in einer besonderen Bedeutung für sich selbst anerkennt, in einer Bedeutung, die die fremde Ordnung sich selbst nicht verleiht: beispielsweise, wenn eine Ordnung, die sich selbst für originär ansieht, von einer anderen als abgeleitete betrachtet wird. Diese letztere Feststellung ist unserer Auffassung nach im Bereich des internationalen Privatrechts von Wichtigkeit.]

a) Wir haben bereits festgestellt, daß sich von zwei Ordnungen die eine in einem Status der Unterordnung gegenüber der anderen, ihr übergeordneten, befinden kann. Dies ist dann der Fall, wenn eine Institution in einer anderen mitenthalten ist und für diese mit-konstitutiv ist. Die eine Ordnung wird dabei in gewissem Sinn von der umfassenderen anderen mit umschlossen. Gleiches gilt, wenn beide Institutionen Teile einer dritten Institution sind, die die eine von ihnen über die andere stellt. Diese Überordnung und die ihr entsprechende Unterordnung haben, wie bereits bemerkt, nicht stets den gleichen Umfang und die gleichen Auswirkungen. Manchmal bestimmt die höhere Ordnung sogar die Existenz und Gültigkeitsvoraussetzungen der niedrigeren. Ein Beispiel hierfür ist der Staat, der in weitgehendem Umfang die von ihm abhängigen öffentlichen und privaten Organisationen, Gruppen, Körperschaften, etc. beherrscht. In anderen Fällen kann diese Herrschaftsmacht enger umgrenzt sein. So steht etwa das Völkerrecht oberhalb des staatlichen Rechts, kann es aber weder beseitigen noch für ungültig erklären. Sicher aber ist, daß, wenn zwei Ordnungen in einem derartigen Verhältnis zueinander stehen, diese Stellung selbst ein rechtlicher Grund für die jeweils graduell und wirkungsmäßig verschiedene Relevanz der einen Ordnung im Verhältnis zur anderen ist.

b) Eine Institution kann ferner die *Voraussetzung* für eine andere — eine komplexere — Institution bilden. Dies auch dann, wenn sie ihr in der Folgezeit untergeordnet bleibt. So bilden etwa die einzelnen Staaten eine Voraussetzung der internationalen Gemeinschaft. Das bedeutet auch, daß das Völkerrecht das staatliche Recht voraussetzt, ebenso wie das Recht eines Bundesstaates das seiner Mitgliedsstaaten voraussetzt. Man wird dabei zu unterscheiden haben zwischen einer notwendigen, wesentlichen Voraussetzung — ohne die die andere Ordnung entfällt — und einer Voraussetzung, die lediglich für den Inhalt oder für andere Eigenschaften der anderen Ordnung Bedeutung hat.

c) Eine weitere denkbare Gestaltung ist die, daß zwei oder mehr Ordnungen zwar direkt voneinander unabhängig sind, aber gemeinsam von einer über ihnen allen stehenden Ordnung abhängen. Auf diese Weise kann sich doch wieder — auf dem Umweg über jene — eine wechselseitige Abhängigkeit ergeben. Dafür gibt es im Völkerrecht, das zu gleicher Zeit über mehreren Staaten steht, eine Reihe sehr interessanter Beispiele.

d) Schließlich ist auch noch der Fall denkbar, daß eine Ordnung den einen oder anderen Teil ihres Inhalts oder ihrer Wirksamkeit einer anderen Ordnung aus freien Stücken unterordnet. So ist jene zwar von dieser rein tatsächlich unabhängig, diese wird aber für sie relevant. Es handelt sich somit um eine einseitige Relevanz, die diese Eigenschaft auch dann nicht verliert, wenn die andere Ordnung nunmehr auch ihrerseits Beziehungen zur ersteren aufnimmt. Natürlich ist es dann keine einseitige Relevanz mehr, wenn die andere Ordnung dies nur auf Grund einer Verpflichtung gegenüber einer dritten Institution tut, die ihrerseits über den beiden Ordnungen steht. Als Beispiel für eine solche einseitige Relevanz sei das sogenannte internationale Privatrecht angeführt. In ihm — anders, wenn es sich um mehr oder weniger echtes überstaatliches Recht handelt — gesteht ein Staat in seiner Ordnung den Ordnungen fremder Staaten einen gewissen Raum zu. Weiter unten werden wir sehen, in welchem Sinn und in welcher Haltung dies geschehen kann.

e) Schließlich kann eine Ordnung auch noch deshalb für eine andere relevant sein, weil sie in jener aufgegangen ist und als eigenständige zu existieren aufgehört hat. Sie bestimmt dabei jedoch noch die Struktur jener Ordnung, in die sie eingeflossen ist. Dieses Verhältnis zwischen zwei Ordnungen, das man als Nachfolgeverhältnis bezeichnen könnte, führt zu außerordentlich schwierigen Problemen. Sie sind oft derartig kompliziert, daß die neuere Lehre deshalb den Ausweg vorgezogen hat, ihre Existenz zu bestreiten, indem sie die rechtliche Relevanz eines solchen Nachfolgeverhältnisses überhaupt leugnete.

§ 36

Nachdem wir nunmehr die Gründe für die Relevanz einer Ordnung für eine andere gesehen haben, können wir nunmehr die Art und Weise, in der sich diese Relevanz äußert, untersuchen. Sie kann, wie oben erwähnt, die *Existenz*, den *Inhalt* oder die *Wirksamkeit* der jeweiligen Ordnung betreffen.

Die Existenz einer Ordnung hängt nur in zwei — bereits genannten — Fällen von einer anderen ab: einmal, wenn eine Ordnung einer anderen untergeordnet ist, und ferner, wenn sie eine notwendige Voraussetzung für die andere ist.

a) Der erste Fall liegt nicht schon bei jeder Form von Über- und Unterordnung vor, sondern nur dann, wenn die übergeordnete Institution die andere vollständig beherrscht. Diese Beherrschung gewinnt besonderes Profil, wenn sie nicht nur die beherrschte Institution als solche betrifft, sondern auch deren einzelne Elemente, in dem Sinne, daß es sich dabei um beiden Institutionen gemeinsame Elemente handelt. Als Beispiel seien Bevölkerung und Gebiet einer Gemeinde genannt, die gleichzeitig auch Bevölkerung und Gebiet des Staates sind. Aber auch wenn es an einer solch engen Verflechtung fehlt, kann eine Ordnung in ihrer Existenz von einer anderen dann abhängen, wenn sie selbst nicht originär ist, sondern auf jener beruht und jener wie einem Richter unterworfen ist.

In diesem Falle sind zwei Hypothesen denkbar. Entweder bestimmt die höhere Ordnung selbst und unmittelbar die niedrigere und bildet deren unmittelbare Quelle, oder sie verleiht ihr die Befugnis, sich selbst ihre eigene Ordnung zu schaffen. Dies ist die sogenannte Autonomie, in einer der verschiedenen Bedeutungen dieses Wortes. Aber auch in diesem Falle handelt es sich stets um eine genau umschriebene und abgegrenzte, vor allem aber bedingte Autonomie. Manchmal sind nämlich die wesentlichen Prinzipien — jene, auf denen die Existenz der Institution beruht — von der höheren Institution gesetzt, dergestalt, daß die andere ihre Ordnung nur noch in einigen unwesentlichen Nebenpunkten selbst bestimmen kann. Die Bedingungen für die Gültigkeit der niedrigeren Ordnung werden auf jeden Fall von der höheren bestimmt.

Bezeichnende Beispiele hierfür finden sich in denjenigen öffentlichen und privaten Institutionen, die vollständig dem Staat unterworfen sind. Dieser ist es, der etwa den Gemeinden Existenz verleiht. Vor der Entstehung des Staates können die Gemeinden geographische Aggregate oder sonst irgendwelche Institutionen sein, aber jedenfalls nicht staatliche, wie sie es heute sind. Der Staat ist es, der ihre Ordnung fast bis ins letzte bestimmt, und er ist kraft seiner Gesetzesgewalt die unmittelbare Quelle dieser Ordnung. Im heutigen Recht ist daher die Autonomie der Gemeinden keineswegs originär, sondern vom Staat verliehen; sie kann deshalb nur innerhalb bestimmter Grenzen und unter bestimmten Bedingungen ausgeübt werden. Eine kommunale Satzung oder Verordnung, die den ihr zugewiesenen Regelungsbereich überschreitet, wird vom Staat ohne weiteres annulliert und kann keine Wirkung entfalten. In anderen Fällen schafft der Staat die Institution nicht seinerseits, sondern gestattet, daß sie durch die Tätigkeit Dritter zum Entstehen gebracht wird. Dies gilt beispielsweise für wohltätige Organisationen, die häufig privaten Ursprungs sind. Der Staat aber ist es, der auch hier stets die Grenzen der Wirksamkeit solcher Gründungen bestimmt und der dann später den Umfang der Autonomie dieser Organisationen festlegt. Er stellt Normen darüber auf und macht die Existenz der Organisation von ihrer Einhaltung abhängig. Gleiches wäre auch für die sogenannte Privatautonomie zu sagen, wenn man — hypothetisch — einmal davon ausgehen wollte, daß sie die Grundlage für die Schaffung objektiven Rechts sein könnte.

Wie man sieht, liegen in allen diesen Fällen Rechtsordnungen vor, die vollständig von der des Staates abhängen, weil sie im Grunde genommen Teil der staatlichen Ordnung sind. Entweder sind sie bereits deren integrierender Bestandteil — wie im Falle öffentlicher

Institutionen — oder sie sind Verzweigungen der staatlichen Ordnung, die lediglich mehr oder weniger weit von diesem ursprünglichen Stamm entfernt sind — wie im Falle privater Institutionen. Diese Ordnungen üben ihre Gewalt über die gleichen Personen und Sachen aus, über die auch der Staat seine höherrangige Gewalt ausübt. Dies bedeutet nicht nur, daß der Staat den einzelnen Institutionen die ihnen von ihm verliehene Autonomie wieder nehmen kann, sondern auch, daß er sich direkt an die Mitglieder jener Institutionen wenden kann. Sie sind nämlich auch seine Mitglieder, und auf diese Weise kann der Staat die inneren Befugnisse der Institution ohne weiteres neutralisieren, wenn sie entgegen seinen Vorstellungen ausgeübt werden sollten. Mit anderen Worten: vom Staat abhängig ist die Existenz seiner eigenen Rechtsordnung, genauso aber auch die Existenz fremder Rechtsordnungen, soweit sie konkrete Ausformungen der staatlichen Ordnung sind.

Rein tatsächlich kann es auch geschehen, daß eine Ordnung, die ursprünglich einer anderen (z. B. der des Staates) untergeordnet war, in sich selbst die Kraft findet, weiterzuexistieren, wenn jene höhere versucht, sie für nichtig zu erklären. Wenn dies geschieht, dann wandelt sich eine solche Institution. Sie nimmt den Charakter einer nicht nur getrennten, sondern antithetischen Ordnung im Verhältnis zu jener, die sie nicht mehr anerkennt, an. Damit fällt sie in eine andere, unten zu erörternde Kategorie.

Sodann kann es zwischen zwei Ordnungen ein Über- und Unterordnungsverhältnis geben, das nicht so weit reicht wie das bisher behandelte. So sind beispielsweise die Mitgliedstaaten eines Bundesstaates — unter der von uns für richtig gehaltenen Annahme, daß es sich bei ihnen um echte Staaten handelt — von diesem abhängig. Ihre autonome Gewalt als solche ist von ihm jedoch nicht abhängig. Freilich gilt diese Behauptung auch nur in gewissen Grenzen, die man in abstracto jedoch als sehr eng ansetzen kann. Ihre autonome Gewalt ist also vom Oberstaat insoweit nicht abhängig, als sie originären Charakter hat. Obwohl also der Bundesstaat im Verhältnis zu den Mitgliedsstaaten souverän ist, obwohl deren Untertanen zugleich auch Untertanen des ersteren sind, gibt es gleichwohl stets irgendeinen bestimmten Punkt, in dem es an einer absoluten und vollständigen Unterordnung fehlt. Eben dieser Punkt ist es, der die vollständige Verschmelzung beider zu einem Einheitsstaat verhindert. Kann man gleichwohl annehmen, daß der Bundesstaat die Existenz eines seiner Mitgliedsstaaten zu annullieren in der Lage wäre? Diese Frage ist bekanntlich in äußerst umfassender Weise für das Deutsche Reich erörtert worden[95b]; und wenn die herrschende

---

[95b] [Selbstverständlich beziehen sich die Ausführungen im Text auf das z. Zt. der Abfassung geltende Recht und auf den damaligen Stand der Lehre.]

II. Teil: Die Vielfalt der Rechtsordnungen § 36

Meinung dazu neigt, die Frage zu verneinen, gibt es doch eine Reihe von Stimmen, die sie bejahen. Sicherlich kann die Gültigkeit der Ordnung eines Mitgliedsstaates von Bedingungen abhängen, die der Oberstaat aufgestellt hat, und sie kann von dessen Organen in ihrem nichtoriginären Bereich geleugnet werden[95c]. Anders und schwieriger wäre eine solche Annahme der vollständigen Unterordnung, bezogen auf die Existenz des Mitgliedsstaates (also auf die Existenz der Ordnung des Mitgliedsstaates) überhaupt. Dieser ist als Institution ja nicht nur tatsächlich, sondern auch rechtlich dem Bundesstaat selbst vorgängig und bildet eine Voraussetzung für ihn. Doch sind auch insoweit Fälle denkbar, in denen seine Existenz überhaupt in Frage gestellt werden kann. So kann beispielsweise die Verfassung des Bundesstaates ausdrücklich oder dem Sinn nach die Umwandlung des Bundesstaates in einen Einheitsstaat vorsehen und diese Umwandlung ausschließlich vom Bundesstaat selbst abhängig machen[96]. Unter diesen Umständen könnte man zwar weiterhin die Eigenschaft der Mitgliedsstaaten als echte Staaten bejahen, doch wäre diese ihre Eigenschaft nur noch von geringer Bedeutung und wäre es jedenfalls nicht mehr unbedingt.

Das Völkerrecht schließlich bietet uns das Beispiel einer über den einzelnen Staaten stehenden Ordnung, ohne daß die einzelnen Staaten von ihm in ihrer Existenz oder der Gültigkeit der einzelnen von ihnen gesetzten Akte abhängig wären. Aus diesem Prinzip folgt die sogenannte Trennung der beiden Rechtsordnungen, des Völkerrechts und des innerstaatlichen Rechts. Um es hier nicht zu Mißverständnissen oder übertrieben weit gehenden Anwendungsversuchen kommen zu lassen, darf man die reale Grundlage dieses Prinzips nicht außer acht lassen. Diese Grundlage besteht in den folgenden beiden Sätzen:

1. Das Völkerrecht weist dem einzelnen Staat keine Befugnis zu interner Autonomie zu. Die Befugnis des Staates (ob man sie nun „Autonomie" nennt, ist völlig unerheblich) seine eigene innere Ordnung festzulegen, hat daher im Verhältnis zum Völkerrecht originären Charakter, und zwar stets und generell. Im Verhältnis zum Recht des Oberstaates im Bundesstaat gilt dies dagegen nicht; insoweit ist diese Befugnis nur partiell originär[96a].

2. Das Völkerrecht wendet sich jeweils nur an den Staat als solchen, nicht an dessen Organe oder an dessen Untertanen (im Bundesstaat ist dies genau umgekehrt). Es hat daher nicht die Möglichkeit, im Verhält-

---

[95c] [Wie ich bereits in der FN 94c angemerkt habe, bin ich nunmehr der Auffassung, daß die Ordnung des Mitgliedsstaates eines Bundesstaates in vollem Umfang originär ist.]

[96] Nach *Laband*, Das Staatsrecht des deutschen Reiches, 5. Aufl., Tübingen 1911, I, § 13, S. 128 ff. würde dies für das Deutsche Reich gelten.

[96a] [s. FN 94c und 95c.]

nis zu diesen Organen oder zu den Untertanen die staatliche Ordnung zu beeinträchtigen, wenn sie im Widerspruch zu völkerrechtlichen Prinzipien oder Normen stehen sollte.

Aus dem ersten dieser beiden Sätze ergibt sich die Folgerung, daß Entstehung und Existenz eines Staates — also der staatlichen Rechtsordnung — vom Völkerrecht völlig unabhängig sind, daß sie außerhalb seines Inhalts stehen und stehen müssen. Aus dem zweiten Satz ergibt sich die Folgerung, daß es nicht zum Wirkungskreis des Völkerrechts gehört, den einzelnen Äußerungen der staatlichen Ordnung ihre Gültigkeit abzusprechen. Diese staatliche Ordnung verwirklicht sich in einer Sphäre, die der des Völkerrechts verschlossen ist.

Fassen wir nunmehr zusammen. Die Existenz einer Ordnung ist von einer anderen abhängig (den sogleich unter b) zu erörternden Fall noch außer acht gelassen, daß die eine Ordnung die Voraussetzung für die andere bildet), wenn sie sich in einem Status der Unterordnung befindet. Diese Unterordnung muß von beiden Ordnungen als solche angesehen und zum Ausdruck gebracht werden. Wenn eine solche Subordination lediglich von der höheren Ordnung gefordert, von der niedrigeren aber nicht anerkannt wird, dann kann es sein, daß die niedrigere Ordnung von der höheren zwar in bestimmter Hinsicht abhängt, z. B. im Hinblick auf ihre Wirksamkeit (vgl. unten § 42), nicht jedoch im Hinblick auf ihre Existenz als solche. Natürlich ist dadurch die Möglichkeit eines Kampfes zwischen beiden Ordnungen nicht ausgeschlossen, als deren Ergebnis die schwächere der beiden völlig untergehen kann. Unter solchen Umständen hängt aber die Existenz der einen Ordnung nur rein tatsächlich, nicht rechtlich, von der anderen ab. Mit solchen lediglich äußeren Umständen haben wir uns in dieser Untersuchung nicht zu befassen. Weiter gilt, daß die Subordination einer Ordnung eine notwendige Bedingung für die Abhängigkeit ihrer Existenz von einer anderen Ordnung sein kann. Eine ausreichende Bedingung dafür ist sie aber nur dann, wenn diese Abhängigkeit vollständig und absolut ist. Deutlicher gesagt: wenn alle Grenzen, auf die sie stößt, von der höheren Ordnung errichtet sind. Ist dies nicht der Fall, dann kann die niedrigere Ordnung ganz oder teilweise originär sein, und daher per definitionem von sich selbst — zumindest teilweise — gesetzt sein und nicht von der höheren Ordnung. Sie existiert daher insoweit aus eigener Kraft. Es kann aber auch die Konstellation vorliegen, daß eine im Hinblick auf ihr ursprüngliches Entstehen autonome Ordnung einer anderen insofern subordiniert ist, daß sie von ihr hinsichtlich ihres Weiterbestehens abhängt.

Ein Beispiel dafür können, wie erwähnt, die Mitgliedsstaaten eines Bundesstaates bilden, sofern der Oberstaat sie aufzuheben vermag. Der originäre Charakter einer Ordnung schließt es daher (anders ist es

II. Teil: Die Vielfalt der Rechtsordnungen § 37   123

bei abgeleitetem Charakter) in der Regel aus, daß ihre Existenz auf eine andere Ordnung bezogen ist. Diese Regel gilt absolut jedoch nur für den Entstehungszeitpunkt einer Ordnung. Sie kann für einen späteren Zeitpunkt — vor allem für die Frage des Weiterbestehens bzw. Untergangs — Ausnahmen erleiden. Schließlich hat man auch noch zu differenzieren zwischen der Existenz einer Ordnung überhaupt, und der Existenz einzelner ihrer Teile, also ihrer Elemente, oder bestimmter Gruppen ihrer Normen, oder dieser oder jener besonderen Ausprägung. Wenn sich die höhere Ordnung in der gleichen Sphäre wie die niedrigere entfaltet, wenn sie also beispielsweise die gleichen Untertanen, das gleiche Territorium etc. wie diese hat, dann kann sie, bei Vorliegen der obengenannten Voraussetzungen, die Existenz der niedrigeren Ordnung ganz oder teilweise für unwirksam erklären. Wenn die höhere Ordnung sich in einer anderen Sphäre verwirklicht, dann kann sie, falls sie es will und dazu in der Lage ist, die niedrigere Ordnung in toto beseitigen. Solange aber diese niedrigere Ordnung noch existiert, kann die höhere Ordnung deren Akte und Normen nicht unmittelbar für unwirksam erklären, da diese sich an Subjekte und Objekte wenden, denen gegenüber der höheren Ordnung keine eigenen Befugnisse zukommen, weil für sie diese Subjekte und Objekte fremd sind.

Eine breitere Darstellung dieser Prinzipien könnte man erst dann vorlegen, wenn man vorher eine Theorie der Quellen der Rechtsordnungen skizziert hätte. Das aber ist im Rahmen dieser Untersuchung nicht möglich, jedoch von mir geplant als Teil einer Untersuchung, die ich in Fortsetzung der vorliegenden Studie zu verfassen gedenke.

§ 37

b) Am Verhältnis der Ordnungen der einzelnen Staaten zum Völkerrecht und teilweise auch an den Beziehungen im Bundesstaat kann man die der bisher erörterten entgegengesetzte Hypothese darstellen, nämlich die, daß die Existenz der höheren Ordnung von der niedrigeren Ordnung abhängig ist. Natürlich handelt es sich hier um eine ganz andere Art von Abhängigkeit als die oben erörterte. Sie ist aber deshalb nicht — auch wenn sie bloß indirekter Natur ist — weniger effektiv und weniger wichtig. Sicherlich kann man die niedrigere Ordnung unter keinem Gesichtspunkt als Quelle der höheren bezeichnen, und es besteht auch keine irgendwie geartete Befugnis der ersteren über letztere. Die Beziehung, die wir hier meinen, läßt sich mit der Formel ausdrücken, daß die niedrigere Ordnung Voraussetzung der höheren ist. Im Bundesstaat ist das Recht der Einzelstaaten insoweit, als es originären Charakter hat[96b], Voraussetzung des Rechts des Oberstaates. Wenn alle Einzelstaaten untergingen, dann ginge auch der Oberstaat selbst unter, es sei denn, daß der Untergang der Mitgliedsstaaten den Anlaß für das Entstehen eines Einheitsstaates bilden würde, der sodann die Fortsetzung des ursprünglichen Bundesstaates wäre (der übrigens auch in diesem Falle umgewandelt wäre). Sodann bildet offensichtlich für das Völkerrecht das staatliche Recht die Voraussetzung. Dies ist eine Beziehung, die unserer Auffassung nach eine größere Aufmerksamkeit als bisher verdient.

Da der Staat nichts anderes ist als eine Rechtsordnung, erschöpft sich das Völkerrecht — insofern es die Beziehungen zwischen Staaten zum Inhalt hat — in Beziehungen zwischen staatlichen Rechtsordnungen. Diese Ordnungen sind für das Völkerrecht jedoch nicht relevant in ihren einzelnen Teilen, ihren jeweiligen Normen und Vorschriften, sondern nur in ihrer jeweiligen Einheit. Sie erscheinen sozusagen — um ein Beispiel aus der Mathematik zu gebrauchen — wie zwischen Klammern. Das Prinzip der sogenannten Trennung des innerstaatlichen Rechts vom Völkerrecht ist zutreffend, insofern das Völkerrecht nicht in diese Klammern hineinwirkt. Gleichwohl aber ist der komplexe Inhalt der Klammer eine seiner Voraussetzungen, und die staatlichen Ordnungen in ihrer Gesamtheit bilden eine Bedingung für die Existenz des Völkerrechts überhaupt. Weiterhin (und dies ist wichtiger) legt das Völkerrecht den Staaten Verpflichtungen auf und spricht ihnen Rechte zu. Pflichten und Rechte aber setzen Subjekte mit eigenem Willen voraus, wobei der die Regel bestätigende Ausnahmefall hier unberücksichtigt bleibt, daß nämlich der fehlende oder fehlerhafte Wille nichtrechtsfähiger Personen in bestimmtem Umfange durch den ihrer gesetzlichen Vertreter ersetzt wird. Daraus ergibt sich übrigens, daß im Falle von nicht schon von Natur aus bestehenden, sondern erst durch das Recht geschaffenen Personen, Organisationen, Gruppen etc., diese vom Recht her so organisiert sein müssen, daß man ihnen einen eigenen Willen zusprechen kann. Nun ist es aber nicht das Völkerrecht, das den Staat in der Weise organisiert, daß er seinen eigenen Willen durch bestimmte Organe formen und zum Ausdruck bringen kann. Dies tut vielmehr das staatliche Recht selbst. Es bildet somit eine Voraussetzung für das Völkerrecht, und zwar wohlgemerkt nicht nur rein tatsächlich, sondern auch rechtlich. Von diesem Blickwinkel aus sagt man allgemein, daß das Völkerrecht auf das staatliche Recht verweise für die Beantwortung der Frage, welches staatliche Organ völkerrechtlich den Willen des Staates ausdrücken könne. Dieser Ausdruck ist vielleicht nicht ganz scharf und kann zu Mißverständnissen führen. Die Figur der Verweisung einer Ordnung auf eine andere findet sich, genauer be-

---
[96b] [Vgl. FN 96a.]

trachtet, dann, wenn die eine Normen der anderen in sich aufnimmt und sie so zu eigenen macht (inhaltliche Verweisung), oder wenn sie festlegt, daß bestimmte Materien oder Rechtsverhältnisse außerhalb ihres eigenen Regelungsbereiches bleiben und einer anderen Ordnung überlassen werden sollen (formale Verweisung)[97]. Auch wenn man also zugibt, daß das Völkerrecht das als Willen des Staates ansieht, was von dessen nach innerstaatlichem Recht zuständigem Organ zum Ausdruck gebracht wurde, bedeutet dies offenbar jedoch noch nicht, daß es damit in einer der beiden genannten Formen auf das Verfassungsrecht verwiese. Eine inhaltliche Verweisung ist es nicht, weil die verfassungsrechtliche Norm, die die Kompetenz eines bestimmten Organs festlegt, eine Beziehung zwischen dem Staat und diesem Organ betrifft. Eine solche Norm kann daher nicht zu einem Bestandteil des Völkerrechts werden, weil das Völkerrecht nur Beziehungen zwischen Staaten betrifft. Aber auch um eine formale Verweisung handelt es sich nicht, denn diese Art der Verweisung setzt unserer Meinung nach die rechtliche Möglichkeit voraus, daß die Materie, für die durch Verweisung eine andere Ordnung herangezogen werden soll, auch von der verweisenden Ordnung selbst geregelt werden könnte. Durch die Verweisung würde sie auf die Regelung verzichten. An dieser Möglichkeit aber fehlt es in dem hier erörterten Fall, da es sich um eine Materie handelt, die notwendig in den Bereich des Verfassungsrechts fällt und die außerhalb des Völkerrechts steht. Die Norm des Verfassungsrechts lautet beispielsweise: „Der König ist befugt, völkerrechtliche Verträge abzuschließen." Im Völkerrecht dagegen lautet die Norm — wenn man von der am weitesten verbreiteten Lehre ausgeht — ganz anders: „Von seiten der anderen Staaten hat man als Wille eines Staates denjenigen anzusehen, der von seinem gemäß seinem innerstaatlichen Recht dazu kompetenten Organ zum Ausdruck gebracht wird." Der letzte Satz beinhaltet keine eigentliche Verweisung, auch nicht eine formale. Zu dieser Schlußfolgerung gelangt man auch dann, wenn man der anderen Meinung[98] folgt — auf eine Stellungnahme für oder gegen sie soll hier

---

[97] Vgl. u. a. *Triepel* (s. oben FN 38) S. 156 ff., 235 ff.; *Anzilotti* (s. oben FN 62) S. 179 ff. Wie wir oben im Text bereits kurz angedeutet haben, und ohne die Möglichkeit zu haben, diese Meinung hier breiter auszuführen, zweifeln wir daran, daß es zweckmäßig ist, die Rechtsfigur der Bezugnahme des innerstaatlichen Rechts auf das Völkerrecht bzw. umgekehrt auf die Rechtsfigur der Verweisung zurückzuführen. Es erscheint uns vielmehr richtiger, wenn man in diesen Fällen die eine Ordnung als Voraussetzung der anderen qualifiziert, und auf diese Weise den Begriff der Verweisung auf jene Ordnungen beschränkt, bei denen die Subjekte, die Objekte, und deshalb auch die Normen übereinstimmen können. [Vgl. meinen Corso — wie FN 95a — S. 47 ff., und meine Principii — wie oben FN 9 — Kap. VII, § 6, Nr. 12 und 13.]

[98] *Anzilotti*, Volontà e responsabilità nella stipulazione dei trattati internazionali, Rivista di diritto internazionale, V, 1910; Corso (s. oben FN 15), I, S. 124; [anders in den folgenden Auflagen; vgl. die deutsche Ausgabe (s. oben FN 15), S. 104, 275].

verzichtet werden —, wonach die völkerrechtliche Norm wie folgt lauten würde: „Von seiten der anderen Staaten ist als Wille des Staates derjenige anzusehen, der als solcher von seinem Oberhaupt, in Kriegszeiten von seinen militärischen Oberbefehlshabern, etc., zum Ausdruck gebracht wird." Auch unter Zugrundelegung dieser Auffassung beschränkt sich das Völkerrecht darauf, seinerseits die Organisation der einzelnen Staaten vorauszusetzen. Es selbst befaßt sich nicht mit dieser Organisation, auch nicht in dem Sinne, daß es erklärte, sich mit ihr nicht befassen zu wollen. Es berücksichtigt sie, nicht mehr und nicht weniger. Freilich bedeutet dies nun wiederum nicht, daß die staatliche Organisation für das Völkerrecht ein schlichter, rein tatsächlicher Umstand wäre, wie gelegentlich behauptet wurde[99]. Die staatliche Organisation ist etwas Rechtliches, also eine Ordnung, die als solche in ihrer Eigenschaft als „Rechtsordnung" relevant ist. Die gegenteilige Meinung geht von der altbekannten Auffassung aus, daß das Recht nichts anderes sei als eine Norm, die Rechtsbeziehungen betrifft und die den Subjekten dieser Beziehungen Rechte und Pflichten zuweist. Diese Auffassung haben wir bereits zu widerlegen versucht. Nehmen wir das Bild, dessen wir uns etwas weiter oben bedient haben, wieder auf: insoweit als das Völkerrecht den Staaten Rechte und Pflichten zuweist, erscheinen diese jeweils als Einheit. Zu dieser Einheit aber gelangt das Völkerrecht, indem es sozusagen mathematische Klammern gebraucht, mit denen einige für das Völkerrecht relevante Teile des innerstaatlichen Rechts zusammengefaßt werden. Es übt keinen Einfluß auf diese Teile aus, hat aber gleichwohl das Bedürfnis, sie für seine eigenen Zwecke gegenwärtig zu haben, in ihrer Eigenschaft als konstitutive Elemente jener Einheit, die die Personalität eines jeden Staates bildet. Man kann hierzu auch nicht sagen, daß die Voraussetzung einer Rechtsordnung deshalb, weil sie nur „Voraussetzung" ist, außerhalb von ihr bliebe; daß ihr deshalb kein rechtlicher, sondern nur vielleicht ein rein tatsächlicher Charakter zukäme. Es ist vielmehr so, daß eine Ordnung, die von einer anderen berücksichtigt wird, zu einem Wesenszug jener letzteren wird und daß sich aus diesem Wesenszug sodann eine Reihe von Charakteristika jener Ordnung ergeben. Sodann hat

---

[99] So *Marinoni* (s. oben FN 20), passim, und insbesondere S. 115 ff. In noch allgemeinerer Form behauptet *Marinoni* sogar (S. 162 ff.), daß „die Beziehung zwischen der innerstaatlichen Rechtsordnung und der internationalrechtlichen Ordnung nur außerrechtlich sein kann". Diese Auffassung geht wie immer von der Meinung aus, daß der Staat ein rein tatsächliches Gebilde sei, das erst durch Bezugnahme anderer Ordnungen für diese zu einem rechtlichen wird. Wir sagen statt dessen: der Staat kann niemals anders als rechtliches Gebilde aufgefaßt werden. Das schließt nicht aus, daß die rechtliche Bedeutung des Staates im Rahmen des Völkerrechts eine andere sein kann als die im Rahmen des innerstaatlichen Rechts. Jene letztere aber stellt zumindest eine Voraussetzung für die Stellung des Staates im Völkerrecht dar [vgl. auch FN 95a].

man auch darauf zu achten, in welcher Weise diese Ordnung berücksichtigt wird — und nichts steht der Tatsache entgegen, daß eine dritte Institution ihrerseits diese Ordnung als eigenständige ansieht.

Diese Überlegungen gelten für die Organisation des Staates nicht nur insoweit, als sie zur Bildung und Äußerung seines Willens im Bereich des Völkerrechts notwendig ist, sondern auch für zahlreiche andere Punkte[100]. Wer auf dieses Prinzip verzichten möchte, kann einige wesentliche Besonderheiten des Völkerrechts nicht vollständig verstehen. Die Frage beispielsweise, ob das Völkerrecht andere Subjekte als die Staaten kennt[100a], ob es einige Staaten als nicht völkerrechtsfähig ansieht und so fort — diese Fragen lassen sich nur dann befriedigend lösen, wenn man die innere Verfassung der Staaten berücksichtigt. Diese innere Verfassung ist es, auf die sich das Völkerrecht — teilweise — stützt, damit seine Normen beachtet werden. In denjenigen Fällen, in denen diese innere Verfassung des betreffenden Staates dazu nicht in der Lage ist, also die notwendigen Garantien nicht bieten kann, fehlt es an einem geeigneten Völkerrechtssubjekt. Das Völkerrecht kann sein — und ist — ein Recht zwischen Gleichgeordneten, über das andere Subjekte keine Herrschaftsmacht ausüben, weil bereits die innere Ordnung eines jeden anerkannten Staates implizit oder explizit die dazu erforderliche Fundamentalnorm enthält. Diese Fundamentalnorm gebietet den staatlichen Organen — zumindest im Regelfall —, das Völkerrecht zu achten und diejenigen Akte zu erlassen, die seine Respektierung durch die Untertanen des betreffenden Staates bewirken. Sicherlich hat das Völkerrecht keine unmittelbare Verbindlichkeit für die Organe und Bürger des Staates, doch setzt es gleichwohl eine bestimmte innerstaatliche „Norm" voraus. Nach dieser Norm soll sich der Staat im großen und ganzen — auch wenn nur in relativer und bedingter Form — so verhalten, daß seine Verpflichtungen gegenüber den anderen Mitgliedern der internationalen Gemeinschaft nicht in Frage gestellt werden. Wenn man daher sagt, daß die interne Rechtsordnung eines Staates dem Völkerrecht auch widersprechen kann, so bringt man damit eine vollkommen zutreffende Tatsache zum Ausdruck, die man jedoch richtig verstehen muß: die Divergenz kann den einen oder anderen Punkt betreffen, nicht möglich aber ist es, daß ein Staat Mitglied der vom Völkerrecht geregelten Gesellschaft der Staaten sein könnte, ohne so organisiert zu sein, daß er im großen und ganzen, also grund-

---

[100] s. bei *Triepel* (oben FN 38), S. 290 ff., und bei *Anzilotti* (s. oben FN 62), S. 59 ff. zahlreiche Beispiele von Normen innerstaatlichen Rechts als Voraussetzungen für das Völkerrecht.
[100a] [Nunmehr bin ich der Auffassung, daß die Staaten nicht die alleinigen Subjekte des Völkerrechts sind, vgl. meinen oben FN 95a zitierten Corso, S. 58 ff. Die hier im Text für die Staaten gemachten Bemerkungen lassen sich jedoch in gleicher Weise auch auf die übrigen Völkerrechtssubjekte beziehen.]

sätzlich, die Übereinstimmung seines Verhaltens mit den Regeln dieser Gesellschaft gewährleisten könnte. Daher ist es unter diesem Blickwinkel wirklich zutreffend, wenn man sagt, das Völkerrecht finde einen erheblichen Teil seiner Garantien im innerstaatlichen Recht. Sicherlich: wenn man unter Garantie eine Sanktion oder ein Zwangsmittel verstehen wollte, die in einer Norm zum Schutz einer anderen Norm bestehen müßten (vgl. § 8), dann kann eine solche Norm nur derselben rechtlichen Ordnung angehören wie die geschützte Norm. Wenn man unter Garantien aber auch die indirekten und relativen verstehen will, auf die eine Ordnung sich in bestimmter Weise stützen kann, dann ist es durchaus möglich, daß sich diese Garantien in der internen Struktur ihrer Subjekte finden lassen, also in deren Organisation und somit innerhalb der Voraussetzungen der (höheren) Ordnung (§ 18). Was das Völkerrecht anbelangt, so gründen sich nun nicht nur seine *Garantien* auf diese Voraussetzungen, sondern vielmehr seine Existenz überhaupt.

§ 38

Nunmehr sind die verschiedenen Fälle der *inhaltlichen* Relevanz einer Rechtsordnung für eine andere zu erörtern.

a) Auch hier besteht die erste zu erwähnende Fallgestaltung darin, daß eine Ordnung auf Grund ihrer Überlegenheit direkt oder indirekt den Inhalt einer anderen bestimmt. So übt beispielsweise der Staat seinen Einfluß auf die Ordnung der Gemeinden aus, entweder unmittelbar durch seine Gesetze, oder mittelbar durch Gewährung der Gemeindeautonomie. Insoweit setzt er lediglich die Bedingungen, von denen er die Wirksamkeit der gemeindlichen Willensäußerungen abhängig macht, wobei einige dieser so gesetzten Bedingungen den Inhalt der Ordnung betreffen, die die Gemeinden sich selbst geben.

Ähnlich liegen die Dinge im Falle der Privatautonomie — freilich stets vorausgesetzt, daß man sie überhaupt als Quelle objektiven Rechts bezeichnen will. Für den Inhalt dieses objektiven Rechts ist wiederum das staatliche Recht von Relevanz, da es seinerseits die Grundlage der Privatautonomie darstellt und sie in jeder Hinsicht bedingt.

Mit einem anderen Fall haben wir es zu tun, wenn es sich um eine zwar grundsätzlich, jedoch nur in bestimmtem Umfang übergeordnete Ordnung handelt. Dabei muß diese Beschränkung nicht nur auf bestimmten Eigenschaften dieser höheren Ordnung beruhen; die höhere Ordnung kann auch infolge einer eigenen und ursprünglichen Unabhängigkeit der niedrigeren Ordnung eingeschränkt sein. Dies ist hauptsächlich im Verhältnis zwischen staatlichem Recht und Völkerrecht der

Fall. So wie das Völkerrecht keinen Einfluß auf die Existenz des staatlichen Rechts und auf die Gültigkeit seiner verschiedenen Ausprägungen hat, genauso wenig kann es, in Anwendung eben dieses Grundgedankens, dessen Inhalt seinerseits unmittelbar bestimmen. Freilich kann es einen gewissen Einfluß auf das staatliche Recht ausüben, indem es dem Staat gebietet oder verbietet, einen bestimmten objektiven Rechstsatz zu erlassen. Doch bleibt es auf jeden Fall bei dem Prinzip, daß, wenn der Staat diesen völkerrechtlichen Verpflichtungen zuwiderhandelt, indem er seiner Ordnung einen völkerrechtswidrigen Inhalt gibt, er zwar eine völkerrechtliche Pflicht verletzt, seine eigene Ordnung, für sich selbst betrachtet, aber gleichwohl in vollem Umfang rechtmäßig ist und bleibt. Nur in diesem Sinn kann man daher die häufig gebrauchte Formulierung einer durch das Völkerrecht dem Staat direkt oder indirekt ge- oder verbotenen Gesetzgebung benutzen[101]. Man darf auch nicht vergessen, daß die vom Völkerrecht aufgestellte Pflicht, bestimmte Normen zu erlassen, nichts mit der eigenen Gesetzgebungsgewalt des Staates zu tun hat, die diesem ausschließlich kraft seines innerstaatlichen Rechts zusteht. Das Völkerrecht kann diese Gesetzgebungsgewalt nicht regeln[102], vielmehr handelt es sich um Rechte und Pflichten, die dem Staat gegenüber anderen Staaten obliegen und denen er mittels seiner eigenen Gesetzgebungsgewalt nachkommt. Anders ausgedrückt bedeutet dies, daß die internationale Ordnung auf den Inhalt der staatlichen Einfluß nehmen kann, jedoch nicht unmittelbar, ipso iure. Dies geschieht vielmehr in Ausübung eines subjektiven Rechts und in Beobachtung einer subjektiven Pflicht des Staates, die diesem aus dem Völkerrecht erwächst und gegenüber den anderen Staaten besteht. Letztlich ist es stets der Staat selbst, der den Inhalt seiner eigenen Ordnung bestimmt — das aber hindert nicht, daß das Völkerrecht auf diese Bestimmung einen Einfluß in dem hier dargestellten Sinne ausüben kann.

Das Völkerrecht kann also auf Grund seiner Struktur und seines Inhalts weder den Organen des Staates, noch — im allgemeinen —

---

[101] Vgl., mit geringfügigen Unterschieden im einzelnen, *Triepel* (s. oben FN 38), S. 253 ff.; *Anzilotti* (s. oben FN 62), S. 49 ff.; *Corso*, I, S. 33 ff., und deutsche Ausgabe, S. 42, beide vgl. oben FN 98; *Donati*, I trattati internazionali nel diritto costituzionale, Torino 1906, S. 347 ff.; *Marinoni* (s. oben FN 20), S. 151 ff.; *Ghirardini*, Il diritto processuale civile internazionale italiano, I, Spoleto 1914, S. 76 ff. [sowie zahlreiche Autoren in jüngerer Zeit: vgl. u. a. *Perassi*, Lezioni di diritto internazionale, Roma 1937 - 1938, I, S. 26 ff.; II, S. 14 ff.; *Romano*, Corso di diritto internazionale, 4. Aufl., Padova 1939, S. 50 ff.].

[102] Teilweise anders *Anzilotti*, Il diritto internazionale (s. oben FN 62), S. 184 ff.; *Corso* (s. oben FN 15), S. 37; [nunmehr (in der deutschen Ausgabe, s. oben FN 15, S. 43) ebenso wie hier im Text] a. A. *Donati* (s. oben FN 101) S. 290 ff.; Gli organi dello Stato e il diritto internazionale, Rivista di diritto pubblico, 1909, S. 454 ff. [und nunmehr auch *Ago* (s. oben FN 95a), S. 66; *Balladore Pallieri*, Diritto internazionale pubblico, 3. Aufl., S. 55 ff.].

dessen Untertanen Befehle erteilen. Aus dem Gesagten folgt daher, daß das Völkerrecht keinen integrierenden Bestandteil des innerstaatlichen Rechts bildet. Allein das innerstaatliche Recht stellt vielmehr die einzige Quelle jener Normen dar, die zur Gewährleistung auch des Völkerrechts erforderlich sind. Gleichwohl sind die sich aus dem Völkerrecht ergebenden Rechtsbeziehungen als für das innerstaatliche Recht relevant anzusehen — nicht im Sinne einer Rechtsquelle, sondern als Anstoß zur Anwendung von im innerstaatlichen Recht bereits enthaltenen Normen. Die wichtigste dieser Normen ist die oben (§ 37) schon erwähnte Verpflichtung des Staates zur Achtung der völkerrechtlichen Pflichten, dies freilich nur grundsätzlich und vorbehaltlich höherer Notwendigkeiten.

Daraus ergibt sich weiterhin, daß der Staat, wenn er eine bestimmte Materie nicht unmittelbar regelt, sondern sich statt dessen auf die entsprechenden Vorschriften des Völkerrechts bezieht, damit nicht das Völkerrecht zur unmittelbaren Regelung der Materie heranzieht. Bei der in Frage stehenden Materie muß es sich nämlich — von ihrem Inhalt und den betroffenen Rechtssubjekten her — um eine völlig andere als die vom Völkerrecht ins Auge gefaßte handeln. Eine solche Bezugnahme, die man häufig Verweisung nennt (uns scheint dies nicht richtig, vgl. § 37), kann vielmehr indirekt die Schaffung solchen innerstaatlichen Rechts bedeuten, das inhaltlich den Vorstellungen und Anforderungen des Völkerrechts entsprechen soll[103]. Wenn beispielsweise nichts anderes ergeht als die schlichte Anordnung, einen völkerrechtlichen Vertrag anzuwenden, dann liegen bereits in dieser Anordnung die für die Anwendung erforderlichen Normen. Sie werden lediglich nicht ausdrücklich formuliert, sondern dem Adressaten überlassen, dem man den Vertrag — durch seine Veröffentlichung — zur Kenntnis bringt.

Ähnliche Konstellationen, denen die Lehre jedoch kaum Aufmerksamkeit geschenkt hat, die jedoch deshalb nicht weniger interessante Beispiele bieten, kann man im Verhältnis Staat/Kirche finden. Dabei ist an die Beziehungen zwischen der staatlichen oder der kirchlichen Ordnung zu einer über diesen beiden stehenden, etwa der durch ein Konkordat geschaffenen, zu denken.

---

[103] Vgl. statt aller *Anzilotti* (s. oben FN 62), S. 74 ff.; *Donati* (s. oben FN 101), S. 285 ff., [und im allgemeinen die jüngere Literatur]. Bekanntlich überwiegt in der älteren Lehre und der Rechtsprechung die gegenteilige Auffassung, die vor allem für die völkerrechtlichen Verträge häufig annimmt, daß diese zu staatlichen Gesetzen werden.

II. Teil: Die Vielfalt der Rechtsordnungen § 40

§ 39

b) Auch auf dem Umweg über eine niedrigere Ordnung kann der Inhalt einer oder mehrerer Ordnungen für den Inhalt einer anderen relevant werden, obwohl unmittelbar keine solche Beziehung möglich wäre.

Auch hierfür bietet das Völkerrecht Beispiele, insofern, als es sich die Aufgabe setzt, die Ordnungen der einzelnen Staaten untereinander so zu koordinieren, daß diese ihrer eigenen Ordnung jeweils einen bestimmten Inhalt geben. Dabei kann dieser Inhalt sich einmal auf die negative Pflicht beziehen, die staatliche Ordnung nur auf das eigene Staatsgebiet und die eigenen Untertanen zu erstrecken, und zum andern kann er die positive Verpflichtung festlegen, sich in bestimmten Materien am Recht der anderen Staaten zu orientieren. Natur und Konsequenzen einer solchen Bezugnahme auf das Recht der anderen Staaten sind eine bekanntlich außerordentlich viel diskutierte Frage. Im nächsten Paragraphen wollen wir sie im Zusammenhang mit einer anderen Hypothese, in der sie in entsprechender Weise ebenfalls vorliegt, kurz erörtern.

Ebenso können in einer durch Konkordat geregelten Rechtsbeziehung Staat wie Kirche die Verpflichtung haben, bestimmte Normen zu erlassen oder bestimmte Institutionen ins Leben zu rufen. Dies geschieht in Ausfüllung und auf Grund des Konkordats, aber nicht gemäß ausdrücklicher direkter Einzelvorschriften, sondern unter Berücksichtigung von Normen und Institutionen des jeweils anderen Partners, auf die das Konkordat seinerseits sich bezieht.

§ 40

c) Auf auf Grund einseitiger Entscheidung einer Ordnung kann der Inhalt einer anderen — auch wenn sie von ihr unabhängig oder ihr gar untergeordnet ist — auf sie einwirken.

Als Beispiel sei das Verhältnis zwischen Staat und Gemeinden angeführt. Das staatliche Recht ist für den Inhalt des gemeindlichen Rechts wegen der Überordnung des Staates relevant. Das gleiche kann aber, auf Grund der staatlichen Bestimmungen, auch umgekehrt der Fall sein. Es ist offensichtlich, daß die Gemeinden, obwohl autark, als Hilfsorgane des Staates auch staatliche Aufgaben übernehmen, indem der Staat auf sie rechnet und es daher unterläßt, entsprechende eigene Organe zu schaffen. Er weiß, daß diese Funktionen auch in seinem Interesse von diesen Hilfsorganen übernommen werden. Die gemeindliche Selbstverwaltung bietet auf diese Weise ein interessantes Beispiel für den wechselseitigen Einfluß zweier Rechtsordnungen, von denen die eine, obwohl sie selbst abhängig ist, auf die andere einwirkt, indem sie bewirkt, daß die andere dem Inhalt der niedrigeren Ordnung Rechnung trägt.

Außerordentlich häufig ist ferner der Fall, daß ein Staat, ohne dazu — zumindest nicht ausdrücklich — völkerrechtlich verpflichtet zu sein, bei der Gestaltung seiner eigenen Ordnung der der anderen Staaten Rechnung trägt. Dies gilt bereits für das gesamte sogenannte staatliche Recht mit internationalem Bezug, auch soweit es nicht in Ausfüllung von überstaatlichem Recht erlassen wurde: es geht aus von der Zugehörigkeit des Staates zur internationalen Gesellschaft. Es erkennt daher die anderen Staaten als Rechtsordnungen an und bejaht auf diese Weise eine ganze Reihe von Beziehungen zwischen den einzelnen staatlichen Ordnungen[104]. Besonders das sogenannte internationale Privatrecht ist unter diesem Gesichtspunkt charakteristisch. Nach einer inzwischen allgemein anerkannten Unterscheidung[105] gibt es nämlich zwei verschiedene Arten internationalrechtlicher Normen. Einerseits sind es die echten internationalen, also völkerrechtlichen Normen (ob zahlreich oder nicht, mag hier dahingestellt bleiben); sie betreffen die Koordinierung der einzelnen staatlichen Rechtsordnungen miteinander. Bei diesen Normen handelt es sich um den oben erwähnten Fall, daß die Ordnung eines Staates inhaltlich relevant für einen anderen Staat, auf dem Wege über eine, beiden übergeordnete dritte Ordnung, hier also des Völkerrechts, ist. Andererseits kann es neben diesen Normen oder bei ihrem Fehlen andere geben, dadurch nämlich, daß der Staat selbst von sich aus sein Recht mit dem der anderen Staaten koordiniert. Es ist bestritten, ob zwischen diesen beiden Fällen wirklich jener grundsätzliche und vollständige Unterschied besteht, den die neuere Lehre hier zu sehen bemüht ist. Man hat in der Tat häufig versucht, diese Koordination nicht nur als eine rein tatsächliche Notwendigkeit zu sehen, sondern auch als rechtliche Verpflichtung des jeweiligen staatlichen Gesetzgebers. Dieser soll so eine internationalistische Aufgabe erhalten, insofern, als er durch seine Tätigkeit die Lücken und Mängel des überstaatlichen internationalen Rechts ausfüllen würde[106]. Unserer

---

[104] s. *Ghirardini* (s. oben FN 101), S. 50 ff., wo sich die neueste und umfangreichste Analyse des Begriffs des innerstaatlichen Rechts im Bereich des Völkerrechts findet, und die dort zitierte Bibliographie [vgl. auch meinen Corso — s. oben FN 101 — S. 10 ff., 51 f.].

[105] Vgl. dazu insbesondere *Zitelmann*, Internationales Privatrecht, I, Leipzig 1897, S. 73 ff.

[106] *Anzilotti*, Studi critici di diritto internazionale privato, Rocca San Casciano 1898, S. 132 ff. und passim; Il diritto internazionale (s. oben FN 62), S. 122 ff., 149 ff.; *Fedozzi*, Il diritto processuale civile internazionale, Bologna 1905, S. 6 ff.; *Diena*, Principii di diritto internazionale, II, Nr. 37; [Diritto

Auffassung nach ist man in der Widerlegung dieser Ansichten[107] zu weit gegangen, denn wenn sie auch einer schärferen Formulierung zugänglich wären, enthalten sie gleichwohl ein wahres Element, das man heute, vereinfachend, vernachlässigen möchte. Zur Rechtfertigung dieser Ansichten kann man heute jedoch keine naturrechtlichen Argumente mehr bringen, indem man, wie die frühere Lehre, oberhalb der einzelnen Staaten nicht nur das positive Völkerrecht ansiedelte, sondern darüber hinaus auch noch eine Serie von „vernünftigen Normen", die man heute übereinstimmend als außerrechtlich ansieht. Auf solche Weise wird das Problem nicht gelöst, es erscheint nur von anderer Seite. Wenn es nämlich an einer völkerrechtlichen Norm fehlt, wonach der Staat seiner Rechtsordnung, unter Berücksichtigung der der anderen Staaten, einen bestimmten Inhalt zu geben hätte, dann soll es nach anderen Autoren doch wenigstens eine ähnliche allgemeine Verpflichtung geben. Nach ihr soll der Staat für sein Recht das Territorialitätsprinzip nicht absolut durchsetzen dürfen. Frei wäre jeder Staat nur hinsichtlich der Art und Weise und der Grenzen der Verwirklichung dieser Verpflichtung. Diese von einem Teil der Lehre gebrauchte Formulierung mag recht vage erscheinen, doch enthält sie unserer Meinung nach einen Ansatzpunkt für die richtige Lösung, die man — ohne daß hier Anlaß bestünde, diese Frage zu vertiefen — vielleicht ebenfalls finden könnte, wenn man unsere Erörterungen über das Recht zugrundelegte. Das Recht besteht nicht nur aus Normen und wirkt daher nicht nur durch Normen, sondern auch durch seine Existenz überhaupt, also als Institution. Allein deshalb, weil sie existiert, hat eine Institution für ihre Mitglieder rechtliche Relevanz. Dies müßte dann auch für die Frage der Koordinierung der einzelnen, zu dieser Institution gehörenden Rechtsordnungen gelten. Darüber hinaus wirkt die internationale Ordnung in zweifacher Weise auf die einzelnen Staaten ein. Hier ist einmal der Fall zu nennen, daß die internationale Ordnung bestimmte Einzelnormen enthält, die den Staaten in ihren gegenseitigen Beziehungen Rechte und Pflichten auferlegen, etwa diejenige, ihre einzelnen Rechtsordnungen wechselseitig zu koordinieren. Dann handelt es sich um echte völkerrechtliche Normen.

Zweitens ist der Fall zu nennen, daß das Völkerrecht sich darauf beschränkt, den Staaten eine grundsätzliche Stellung, einen Status, zuzuweisen, nämlich denjenigen eines Mitglieds der internationalen

---

internazionale privato, 1917, S. 27, 97]; Considerazioni critiche sul concetto dell'assoluta e completa separazione fra il diritto internazionale e l'interno, in Rivista di diritto pubblico, 1913, I, S. 332 ff.; *Ottolenghi*, Sulla funzione e sull'efficacia delle norme interne di diritto internazionale privato, Torino 1913, S. 10 ff., 70 ff.

[107] Vgl. zuletzt *Donati* (s. oben FN 101), S. 440 ff., Fußnote; *Marinoni*, La natura giuridica del diritto internazionale privato, Rivista di diritto internazionale, 1913, S. 457 ff.; *Ghirardini* (s. oben FN 101), S. 13, 36 ff.

Gesellschaft. Ein solcher Status hat, wie wir wissen (§ 23), schon aus sich selbst heraus rechtliche Relevanz. Eine Auflösung dieses Status in einzelne konkrete Rechtsverhältnisse ist nicht erforderlich. Eine Konsequenz dieser Tatsache (der Zuweisung eines derartigen völkerrechtlichen Status) ist es, daß sich diese Eigenschaft auf jeden Staat, ob er es will oder nicht, erstreckt. Als Mitglied der Völkerrechtsgemeinschaft berücksichtigt er sie in seiner eigenen inneren Ordnung. Diese wird vom Völkerrecht beeinflußt, im ersten Fall durch die vom Völkerrecht ausdrücklich festgelegten Rechtsbeziehungen (die zu Rechten und Pflichten zwischen den Staaten führen), im zweiten Fall auf Grund eines allgemeinen — und gleichwohl rechtlich relevanten — Status, der jedem einzelnen Staat deshalb zukommt, weil er Teil jener komplexen Institution ist, in der sich die societas gentium konkretisiert.

In dieser seiner Eigenschaft als socius und um seine Ordnung mit der der anderen socii zu koordinieren, begrenzt der Staat auch im Falle dieser zweiten Hypothese seine eigene Sphäre. Dabei handelt es sich nicht nur, wie man allgemein annimmt, um eine bloße Begrenzung des Anwendungsbereichs, sondern auch des tatsächlichen Inhalts der eigenen Ordnung. Gleichzeitig legt er fest, daß die fremde — nach bestimmten Kriterien ausgewählte — Rechtsordnung insoweit an die Stelle seiner eigenen Ordnung tritt, als diese selbst zurückzuweichen hat. Damit liegen zwei Prinzipien vor, die man als solche sorgfältig zu trennen hat, obwohl sie in der Regel in der Praxis in eine Bestimmung zusammenfallen[108]: es handelt sich einmal um die von der staatlichen Rechtsordnung für sich selbst gesetzten Grenzen (gegenüber fremdem Recht), und zum andern um den Verweis auf das fremde Recht. Beide Prinzipien sind eng miteinander verknüpft, denn für den Gesetzgeber besteht der Grund für seine eigene Regelungs-Abstinenz darin, daß er insoweit die Zuständigkeit eines ausländischen Gesetzgebers anerkennt[109]. Gleichwohl ist es sinnvoll, beide Prinzipien zu unterscheiden; man denke an den Fall, daß der Staat eine Materie von seiner eigenen Gesetzgebungsgewalt ausnimmt, weil er diese Materie für rechtlich irrelevant hält (§ 46). Daher fehlt es insoweit an einer ausdrücklichen Verweisung auf eine andere Rechtsordnung. In unserem Fall dagegen sieht der Staat die Materie als für sich rechtlich relevant an und deshalb auch für alle seine Bereiche, soweit sie darauf Bezug haben können, also

---

[108] Vgl. *Ghirardini* (s. oben FN 101), S. 33 ff., mit der Einschränkung, daß er von einem Verbot der *Anwendung* des nationalen Gesetzes und von einem Gebot der *Anwendung* des ausländischen Gesetzes spricht, während wir uns unserer Meinung nach in einem der Anwendung des Gesetzes vorausgehenden Zeitpunkt befinden, nämlich in dem Zeitpunkt, in dem das Gesetz mit einem bestimmten Inhalt gemacht wird, welcher die Ausschließung oder Einbeziehung des ausländischen Gesetzes bedeutet.

[109] *Anzilotti*, Studi critici (s. oben FN 106), S. 108 ff.; Il diritto internazionale (s. oben FN 62), S. 128 Fußnote.

für seine eigene Rechtsprechung, für seine Verwaltung und durchaus auch für seine Gesetzgebung. Was jedoch die letztere anbelangt, so beschränkt sich der Staat in seiner Gesetzgebungsgewalt: zwar befaßt sich sein Gesetz immer noch mit der Materie, aber nur in negativer Form, um insoweit Platz für eine fremde Rechtsordnung zu schaffen, in der sich eine positive Regelung findet. Beide Prinzipien sind innerstaatliches Recht mit dem Ziel, den sogenannten Konflikt mehrerer Rechtsordnungen in der gleichen Materie zu verhindern (übrigens: nicht zu „lösen", wie man allgemein sagt, indem man sein Augenmerk stets nur auf den späteren Zeitpunkt der Gesetzesanwendung richtet). Diese häufig als „Kollisionsnorm" bezeichnete Vorschrift gilt naturgemäß nur für den Staat, der sie erlassen hat. Der Konflikt ist nur mit Wirkung für seine Ordnung ausgeschaltet. Anders ist es natürlich in dem Fall, daß eine völkerrechtliche Norm allen anderen Staaten ebenfalls eine entsprechende Verpflichtung auferlegen würde.

Gegen die Annahme einer solchen Kollisionsnorm sind bekanntlich häufig Einwendungen erhoben worden. Man hat behauptet, eine echte Rechtsnorm könne nicht das Verhältnis verschiedener Gesetze untereinander zum Gegenstand haben, könne also nicht die Bestimmung des anzuwendenden Gesetzes betreffen, weil eine echte Rechtsnorm nur Beziehungen zwischen von ihr abhängigen Rechtssubjekten betreffen könne[110]. Dies ist eine Konsequenz jener engen Auffassung vom objektiven Recht, die dieses ausschließlich auf die Regelung subjektiver Rechtsverhältnisse einschränkt; diese Auffassung haben wir oben verschiedentlich erwähnt und widerlegt (vgl. besonders § 22). Von anderer Seite wird sogar wie folgt argumentiert: eine innerstaatliche Norm könne keine Grenze für ihre eigene Ordnung (da sie ihr selbst angehöre) gegenüber einer fremden Ordnung festlegen, weil es sich bei letzterer um eine „fremde" handle und daher keine Möglichkeit für eine gegenseitige Abhängigkeit oder Beziehung bestünde. Daher könne allein das Völkerrecht — mittelbar — die verschiedenen staatlichen Rechtsordnungen miteinander koordinieren[111]. Man könnte diese Konstruktion bereits von dem Wort „mittelbar" her widerlegen. Denn wenn man annimmt, die Koordination der staatlichen Rechtsordnungen könne „mittelbar" ein Objekt des Völkerrechts sein, so bedeutet dies, daß die „unmittelbare" Regelung Objekt des innerstaatlichen Rechts sein müsse. Welche andere Bedeutung sollte eine solche völkerrechtliche Norm sonst haben? Aber auch wenn man zugeben wollte, daß eine staatliche Ordnung die rechtliche Möglichkeit hätte, von den Ordnungen der anderen Staaten vollständig zu abstrahieren, ist es doch klar,

---

[110] *Donati*, I trattati (s. oben FN 101), S. 441 ff., Fußnote. Vgl. auch *Bierling*, Juristische Prinzipienlehre, IV, Leipzig 1894, S. 153, Fußnote.

[111] *Marinoni*, La natura giuridica (s. oben FN 51), S. 465, Fußnote.

daß, wenn sich der Staat gleichwohl — aus welchem Motiv auch immer, und vielleicht nur aus Courtoisie — entschließt, die fremden Ordnungen irgendwie zu berücksichtigen, daß dann diese fremden Ordnungen auf Grund eigener Bestimmung des Staates selbst für ihn relevant werden. Es ist daher zwar zuzugeben, daß ein Konflikt zwischen verschiedenen staatlichen Rechtsordnungen zuerst einmal nichts anderes ist als ein rein praktischer tatsächlicher Konflikt — von diesem Augenblick an wird er jedoch zu einem rechtlichen Konflikt. Es handelt sich um einen rechtlichen Konflikt, weil er von dem betreffenden Staat als solcher qualifiziert wird, indem dieser Staat Regeln zu seiner Beseitigung erläßt. Mit anderen Worten: ein Staat geht von der tatsächlichen Situation aus, daß eine Person, eine Sache oder irgendein Rechtsverhältnis gleichzeitig in den Bereich mehrerer Ordnungen fallen, und regelt diese Tatsache nun mit seinen Mitteln, für sich selbst. So wird diese Tatsache für den Staat zu einer rechtlichen Tatsache, indem er eine der in Betracht kommenden Ordnungen als anwendbar auswählt, wobei es sich eben auch um eine andere als um seine eigene handeln kann. Diese Auswahl kann für die anderen in Betracht kommenden Staaten oder für das echte überstaatliche internationale Recht völlig belanglos sein, relevant ist sie jedoch für den Staat selbst, der die betreffende Entscheidung trifft. In diesem Sinne hat der herkömmlicherweise verwendete Ausdruck „Konflikt" seine Berechtigung. Anzumerken ist dazu nur, daß es sich primär nicht um einen den Richter angehenden Konflikt handelt, wie die herkömmliche Lehre glaubt. Sie geht nämlich von der naturrechtlichen Vorstellung aus, alle Rechtsordnungen gälten grundsätzlich ohne weiteres und aus sich selbst heraus, innerhalb aller Staaten. Richtigerweise ist dem aber nicht so; es handelt sich um einen in erster Linie den Gesetzgeber angehenden Konflikt. Der Gesetzgeber muß zuerst einmal die Anwendbarkeit einer bestimmten fremden Rechtsordnung bestimmen. Erst durch sein Handeln gewinnt der Konflikt überhaupt rechtlichen Charakter.

Aus dieser Überlegung ergibt sich sodann, daß das fremde Recht, auf das ein Staat verweist, für ihn fremdes Recht bleibt[112], während einige Autoren bekanntlich von einem anderen Ausgangspunkt aus der Auffassung sind, daß es sich stets um eine echte inhaltliche Verweisung handle, daß das fremde Gesetz also in ein eigenes der aufnehmenden Ordnung transformiert werde[113]. Es ist offensichtlich, daß die Anhänger

---

[112] s. statt aller *Zitelmann* (s. oben FN 105), S. 257 ff. Im übrigen handelt es sich hierbei um die herrschende Meinung.

[113] Vgl. außer einigen knappen allgemeinen Hinweisen, bei denen es zweifelhaft ist, ob es sich wirklich um die Formulierung bestimmter Lehrmeinungen handeln soll, hierzu *Chiovenda*, Principii di diritto processuale civile, 3. Aufl., Napoli 1912, S. 303 ff.; *Diana*, La sentenza straniera ed il giudizio di delibazione, Rivista di diritto internazionale, 1905, S. 73; *Bierling*,

dieser Auffassung nicht mehr von „Konflikten" sprechen können: es gibt keinen Gegensatz mehr zwischen ausländischem und nationalem Recht; ein Teil des letzteren — und zwar ein integrierender, vollständig harmonisierter — hat lediglich materiell den gleichen Inhalt wie das Recht eines anderen Staates, auf das sich das nationale Recht lediglich aus Zweckmäßigkeitsgründen bezieht, anstatt es Wort für Wort zu wiederholen. Doch diese Auffassung ist unserer Meinung nach völlig unbegründet. Die Verweisung auf das ausländische Recht hängt vielmehr genau damit zusammen, daß die staatliche Ordnung sich selbst Grenzen auferlegt hat. Das fremde Recht wird auf diese Weise zur Herrschaft auf einem Felde berufen, aus dem das staatliche Recht seinerseits sich zurückgezogen hat; es kann daher nicht als Teil des letzteren gelten. Dafür läßt sich, neben den bisherigen Argumenten, vor allem folgender Beweis anführen: die hier abgelehnte Auffassung ist jedenfalls dann nicht haltbar, wenn die Anerkennung der fremden Norm in Ausfüllung einer völkerrechtlichen Vorschrift erfolgt. In diesem Falle handelt es sich um eine Materie, die der betreffende Staat gar nicht selbst regeln darf, vielmehr verpflichtet ist, die von einem fremden Staat aufgestellte Regelung zu akzeptieren. Geschieht dies, so spricht zumindest eine Vermutung dafür, daß die Verweisung auf die fremde Rechtsordnung in Erfüllung dieser völkerrechtlichen Verpflichtung erfolgte und daher keine echte inhaltliche Verweisung ist[114]. Genauso kann es sich verhalten, wenn ein Staat auf Grund eigenen Entschlusses eine bestimmte Materie nicht selbst positiv regelt. Zwischen beiden Fallgestaltungen besteht kein Unterschied; und im übrigen erfolgt auch im Falle der völkerrechtlichen Verpflichtung deren Verwirklichung auf dem Wege über einen entsprechenden Akt des Gesetzgebers, in welchem er sich selbst auf einem bestimmten Gebiet einschränkt und dafür fremdes Recht anerkennt. Verschieden ist in den beiden Fällen nur das Motiv für ein solches Vorgehen — doch das Ergebnis ist, vom innerstaatlichen Recht her gesehen, gleich.

Keine Rede kann davon sein, daß hier ein Staat seine Gesetzgebungskompetenz auf einen fremden Staat übertrüge. Es handelt sich um einen ausschließlich innerstaatlichen Vorgang, ohne daß der sich selbst beschränkende Staat dadurch seinerseits in irgendwelche Rechtsbeziehungen zu dem betreffenden fremden Staat träte. Man hat es also mit einer einseitig erfolgenden Koordinierung der gesetzgeberischen Kompetenzen verschiedener Staaten zu tun, wobei diese Koordinierung Bedeutung nur für den Staat hat, der sie unternimmt, und nicht für die anderen Staaten. Diese sind nur dann — ebenso — betroffen, wenn

---

wie oben in FN 110; *Klein*, Die Revisibilität des internationalen Privatrechts, Böhms Zeitschrift, 1903, S. 353 ff.; *Marinoni*, wie in FN 111.

[114] *Donati*, Stato e territorio (s. oben FN 49), S. 514, Fußnote.

sie ihrerseits in gleicher Weise vorgehen. Ein Staat — jeder Staat — regelt nur seine eigene Gesetzgebungskompetenz, und er „regelt" sie auch dann, wenn er sie begrenzt.

Man hat noch einen weiteren Einwand gegen die Auffassung, das ausländische Recht bleibe ausländisches Recht, erhoben: die Konsequenz dieser Meinung sei, daß Ausländer nur für das Recht ihres eigenen Staates Rechtssubjekte seien, nicht aber für die Rechte anderer Staaten (trotz der in einem solchen Recht enthaltenen Verweisung). Daher seien Ausländer im Rahmen der verweisenden Rechtsordnung als nicht-rechtsfähig anzusehen[115]. Wenn überhaupt, so könnte dies jedoch nur dann richtig sein, wenn ihre Rechtsfähigkeit außerhalb ihres eigenen Staates nur auf Grund dieser Verweisung zu beurteilen wäre. Die Rechtsfähigkeit beruht aber vielmehr auf einer anderen Norm, die unserer Meinung nach überhaupt nicht Teil des sogenannten internationalen Privatrechts ist, sondern eine seiner Voraussetzungen bildet[116]. Und in der Tat ist diese Norm beispielsweise im italienischen Recht nicht im Einführungsgesetz zum Zivilgesetzbuch enthalten, wo das internationale Privatrecht geregelt wird, sondern in Art. 3 des Zivilgesetzbuches selbst[116a].

Wir fassen daher zusammen, daß die Verweisung auf ein fremdes Recht in dem von uns untersuchten Fall unserer Meinung nach eine doppelte Bedeutung hat: eine Begrenzung der Rechtsordnung eines Staates als Voraussetzung für die sodann erfolgende Erklärung, daß eine bestimmte Materie vom ausländischen Recht als solchem geregelt sei. Im folgenden (§ 42) werden wir uns mit der konkreten Vorschrift befassen, die darüber hinaus noch vorliegen kann[117], um in dem verweisenden Staat dem fremden Recht im gleichen Umfang (oder auch nicht) Gültigkeit zu verleihen wie in seinem Ursprungsland. Uns scheint, daß dieser Vorschrift eine eigenständige Bedeutung zukommt und daß sie nicht vollständig — zumindest nicht immer — mit der sogenannten Kollisionsnorm identisch ist. Letztere betrifft den *Inhalt* der Ordnung eines Staates im Verhältnis zu der eines anderen Staates, die oben erwähnte Vorschrift dagegen betrifft die *Wirkung* des fremden Rechts für das sich darauf beziehende staatliche Recht.

---

[115] *Marinoni*, S. 474 des oben FN 51 zitierten Werkes.

[116] Vgl. *Zitelmann* (s. oben FN 105), S. 256 ff.; *Anzilotti*, Il diritto internazionale (s. oben FN 62), S. 124, Fußnote; *Ghirardini* (s. oben FN 101), S. 26, 65 ff.

[116a] [Im Gegensatz dazu ist sie nunmehr im Einführungsgesetz — Art. 16 — des Codice civile von 1942 enthalten.]

[117] Es ist hier ohne Bedeutung, in welcher Beziehung diese verschiedenen Momente zueinander stehen, ob es sich jeweils um autonome Normen handelt, ob sie sich gegenseitig ergänzen, ob und in welcher Weise sie mit anderen verknüpft sind, nämlich mit jenen, die die verschiedenen konkreten Rechtsbeziehungen regeln.

In anderen Fällen liegt anstatt einer formalen Verweisung eine inhaltliche vor. Dabei wird der Inhalt der einen Rechtsordnung für eine andere insofern relevant, als diese in einigen Punkten mit der fremden Ordnung inhaltlich identisch werden soll. Daher fehlt es an einer Selbstbegrenzung. Im Gegenteil, es wird deutlich zum Ausdruck gebracht, daß die betreffende Materie in den eigenen Regelungsbereich fällt, nur daß statt eigenständiger Normen sozusagen „Blankovorschriften" benutzt werden, deren materieller Inhalt aus der in Bezug genommenen Rechtsordnung stammt. Es fehlt also, klar gesagt, an einer Beziehung zwischen zwei Ordnungen, vielmehr drückt sich eine der beiden lediglich in einer bestimmten Form aus.

Was für das Verhältnis zwischen mehreren staatlichen Rechtsordnungen gesagt wurde, kann ebenso auch für andere Ordnungen belegt werden. Diese Fragen, die in der Lehre wenig vertieft wurden[118], verdienen gleichwohl Beachtung und können ihrerseits die obige Darstellung ergänzen und die bisher gebrachten Rechtsfiguren weiter aufklären.

Die Kirche beispielsweise hält ihre eigene Stellung gegenüber dem Staat für vollkommen autonom. Gleichwohl verweist sie gelegentlich auf die Gesetze des Staates, also auf die bürgerlichen Gesetze. Diese Verweisung kann verschiedene Bedeutung haben. Es kann sich um eine inhaltliche Verweisung handeln in dem Sinne, daß die bürgerlichen Gesetze zu einem integrierenden Bestandteil der eigenen Ordnung der Kirche werden. Das war im älteren Kirchenrecht der Fall bei der Verweisung auf das römische Recht als subsidiäre Quelle des Kirchenrechts für die von letzterem nicht ausdrücklich mit eigenen Bestimmungen geregelten Sachgebiete. Eine solche Verweisung in noch deutlicherer Form findet man bei den „kanonisierten" bürgerlichen Gesetzen, die von der Kirche nicht nur anerkannt, sondern in solenner Form spiritualisiert und zu ihren eigenen Gesetzen gemacht wurden. Der umgekehrte Fall einer nicht-inhaltlichen, also bloß formalen Verweisung ist ebenfalls häufig. So gibt es in der Tat einige Materien, die für die Kirche von Bedeutung und für sie rechtlich relevant sind, die aber nicht in den Bereich ihrer Normativgewalt fallen, da es sich um res mere civiles handelt. Soweit daher hier die Kirche eine Billigung dieser Vorschriften ausspricht, kann dies nicht bedeuten, daß diese zu einem Bestandteil des Kirchenrechts werden, da das Kirchenrecht selbst

---

[118] Vgl. gleichwohl in diesem Sinne *Scherer*, Handbuch (s. oben FN 89), § 34; *Sägmüller*, Lehrbuch (s. oben FN 89), S. 104 [Aufl. 1925, S. 52]; *Wernz*, Ius decretalium (s. oben FN 89), S. 294 ff. [Ius canonicum, 3. Aufl., S. 369]; [*Jemolo*, Il valore — wie oben FN 82a; Corso di diritto ecclesiastico, Roma 1945, S. 72 ff.; *del Giudice*, Il diritto dello Stato (wie oben FN 82a); *Checchini*, Introduzione dommatica (s. oben FN 82a), S. 63 ff.; *d'Avack* (wie oben FN 82a); s. ferner die übrigen in Note 82a und 94b zitierten Autoren].

von dem Grundsatz ausgeht, daß seine Gesetzgebungsgewalt sich nicht auf solche anerkanntermaßen staatliche Materien beziehen kann. Vor allem wird dies bei jenen bürgerlichen Gesetzen klar, die den Interessen der Kirche widersprechen, die dies jedoch nicht in einem solchen Maße tun, daß sie von der Kirche offen mißbilligt werden müßten: so werden sie von der Kirche *toleriert*. Eine solche bloße Tolerierung aber schließt jede Möglichkeit einer echten Aufnahme in die eigene Ordnung aus.

Auch der Staat seinerseits verweist häufig auf das kanonische Recht: eine solche Verweisung kann entweder zur Vereinnahmung dieses Rechts als staatliches führen oder auch nicht. Wenn daher beispielsweise ein Staat die Zuständigkeit der Kirche für das Eherecht anerkennt und der religiösen Eheschließung zivilrechtliche Wirkung verleiht, dann bedeutet dies doch keineswegs eine Umformung der religiösen zu einer staatlichen Eheschließung. Es handelt sich nicht um eine Eheschließung nach staatlichen Normen, wobei diese lediglich materiell mit den entsprechenden kirchlichen Normen übereinstimmen würden. Es ist vielmehr so, daß der Staat den sakramentalen Charakter der Ehe anerkennen möchte, daß er sich selbst als zur Regelung der Ehe nicht zuständig ansieht und daß er der kirchlich geschlossenen Ehe Relevanz für sein eigenes Recht beimißt[118a].

§ 41

d) Im bisherigen haben wir die Frage der inhaltlichen Relevanz einer Ordnung für eine andere am Beispiel mehrerer, zu gleicher Zeit — jeweils in ihrer eigenen Sphäre — geltender Ordnungen behandelt. Es ist jedoch auch an den Fall zu denken, daß eine Rechtsordnung eine andere in dem Augenblick beeinflußt, in dem sie selbst — oder ihre Autonomie — untergeht. Sie löst sich dann in jener anderen auf, und jene andere empfängt sie sozusagen als Erbschaft.

Diese Frage wird im allgemeinen im Hinblick auf die subjektiven Rechtsverhältnisse beim Aufgehen eines Staates oder einer Gemeinde in einem anderen Staat oder einer anderen Gemeinde erörtert. Dabei

---

[118a] [Dieses System wurde bekanntlich infolge des Konkordats vom 11. Februar 1929 in Italien eingeführt. Die Diskussion über die Beziehung zwischen staatlichem und kanonischem Recht innerhalb dieses Systems ist sehr umfangreich. Wie hier: *del Giudice*, Corso di diritto ecclesiastico, 4. Aufl., Milano 1939, S. 382 ff. Eine Übersicht über die gegenteiligen Meinungen findet sich bei *Ago*, Teoria (s. oben FN 95a), S. 117, Fußnote; *Checchini*, Introduzione (s. oben FN 94a), S. 124; *d'Avack*, Corso di diritto ecclesiastico italiano, Firenze 1937, S. 410 ff.; *Vassalli*, Lezioni di diritto matrimoniale, Padova 1932, S. 116 ff.; *Jemolo*, Corso (s. oben FN 118), S. 72 ff.; *Gangi*, Il matrimonio, S. 113.]

wird danach differenziert, ob es sich um ein vollständiges oder auch nur um ein teilweises Aufgehen handelt. Die Nachfolge bezieht sich dabei nach allgemeiner Meinung nur auf die Nachfolge in Rechte und Pflichten der aufgenommenen Körperschaft. Besondere Aspekte gewinnt das Problem im Falle der Staatennachfolge, bei der auch bestimmte völkerrechtliche Rechtssätze zu beachten sind, sowie bei der Nachfolge zwischen Körperschaften verschiedener Natur, etwa Gemeinden und dem Staat oder im Verhältnis von kirchlichen Körperschaften zum Staat. In den beiden letzten Fällen ist jeweils auch das staatliche beziehungsweise das kirchliche Recht zu beachten. Wir wollen uns hier aber nicht mit diesen Fragen beschäftigen, denn unser Interesse richtet sich nicht auf die Probleme der Nachfolge in subjektive Rechte, sondern vielmehr auf die der Nachfolge der einzelnen, objektiv betrachteten Rechtsordnungen selbst. Auch das erste Problem setzt unserer Meinung nach jedoch eine zutreffende Lösung des letzteren voraus; das folgt aus unserer Auffassung vom objektiven Recht. Die Vereinigung einer Körperschaft — also einer Institution — mit einer anderen bedeutet stets und notwendig die Vereinigung zweier Rechtsordnungen. Die Vereinigung des jeweiligen Gebietes, der jeweiligen Bevölkerung, der Vermögensmassen etc., ist lediglich die Konsequenz der Vereinigung der jeweiligen Rechtsordnungen. Ein Staat, der einen fremden Staat — oder eine fremde Provinz — annektiert, gliedert sich damit nicht nur soundsoviele Quadratkilometer ein, sondern eine echte und eigentliche „soziale Organisation", also, um unserer Terminologie zu folgen, eine echte „Rechtsordnung", die auf diese Weise Teil seiner eigenen wird. Es ist daher unrichtig, wenn man annimmt, hier handle es sich nur um die Annexion materieller Dinge, um sich sodann zu fragen, ob diese Annexion auch eine Übertragung von Rechten und Pflichten des eingegliederten sozialen Gebildes beinhalte. Nein: ein Staat, der einen anderen annektiert oder sich auf Kosten eines anderen ausdehnt, modifiziert dadurch bereits seine eigene Ordnung. Diese Modifizierung findet vor allem dadurch statt, daß der annektierende Staat bereits im Augenblick der Eingliederung des fremden Staates seine eigene Rechtsordnung auf das Territorium des fremden Staates ausdehnt. Im Regelfall aber bleibt dort auch die frühere Ordnung — wenigstens teilweise — gültig. Dies bedeutet, daß jene frühere Ordnung ihrerseits zu einem integrierenden Bestandteil der aufnehmenden Ordnung wird. Während sie also vorher autonom war oder sich an eine dritte Ordnung anlehnte, findet sie jetzt ihre Grundlage in der Ordnung des annektierenden Staates, genauso wie die übrigen Bestandteile der letzteren. Es liegt eine Art Novation im Hinblick auf die Quelle des noch weitergeltenden bisherigen Rechts vor, doch lediglich eine Novation, die man als subjektive bezeichnen könnte und die die objektive Identität der eingegliederten Ordnung nicht beeinträchtigt. Sicherlich kann der annektierende Staat sie abändern oder aufheben. Soweit dies jedoch nicht geschieht, gilt sie auf dem annektierten Territorium weiter in ihrer bisherigen Form. Der Rechtsgrund für diese Weitergeltung liegt nicht, wie man glaubt, in einem besonderen, eventuell impliziten Akt des annektierenden Staates mit dem Zweck, das bestehende Recht in bestimmtem Umfang weitergelten zu lassen. Dieser Akt fehlt in der Wirklichkeit, oder er kann zumindest fehlen; Rechtsgrund ist vielmehr die Annexion als solche, die von sich aus diese Wirkung hat. Der annektierende Staat kann sie jedoch einschränken oder auch den Inhalt des vorgefundenen Rechts modifizieren. Bis dahin bleibt es jedoch dabei, daß die Ordnung des annektierenden Staates inhaltlich von einer anderen beeinflußt wird.

In diesem Sinne kann man von Nachfolge sprechen[119]: Nachfolger im Verhältnis zu dem ganz oder teilweise eingegliederten Subjekt ist das annektierende Subjekt, und Objekt der Nachfolge ist die Ordnung des eingegliederten Subjekts oder ein mehr oder weniger organisch bestimmter Teil von letzterer. Daraus ergibt sich sodann die Konsequenz, daß vom Standpunkt des innerstaatlichen Rechts aus auf den annektierenden Staat diejenigen Rechte und Pflichten übertragen werden, die ihre Grundlage in der annektierten Ordnung selbst finden[120].

Einige von diesen Rechten und Pflichten sind unmittelbar auf ein bestimmtes Subjekt bezogen — den annektierten oder in seinem Territorium verkleinerten Staat — und sind daher nicht auf ein anderes Subjekt übertragbar. Welche Bedeutung dies für die Beziehungen zu dritten Staaten hat — also unter dem Blickwinkel des Völkerrechts —, hängt von der jeweiligen besonderen völkerrechtlichen Rechtslage ab, die es hier nicht zu untersuchen gilt.

---

[119] Anderer Auffassung *Marinoni*, La natura giuridica (s. oben FN 107), S. 362 ff. *Marinoni* geht von der Vorstellung aus, daß eine Veränderung des formalen Ursprungs einer Ordnung deren absolutes Erlöschen beinhalte und somit an deren Stelle eine vollständig andere Ordnung träte. Uns erscheint diese Auffassung nicht zutreffend, wie sich aus unseren obigen Ausführungen zur „Novation" des Ursprungs einer Ordnung ergibt.

[120] In einer anderen Arbeit (Il comune — s. oben FN 95 — Nr. 301 ff.) habe ich die Grundlage einer solchen Nachfolge in der Zugehörigkeit der einzelnen Rechte oder Pflichten zu den betreffenden Personen, Gütern, zum Vermögen, zum Gebiet, zum Zweck, etc., gesehen, welche von der einen Körperschaft auf die andere übergehen. Wendet man dieses Kriterium an, so löst es in der Praxis die Probleme, die bei der Nachfolge der juristischen Personen entstehen. Von einem theoretischen Standpunkt aus jedoch muß man diesen Gesichtspunkt als Teil jenes höheren und logisch vorgängigen Prinzips sehen, das, wie im Text erwähnt, in der Zugehörigkeit zu einer Rechtsordnung besteht, von der die Personen, die Güter, das Vermögen, oder das Gebiet nur Elemente bilden. Auf diese Weise erklärt sich dann auch jene erstere Zugehörigkeit, die einige (*Ferrara*, Teoria — s. oben FN 24 — S. 937, Fußnote) für einen zu materialistisch ausgerichteten Begriff hielten, der nicht geeignet sei, Grundlage einer neuen Rechtsbeziehung zu werden. [Für einen Anwendungsfall der im Text ausgeführten allgemeinen Grund-

§ 42

Schließlich kann man die Beziehungen zwischen mehreren Rechtsordnungen auch von den Wirkungen der einen her untersuchen, inwiefern nämlich diese Wirkungen Bedeutung für die anderen haben. Im allgemeinen beschränken sich die Wirkungen einer Ordnung auf ihren eigenen Bereich und erstrecken sich nicht auf den einer anderen Ordnung. Dies gilt freilich nicht stets; vielmehr ist es durchaus möglich, daß einer Ordnung außer ihrer sozusagen internen Wirksamkeit auch eine nach außen gerichtete Wirkung zukommt. Wenn dies dazu führt, daß eine andere Ordnung inhaltlich beeinflußt wird, dann haben wir es mit der bereits oben erörterten Alternative zu tun. Wir wollen wiederum wie oben vorgehen und zuerst prüfen, aus welchem Rechtsgrund sich eine solche nach außen gerichtete Wirkung ergeben kann, und sodann, welche Einzelfälle hierbei zu unterscheiden sind.

a) Zuerst ist wiederum der Fall der Über- bzw. Unterordnung zwischen zwei Ordnungen zu untersuchen. Wenn es sich um eine vollständige Über- und Unterordnung handelt, kann die höhere Institution natürlich ohne weiteres bestimmen, welche Wirkung ihr für die niedrigere zukommen soll, beziehungsweise, welches der Einfluß der niedrigeren auf sie selbst sein soll. So hängt es beispielsweise von den staatlichen Gesetzen ab, welche Bedeutung einem staatlichen Verwaltungsakt oder Gerichtsurteil für eine Gemeinde zukommt, und genauso auch umgekehrt, welche Bedeutung eine gemeindliche Satzung oder Verfügung für den Staat hat.

Bei bloß teilweiser Unterordnung ist das Problem komplexer. Hier läßt sich kein allgemeines Prinzip aufstellen, da alles von dem im Einzelfall vorliegenden Umfang der Unterordnung abhängt. Auch spielen hier andere Elemente, die damit verknüpft sind, eine Rolle. Diese Überlegung gilt beispielsweise für die Auswirkungen des kirchlichen Rechts in einem konfessionell bestimmten Staat, für die Beziehungen im Bundesstaat, für das Verhältnis von Völkerrecht zu Landesrecht: Alle diese Beziehungen lassen sich nicht einem einheitlichen Gesichtspunkt unterwerfen, sondern würden jeweils eine konkrete, auf den bestimmten Gegenstand bezogene Abhandlung benötigen, die außerhalb des hier einzuhaltenden Rahmens steht.

b) Eine nähere Vertiefung verdient das Verhältnis solcher Ordnungen, die sich als voneinander unabhängig ansehen. Typisches Beispiel hierfür ist das Verhältnis der Rechte der einzelnen Staaten zueinan-

---

sätze vgl. meine Arbeit, Di una particolare figura di successione di Stati, Rivista di diritto internazionale, 1925, S. 297 ff.; ferner meinen Corso (s. oben FN 101), S. 129 ff. sowie meine Principii (s. oben FN 9), Kap. XIV, Nr. 8 und Kap. VII, § 4, Nr. 5.]

der. Doch hindert diese wechselseitige Unabhängigkeit die einzelnen Staaten, wie wir gesehen haben, nicht, auf Grund eigener Entschließung und durch eigene Gesetze dem Recht fremder Staaten für sich selbst Relevanz zu verleihen. Dieser Vorgang vollzieht sich, wie ausgeführt, in zwei Stufen, indem der Staat die fremde Regelung anerkennt und sich einer eigenen positiven Regelung enthält[120a]. Diese Anerkennung bedeutet auch, daß dem ausländischen Recht eine bestimmte Wirkung zugesprochen wird. Um was es sich dabei genau handelt, ist zu klären. Häufig ist diese Wirkung nicht mit derjenigen identisch, die die in Bezug genommene Ordnung in ihrem eigenen Bereich für sich in Anspruch nimmt. Dies erkennt man vor allem dann, wenn eine Ordnung außerhalb ihres Staatsgebietes überhaupt keine Wirkung äußern will. Wenn man ihr dann gleichwohl eine solche Wirkung zuspricht, so bedeutet dies nichts anderes als eine Erweiterung ihres Bereichs. Gleiches läßt sich aber auch für den umgekehrten Fall sagen: dann, wenn eine Ordnung allen ihren Untertanen gegenüber Wirksamkeit entfalten möchte, auch soweit sie sich in einem fremden Staat befinden, und der fremde Staat seinerseits darauf verzichtet, diese Personen seinen eigenen Gesetzen zu unterwerfen. Auch in diesem Fall ist die eigene Wirksamkeit der fremden staatlichen Ordnung nicht mit derjenigen identisch, die ihr von dem sie anerkennenden Staat gewährt wird. Denn wenn letzterer sich nicht nur rein passiv verhält, sondern seinerseits das fremde Recht anwendet, so verschafft er ihm mit seiner eigenen Autorität Geltung. Das aber bedeutet, daß das fremde Recht auf diese Weise eine Wirksamkeit erhält, die weit über die ihm vom eigenen Staat verliehene hinausgeht. Und nur die letztere könnte man mit vollem Recht als seine *eigene* Wirksamkeit bezeichnen. Umgekehrt können diejenigen Wirkungen nicht anerkannt werden, die dem ordre public, den guten Sitten oder bestimmten Gesetzen des fremden Staates widersprechen. Trotz grundsätzlicher Anerkennung fehlt es daher insoweit an einer Wirkung innerhalb der fremden Ordnung. Daher hat man unter diesem Gesichtspunkt — zumindest theoretisch — die sogenannte Kollisionsnorm von derjenigen Norm zu unterscheiden, die der jeweils fremden Ordnung Wirksamkeit verleiht und auf die die Kollisionsnorm verweist. Das schließt freilich nicht aus, daß in der Praxis und rein tatsächlich sehr oft nur die zweite Norm vorliegt, die jedoch stets eine Kollisionsnorm voraussetzt. Insofern kann man die Streitfrage, ob es sich wirklich um zwei oder nur um eine einzige Norm handelt, auf sich beruhen lassen. Doch sollte betont werden, daß die Be-

---

[120a] [Vgl. zu dieser Frage meinen Corso (s. oben FN 101), S. 52. Ebenso *Cavaglieri*, Lezioni di diritto internazionale privato, 3. Aufl., Napoli 1933, S. 60 ff.; a. A. *Ago*, Teoria (s. oben FN 95a), S. 102; *Checchini*, Introduzione dommatica (s. oben FN 94a), S. 72. Vgl. ferner die in der folgenden Fußnote zitierten Autoren.]

stimmung, die dem fremden Recht Wirksamkeit verleiht, nicht nur dessen Anwendbarkeit betrifft, wie die Lehre im allgemeinen annimmt. Eine Anwendungsnorm liegt vor, wenn man der fremden Rechtsordnung unmittelbare Anwendbarkeit zuspricht und dabei die fremde Ordnung als solche ins Blickfeld faßt, als ein System objektiven Rechts. Den eigenen Behörden und den betroffenen Individuen gegenüber muß man dann — in den Fällen, in denen man die fremde Ordnung anerkennt — die Beachtung des fremden Rechts anordnen. Es kann aber auch beispielsweise nur um die Anerkennung von Akten (z. B. eines Gerichtsurteils) des fremden Staates gehen, die ihrerseits auf Grund des Rechts dieses Staates ergangen sind. Dann beruhen diese Akte bereits auf einer Anwendung des fremden Rechts, und der andere Staat, der ihnen grundsätzlich Wirksamkeit zuerkennt, wird sich auf die Prüfung der Frage beschränken, ob diese Akte auf Grund des Rechts, auf dem sie beruhen, existent und gültig sind. Auch damit erkennt man die Wirksamkeit eines fremden Rechts an, doch man wendet es nicht an, sondern anerkennt seine Anwendung.

In unserer Überlegung ist implizit stets auch folgender Gedanke enthalten, daß durch die Bestimmung, die die Wirksamkeit fremden Rechts im eigenen Staat regelt, letzteres dadurch nicht etwa „nationalisiert" würde[120b]. „National" ist die Norm, die die Bedeutung des

---

[120b] [Diese Frage ist bekanntlich — ebenso wie die Prinzipien, mit denen sie zusammenhängt — äußerst umstritten. Hier ist es nicht möglich, auf die neuere Entwicklung dieses Problems einzugehen, die die Notwendigkeit einer Fundamentalrevision der gesamten Materie deutlich macht. Wir wollen uns sehr kurz fassen und uns in erster Linie auf das oben FN 95a Gesagte beziehen. Dort haben wir uns gegen die Auffassung gewandt, die die Möglichkeit der rechtlichen Relevanz der Ordnung eines Staates für die Ordnung eines anderen Staates leugnet, indem sie dieses Prinzip aus dem der „Exklusivität" der originären Ordnungen herleitet. Für unzutreffend halten wir insbesondere den Einwand (*Ago*, Teoria — s. oben FN 95a — S. 105), daß eine ausländische Norm, die ausländische Norm bliebe, keine rechtliche Wirkung innerhalb der Ordnung eines anderen Staates haben könne, weil eine Norm nur insofern Rechtsnorm sei, als sie Teil einer Ordnung sei, welche ihr diesen Charakter aufpräge. Diesen Charakter aber verlöre sie, wenn sie sich von dieser Ordnung vollständig löse. Dem ist entgegen zu halten, daß ein Staat, wenn er auf die Norm eines anderen Staates verweist, auf diese Norm in ihrer speziellen Bedeutung Bezug nimmt und daß er sich nicht auf diese Norm als auf etwas von der Ordnung, deren Teil sie bildet, vollständig Losgelöstes bezieht. Im Gegenteil, er sieht sie als rechtlich an, insofern und weil sie in dem fremden Staat Rechtsnorm ist, weil und soweit sie Teil der Ordnung jenes fremden Staates ist. Hinzugefügt sei, daß ein unlösbarer Widerspruch in den Auffassungen jener besteht, die in diesem Fall die Figur der inhaltlichen Verweisung verneinen, dennoch aber von einer echten Inkorporierung der fremden Normen in die verweisende Ordnung sprechen. Dieser Widerspruch läßt sich auch dadurch nicht beseitigen, daß man die Verweisungsnorm als rechtsbildende Norm bezeichnet (*Perassi*, Lezioni, II — s. oben FN 101 — S. 60 ff.; *Balladore Pallieri*, Il concetto di rinvio formale, Rivista di diritto civile, 1929, S. 443; I limiti di efficacia dell'ordinamento italiano, in JUS 1940, S. 25 ff.; *Morelli*, Limiti dell'ordinamento statuale e

fremden Rechts für den eigenen Staat festlegt. Die Ordnung, der die fremde Vorschrift angehört, ist selbst nicht national, und sie wird es auch nicht durch ihre Anwendung außerhalb ihres Ursprungsstaates, da sogar die Transformationsnorm selbst diese fremde Ordnung als fremde ansieht. In gleicher Weise sind wir entgegen der von einigen bedeutenden Autoren vertretenen Meinung der Ansicht, daß auch das fremde Gerichtsurteil — dessen Anwendung im eigenen Staat man zustimmt — dadurch nicht „nationalisiert" wird, oder daß gar, beispielsweise, die Ernennung eines Konsuls, dem das Exequatur erteilt wird, dadurch „nationalisiert" würde.

Richtigerweise sind Wirkung bzw. Wirksamkeit eines Aktes oder einer Norm nicht mit dem Akt oder der Norm selbst identisch. Ein Rechtsakt (bzw. eine Norm) kann bestehen und in jeder Hinsicht gültig und gleichwohl ganz oder teilweise nicht wirksam sein. Umgekehrt kann die Wirksamkeit eines Aktes fortdauern, auch wenn dieser selbst nicht mehr existiert. Hinzu kommt, daß Wirksamkeit oder Wirkungen eines Aktes (bzw. einer Norm) sich nicht notwendig und vollständig aus ihrem Inhalt ergeben müssen, sondern auch auf anderen Akten, Gesetzen oder Normen beruhen können. Ohne diese grundlegende und auch insofern einsichtige Unterscheidung hier zu vertiefen — auch wenn die Lehre sie nur selten anspricht —, zeigen diese Überlegungen, daß die Wirksamkeit eines ausländischen Gesetzes erst von einem nationalen Gesetz bestimmt wird, ohne daß das ausländische Gesetz vom Blickwinkel des nationalen aus aufhören würde, ausländisches zu sein, oder gar dadurch zu einem nationalen würde. Dies gilt nicht nur dann, wenn das nationale Recht dem fremden die gleiche Wirksamkeit zuspricht, wie sie das fremde Recht in seinem eigenen Bereich hätte, sondern auch, wenn es ihm weniger oder mehr Bedeutung zuweist[121].

---

limiti della giurisdizione, Rivista di diritto internazionale, 1933, S. 12; *Ago*, Teoria — s. oben FN 95a — S. 108 ff.), da nämlich mit Hilfe dieser Norm Normen in die eigene Ordnung eingefügt werden, deren Rechtscharakter vom Rechtscharakter dieser Normen in der fremden Ordnung, aus der sie stammen, abhängt. Ich halte es für einen wenig glücklichen Kunstgriff, wenn man zur Rechtfertigung dieser Meinung anführt, andernfalls würden Rechtsquellen ausländischer Ordnungen zur Rechtsquelle innerhalb der eigenen Ordnung erhoben, oder wenn man gar sagt, so würde man einem fremden Gesetzgeber Gesetzgebungsbefugnis für den Bereich der eigenen Ordnung verliehen. Gegen diese künstlichen und unlogischen Auffassungen *Piccardi*, La pluralità (s. oben FN 69a) § 13. Als einen der jüngsten Versuche, diese Materie erneut zu durchdenken, vgl. *Balladore Pallieri*, Le varie forme di rinvio e la loro applicabilità al diritto internazionale privato, Annuario di diritto comparato e di studi legislativi, 1943, XVI, S. 331 ff., wo er seine in früheren Arbeiten geäußerten Auffassungen modifiziert.]

[121] Demgegenüber halten auch einige, die die Verweisung auf das ausländische Recht im allgemeinen nicht als inhaltliche Verweisung ansehen, sie in diesem Fall für eine solche materiale Verweisung: vgl. *Ottolenghi* (s. oben FN 106), S. 83 ff.

Bis zu einem gewissen Punkt ähnlich können die Beziehungen zwischen dem staatlichen Recht und dem der Kirche sein[121a]. Daß es sich bei der Kirche um eine eigenständige, von der staatlichen Ordnung unabhängige Rechtsordnung handelt, haben wir auf den vergangenen Seiten darzulegen versucht. Im geistlichen Bereich und was ihre innere Disziplin anbelangt, verfügt die Kirche über eine eigene Normativgewalt, die ihr sicherlich nicht vom Staat übertragen wurde, sondern die ihr selbst zu eigen ist. Der Staat aber erkennt nicht bloß — in welchen Grenzen, interessiert hier nicht — die Wirkungen an, die die Kirche für ihre Gesetze und Akte in Anspruch nimmt, sondern fügt häufig auch noch seinerseits diesen Wirkungen weitere bei. Es handelt sich um diejenigen Wirkungen, die man eben deshalb „bürgerliche" oder „staatliche" nennt und die das Kirchenrecht seinerseits nie verleihen könnte. Hier haben wir ein weiteres Beispiel (und zwar eines, das, wenn wir uns nicht täuschen, zur Erhellung ähnlicher Figuren beitragen könnte) der Relevanz einer Ordnung für eine andere, nicht bezüglich der Existenz oder des Inhalts, sondern im Hinblick auf Wirkungen der anderen Ordnung. Dies um so mehr, als es sich beim Staat nicht um die gleichen Wirkungen wie bei der anderen Ordnung handelt, sondern um neue, inhaltlich verschiedene.

c) Ferner hat eine Ordnung Auswirkungen auf eine andere, wenn sie eine Voraussetzung der letzteren ist. Hier können wir uns mit dieser oben bereits erwähnten Konstellation nicht näher beschäftigen.

Als Beispiel sei ein bestimmter Typ völkerrechtlicher Verträge angeführt: manchmal wird das Inkrafttreten solcher Verträge von dem Erlaß bestimmter Rechtsnormen seitens der vertragschließenden oder dritter Staaten abhängig gemacht. Sobald dies geschehen ist, tritt die für das Inkrafttreten vorgesehene Bedingung ein[122]. Ebenso können die Staaten bestimmte völkerrechtliche Pflichten nicht erfüllen, ohne vorher entsprechende innerstaatliche Normen erlassen zu haben[123]. Wenn dabei also einerseits, wie wir bereits oben gesehen haben, das Völkerrecht indirekt den Inhalt des staatlichen Rechts beeinflußt, indem es den Staat zum Erlaß dieser Normen verpflichtet, so hat andererseits das staatliche Recht hierbei Auswirkungen auf das Völkerrecht: die Erfüllung von dessen Vorschriften hängt ab von dem Erlaß oder Nichterlaß der entsprechenden staatlichen Bestimmungen.

[121a] [Vgl. die in den FN 94b, 118 und 188a genannten Autoren.]
[122] *Triepel* (s. oben FN 23), S. 290 ff. spricht in diesem Sinne von einem „völkerrechtlich vorausgesetzten Recht". Vgl. auch *Donati*, I trattati (s. oben FN 101), S. 349 ff.
[123] *Triepel* (s. oben FN 23), S. 301; *Donati* (s. oben FN 101), S. 361 ff.; *Anzilotti*, Corso (s. oben FN 15), S. 37 ff. [deutsche Ausgabe — vgl. oben FN 15 — S. 40. Für andere Anwendungsfälle dieser allgemeinen Lehren, über jene, die die Beziehungen zwischen staatlichem und Völkerrecht betreffen, hinaus, vgl. meine Principii (s. oben FN 9), Kap. VII, § 6, Nr. 14.]

d) Schließlich kann auch eine bereits erloschene Ordnung noch gewisse Auswirkungen auf eine andere, die sie fortsetzt, haben. Oben (§ 41) haben wir den Fall besprochen, daß eine Ordnung in einer anderen aufgeht und auf diese Weise deren Inhalt beeinflußt. Hier liegt es ähnlich, wenn auch ein gewisser Unterschied zu beachten ist. Man nehme einen Staat an, der einen anderen ganz oder teilweise annektiert. Dann umfaßt nicht nur die Ordnung des annektierenden Staates die Normen und Institute, die im Augenblick der Annexion im anderen Staat galten (dies alles mit den oben gebrachten Einschränkungen). Es kann darüber hinaus auch so sein, daß der annektierende Staat frühere, inzwischen aufgehobene Gesetze des annektierten Staates wieder in Kraft setzt: Gesetze also, die selbst nie zu einem Bestandteil des Rechts des annektierenden Staates werden konnten. Sie können es jedoch in Anwendung des Prinzips der nicht-erlaubten Rückwirkung von Gesetzen werden oder auch des Weiterbestehens von Wirkungen aufgehobener Gesetze. Mit anderen Worten: diese Prinzipien finden nicht nur innerhalb einer bestimmten Rechtsordnung Anwendung, wenn diese sich ändert, sondern auch in den Beziehungen zwischen verschiedenen Ordnungen. Bei Nachfolge zweier Ordnungen beeinflußt die frühere den Inhalt der aufnehmenden. In ihr lebt wenigstens ein Teil der ursprünglichen Normen weiter, und darüber hinaus kann die übernehmende Ordnung in bestimmten Fällen einigen bereits erloschenen Teilen der anderen Ordnung die gleiche Wirkung zuerkennen, die sie in ähnlicher Situation eigenem früherem Recht zuerkennen würde.

§ 43

Aus der von uns versuchten Analyse der verschiedenen Möglichkeiten einer Relevanz einer Rechtsordnung für eine andere ergibt sich, daß diese Relevanz verschiedenen Umfang haben kann. Manchmal betrifft sie die fremde Ordnung insgesamt, manchmal nur einen Teil derselben. Während beispielsweise die Ordnung einer Gemeinde im Regelfall in ihrem vollen Umfang für die staatliche Ordnung relevant ist, sind die einzelnen staatlichen Ordnungen nur in einigen Punkten für das Völkerrecht relevant. Gleiches gilt für die Ordnung der Kirche im Verhältnis zum Staat, die Ordnung eines Staates im Verhältnis zu einem bestimmten anderen etc. Deshalb kann die von uns untersuchte Relevanz in der einen Gruppe von Fällen die Regel sein und in einer anderen Gruppe von Fällen die Ausnahme bilden.

Es scheint uns nützlich, eines der zahlreichen Beispiele jener letzten Gruppe näher zu untersuchen, auch weil man bisher noch nicht daran gedacht hat, es, außer in ziemlich ungenauer Form, auf diesen Gesichtspunkt zurückzuführen: wir denken an die sogenannten Naturalobligationen. Es ist schwierig, eine Definition dafür in kurzer und prägnanter Form zu geben, wo doch die Lehre diesen Begriff weitgehend entweder für völlig inhaltsleer hält oder ihn über jedes vernünftige Maß hinaus ausdehnt. Wir wollen und können uns hier einer solch schwierigen Aufgabe nicht unterziehen. Doch könnte es sinnvoll sein zu überlegen, ob die Rechtsfigur der Naturalobligation nicht etwa als eine wirksame Obligation innerhalb einer vom geltenden Zivilrecht verschiedenen Rechtsordnung erklärt werden könnte. Deshalb wäre die Naturalobligation dann für das bürgerliche, also für das staatliche Recht, irrelevant, mit Ausnahme jener bekanntlich ausdrücklich vom Gesetz statuierten Wirkungen. Es kann zwar durchaus richtig sein, daß sich gegenwärtig eine Tendenz zur fortlaufenden Gleichstellung zwischen Naturalobligation und gewöhnlicher moralischer Verpflichtung beobachten läßt[124] — oder doch jedenfalls mit vermögensbezogenen moralischen Verpflichtungen[125] —, doch läßt sich dabei feststellen, daß diese Entwicklung auch zum Entstehen eines neuen Typs von Naturalobligationen geführt hat. Es erscheint zweckmäßig, ihn von dem früheren Bild der Naturalobligation abzuheben[126]. Die eigentliche, ursprüngliche Naturalobligation hat mit moralischen Verpflichtungen nichts zu tun. Darüber war sich die Lehre auch lange Zeit einig. Die echte Naturalverpflichtung ist unserer Auffassung nach eine vollkommene und vollständige rechtliche Obligation, wenn man sie aus ihrer eigenen Ordnung heraus beurteilt. Wenn man sie dagegen in die privatrechtliche Ordnung überträgt, so erkennt sie der Staat nur in einem bestimmten sehr engen Umfang an. Diese nichtstaatliche positive Ordnung, in der sich die vollkommen rechtliche („Natural"-)Obligation entfaltet, kann

---

[124] Vgl. dazu als Beispiel für einige neuere Arbeiten: *Planiol*, Assimilation progressive de l'obligation naturelle et du devoir moral, Revue critique de législation, XLII, 1913, S. 161 ff., der diese Annäherung jedoch noch nicht für vollständig hält; *Perreau*, Les obligations de conscience devant les tribunaux, Revue trimestrielle de droit civil, XII, 1913, S. 510 ff.

[125] *Bonfante*, Le obbligazioni naturali e il debito di gioco, Rivista di diritto commerciale, XIII, 1915, Teil I, S. 97 ff. [nunmehr in Scritti giuridici vari, Torino 1926, III, S. 42 ff.]

[126] Diese Unterscheidung wird von der Lehre auch im Geltungsbereich jener Gesetzgebungen versucht, die, wie das schweizerische Obligationenrecht (Art. 63) oder das deutsche BGB (§ 814), den Begriff „Naturalobligation" durch den der „sittlichen Pflicht oder einer auf den Anstand zu nehmenden Rücksicht" ersetzt haben. Vgl. dazu die bei *Polacco*, Le obbligazioni nel diritto civile italiano, 2. Aufl., Roma 1915, S. 110 zitierte Literatur. [Was das italienische Recht anbelangt, so ist heute Art. 2034 des Codice civile von 1942 zu beachten. Zu der hier im Text vertretenen Meinung vgl. *Maroi*, in Dizionario pratico di diritto privato, Stichwort obbligazioni; *Brunetti*, in Scritti giuridici vari, Torino 1920, S. 201 ff.; *Betti*, Il concetto dell'obbligazione costruito dal punto di vista dell'azione, Pavia 1920, S. 128, FN 21; *Cesarini Sforza*, Il diritto dei privati, Rivista italiana per le scienze giuridiche, 1929, S. 68 f.; *Salvatore Romano*, Note sulle obbligazioni naturali, Firenze 1945, S. 10 ff., und passim.]

je nach den Umständen unterschiedlich sein. Wir wollen hier keine Analyse des römischen Rechts unternehmen, um zu untersuchen, ob sich aus den dortigen Beziehungen zwischen ius naturale bzw. ius gentium einerseits und ius civile andererseits Schlußfolgerungen ziehen lassen. Man müßte insoweit vielleicht mehr als gewöhnlich darauf abstellen, daß im klassischen römischen Recht die einzigen Naturalobligationen diejenigen der Sklaven und der filii familias waren und daß sie auf der Ordnung der römischen familia beruhen. Im modernen Recht jedenfalls sind verschiedene Quellen von für das Zivilrecht „natürlichen" Obligationen denkbar (wobei wir hier lediglich die verschiedenen Möglichkeiten in abstracto untersuchen wollen, ohne uns, was hier nicht angemessen wäre, auf konkrete Streitfragen einzulassen). Diese wollen wir im folgenden nacheinander untersuchen:

a) Eine solche Quelle kann die Ordnung der Familie sein. Eine derartige familieninterne Ordnung kann ihrerseits auf sehr alten Gewohnheiten beruhen. Als Beispiel möge die elterliche Verpflichtung zur Gewährung einer Mitgift dienen; diese Verpflichtung ist nach Art. 147 unseres Zivilgesetzbuches nicht klagbar[126a]. Gleichwohl wird man nicht a priori ausschließen können, daß es sich hierbei um mehr als um eine bloß moralische Verpflichtung handelt, nämlich auch um eine rechtliche gemäß den erwähnten gewohnheits„rechtlichen" Vorstellungen, die früher auch einmal vom Staat als Recht anerkannt waren, die aber heute nur noch als bloße Familiengewohnheit weiterbestehen.

b) Weiteres Beispiel ist die Ordnung der Kirche: sie stellt eine Reihe von Verpflichtungen auf, die der Staat nicht anerkennt, deren Einhaltung er andererseits aber auch nicht verbietet. Wer etwa freiwillig einen Zehnten für die Kirche gibt, nimmt damit unserer Auffassung nach keine Schenkung vor — obwohl der Staat die Verpflichtung zur Zahlung des Zehnten aufgehoben hat, die Kirche sie aber weiterhin für ihre Gläubigen als verbindlich ansieht. Es liegt deshalb keine Schenkung vor, weil der zahlende Angehörige der Kirche nicht den Willen hat, freigebig zu sein, sondern eine aus dem positiven Kirchenrecht sich ergebende Pflicht erfüllt. Diese Pflicht aber kann für das staatliche Recht wiederum eine Naturalobligation sein.

c) Die innere Ordnung eines beliebigen privaten Instituts, oder einer irgendwie organisierten Gruppe, etc., kann ebenfalls eine solche Quelle von Naturalobligationen sein. Als Beispiel kann man die berühmte Spielschuld anführen. Bei ihr handelt es sich nicht um eine moralische Verpflichtung, und doch ist sie im Sinne der von den Spielern anerkannten Normen eine echte Schuld. Bei diesen „Normen" handelt es sich sozusagen um das „Statut der Spielsalons".

[126a] [Im Codice civile von 1942 findet sich keine dem Artikel 147 des Codice von 1865 entsprechende Vorschrift.]

d) Schließlich können auch noch andere sich aus der Privatautonomie ergebende Normen eine Quelle von Naturalobligationen bilden. Wir wollen hier nicht untersuchen, wann und unter welchen Umständen sich aus der Privatautonomie objektives Recht ergeben kann. Doch unterstellt, dies sei richtig, so kann man auf diese Weise jene Fälle von Naturalobligationen erklären, die im Gegensatz zu den bisher erörterten Beispielen als bürgerlichrechtliche Obligationen entstehen. Auf Grund von Formerfordernissen oder wegen äußerer Umstände, die die Substanz des Schuldverhältnisses unberührt lassen, sind sie jedoch in einem logisch zweiten Moment bürgerlichrechtlich nicht mehr gültig, sondern bleiben nur noch Naturalobligationen. Beispiele für solche äußeren Umstände sind Verjährung oder ein falsches, für den Schuldner günstiges Gerichtsurteil. Daß diese Schuldverhältnisse damit nur noch Naturalobligationen bleiben, kann man damit begründen, daß es sich um Pflichten handelt, deren Rechtsgrund als solcher (z. B. die Vereinbarung der Vertragsparteien oder der Wille des Erblassers) weiterbesteht und daher auch weiterhin Grundlage für einzelne Rechtsbeziehungen werden kann. Und lediglich das staatliche Recht sieht sie aus formalen oder anderen äußerlichen Gründen (oder auch aus bestimmten rechtspolitischen Erwägungen heraus) nicht mehr als voll wirksam an.

Diese Übersicht über die verschiedenen Rechtsordnungen, die Obligationen zum Entstehen bringen können, welche im staatlichen Bereich nur als „natürliche" zu qualifizieren sind, ist selbstverständlich nicht erschöpfend. Es sollten einige Beispiele angeführt werden, um darzutun, daß man die Naturalobligationen, wenn man sie richtig erfaßt und einordnet, durchaus lebendig rechtstheoretisch untersuchen kann. Es handelt sich hier nicht um unbedeutende und veraltete Probleme, sondern um den Aspekt einer Grundfrage, die daher insoweit ein fruchtbarer Ausgangspunkt für neue Überlegungen sein kann. Wenn unsere Überlegung zutreffend ist, so wäre dies ein weiterer Beweis dafür, daß unsere Vorstellungen vom Recht nicht nur der Logik entsprechen und nicht nur zur Erklärung zahlreicher Besonderheiten des öffentlichen Rechts dienen können, sondern daß sie auch im Bereich des Privatrechts nützlich sind.

Vielleicht kann man ergänzend noch sagen, daß der Staat, insofern er den Naturalobligationen gleichwohl irgendwelche Wirkungen zuerkennt, sie damit auch als „Obligationen" anerkennt. Damit sieht er die Ordnung, auf der sie beruhen, soweit wie solche Wirkungen reichen sollen, als für sich relevant an. Die Gegenmeinung[127], die die Natural-

---

[127] *de Crescenzio*, in Enciclopedia giuridica italiana, Stichwort Obbligazione, S. 19 ff.; *Simoncelli*, Le presenti difficoltà nella scienza del diritto civile, Camerino 1890, S. 24 ff.

obligation als etwas „rein Tatsächliches" ansieht, ist abzulehnen. Ihr wäre nur dann zuzustimmen, wenn im positiven Recht die Tendenz zum Ausdruck käme, wonach die Naturalobligation nichts anderes wäre als eine bloß moralische oder Gewissens-Verpflichtung und daher eine von vornherein außerrechtliche Pflicht. Anzeichen für eine solche Tendenz lassen sich zwar zweifelsohne beobachten, doch ist sie bisher, in unserem Recht jedenfalls, nicht mehr als eine Tendenz.

§ 44

Wenn es an den geschilderten Voraussetzungen der Relevanz einer Ordnung für eine andere fehlt, dann sind sie füreinander irrelevant. Damit stehen wir zwar vor einer lediglich negativen Aussage, die sich anders aber auch gar nicht machen läßt. Wir wollen versuchen, diese Aussage etwas schärfer zu konturieren und einige Formen der Irrelevanz zu unterscheiden.

Zuerst einmal ist an die Differenzierung zwischen totaler und teilweiser Relevanz zu denken. Letztere ist die Kehrseite der oben schon mehrfach erörterten teilweisen Relevanz.

Sodann kann die Irrelevanz alle in Frage stehenden Ordnungen betreffen — sie kann aber auch nur einseitig sein in dem Sinn, daß eine Ordnung eine andere als irrelevant ansieht, jene letztere aber der anderen für sich selbst eine bestimmte Bedeutung zumißt.

§ 45

Wichtiger und schwieriger zu untersuchen ist der Fall, in dem eine Rechtsordnung an sich für eine andere irrelevant ist, letztere jedoch unter einem ganz anderen Gesichtspunkt Konsequenzen an die Existenz dieser Ordnung knüpft.

Einer der einfachsten Beispielsfälle dafür liegt vor, wenn der Staat eine Organisation für gesetzwidrig ansieht und mit strafrechtlichen Mitteln gegen sie vorgeht. Dann sind nicht nur die Handlungen, die von der Organisation, ihren Zielen entsprechend, ausgehen, Delikte; darüber hinaus ist allein auch schon die bloße Gründung dieser Institution ein Verbrechen. So bestraft das Strafgesetz beispielsweise nicht nur bestimmte Handlungen, sondern auch die Bildung bewaffneter Banden, die zur Begehung solcher Handlungen gegründet wurden. Ebenso bestraft es die Ausübung besonderer Kommandofunktionen innerhalb solcher Banden (Art. 131, 253) und geht ganz allgemein gegen die auf gesetzwidriges Tun ausgerichteten Vereinigungen vor

(Art. 248)¹²⁷ᵃ. In diesen Fällen nimmt die staatliche Ordnung die schwersten ihr zur Verfügung stehenden Mittel zu Hilfe gegen solche Organisationen, die die staatliche Ordnung bedrohen. Mit anderen Worten: für die staatliche Ordnung handelt es sich bei diesen Organisationen nicht um „rechtliche" Ordnungen, im Gegenteil, sie qualifiziert sie als anti-rechtliche Fakten, als Verbrechen. Das ist der typischste Ausdruck für die Antithese zwischen staatlichem Recht und internem Recht dieser Organisationen.

Umgekehrt braucht eine Ordnung von der anderen — den Staat im Beispielsfalle — nicht unbedingt als System objektiven Rechts anerkannt zu sein und kann doch gleichwohl in diesem Rahmen eine der dort zulässigen Rechtsfiguren bilden. In diesem Falle ist die eingegliederte Ordnung, für sich allein betrachtet, eine Ordnung objektiven Rechts, wird aber, im Verhältnis zum Staat, zu etwas substantiell anderem.

Beispiele hierfür haben wir oben bereits unter anderen Gesichtspunkten angeführt. So kann unserer Meinung nach die Organisation eines Industriebetriebes Grundlage einer Ordnung objektiven Rechts sein (vgl. oben § 31). Diese Ordnung des Betriebes kann, aus sich selbst heraus beurteilt, bestimmten Personen eine Art von Hoheitsgewalt gegenüber anderen verleihen. Für das staatliche bürgerliche Recht bestehen diese Beziehungen jedoch lediglich in Verträgen zwischen einander rechtlich gleichgeordneten Personen¹²⁷ᵇ. Rechte und Pflichten, auf deren Schutz bzw. Erfüllung mit Hilfe des Staates diese Personen einen Anspruch haben, sind daher nur diejenigen, die sich unmittelbar aus den staatlichen Gesetzen (bzw. den auf ihnen beruhenden Rechtsgeschäften) ergeben. Da die staatlichen Gesetze nur den „Arbeitsvertrag" als solchen kennen und keine Herrschaftsgewalt des Arbeitgebers und auch keine Unterordnung der Arbeitnehmer, gibt es, wenn man nur von den staatlichen Gesetzen ausginge, keine betriebliche Disziplinargewalt. Im Innern des Betriebes besteht sie jedoch, einschließlich der Sanktionen, die sie rein tatsächlich zur Verfügung hat. Wenn es jedoch zu einem Streit kommt, mit dem die staatlichen Gerichte befaßt werden müssen, dann gilt die Ordnung des Betriebes nur noch in dem Umfang, als sie sich auf die vertragliche Grundlage zurückführen läßt. Ein Fehlverhalten des Arbeitnehmers ist dann eine Vertragsverletzung, eine Betriebsbuße ist Vertragsstrafe oder auch Schadensersatz wegen Nichterfüllung. Dies führt zu der Konsequenz,

---

¹²⁷ᵃ [Vgl. nunmehr die Art. 306 ff., 416 ff. des Codice penale vom 19. Oktober 1930.]

¹²⁷ᵇ [Die Ausführungen im Text beziehen sich auf das Recht des Arbeitsverhältnisses, wie es vor der gegenwärtig in Italien geltenden Ordnung bestand. Auch unter der Herrschaft des neuen Rechts hat sich insoweit eine reichhaltige diesbezügliche Literatur entwickelt.]

daß das Schuldrecht hier nur einen Teil der in der Wirklichkeit tatsächlich bestehenden Beziehungen erfaßt, und dies darüber hinaus auch noch in unvollkommener und nicht ganz passender Form. Das ist im übrigen allgemeine Überzeugung. Zum Beweis dafür mögen die Bemühungen der Lehre dienen, die auf irgendeine Weise versucht — und zwar teilweise durch echte Verdrehungen — die Wirklichkeit mit den staatlichen Normen in Einklang zu bringen. Einige vertreten in einer kühnen Konstruktion — und in offenem Gegensatz zumindest zum gegenwärtig geltenden Recht — die Auffassung, daß der Arbeitsvertrag ein echtes Über- und Unterordnungsverhältnis begründe[128]. Andere versuchen eine noch erheblich kompliziertere Lösung. Einerseits leugnen sie eine derartige Herrschaftsgewalt[129], gleichzeitig aber verkennen sie nicht die persönliche Abhängigkeit des Arbeitnehmers auf Grund des Arbeitsvertrages. Diese Abhängigkeit wird in ein enges Geflecht vertraglicher Grundlagen einbezogen, die zu einem entsprechenden persönlichen Status des Arbeitnehmers führen sollen, wobei eine eigene neue Definition des „status" geschaffen wird[130]. Die Wirklichkeit scheint anders zu sein. Die sogenannte Ordnung des Betriebes hat mit dem Arbeitsvertrag höchstens indirekt und auf Grund rein äußerlicher Verknüpfung etwas zu tun. Sicherlich wäre der Arbeitnehmer ohne den Vertrag nicht mit dieser Ordnung verbunden. Doch stellt der Vertrag insoweit lediglich eine Voraussetzung für diese Verbindung des Arbeitnehmers mit der betrieblichen Ordnung dar. Die Ordnung selbst beruht nicht auf dem Vertragsschluß, sondern auf der inneren Organisation des Betriebes, zu deren Glied man durch den Vertragsschluß wird. Diese Organisation selbst aber wird vom staatlichen Recht unmittelbar überhaupt nicht berücksichtigt. Das erkennen der Sache nach auch die Vertreter der Gegenauffassung an, wenn sie diese Ordnung etwa als „herrschaftliche Äußerung des Willens eines Einzelnen: des Betriebsleiters, der das Risiko trägt und daher auch die Arbeit leitet und koordiniert" bezeichnen[131]. Der Wille eines Einzelnen ist aber offenbar etwas anderes als die sich in einem Vertragsschluß zusammenfindenden verschiedenen Willen. Hinzu kommt, daß die innere Ordnung

---

[128] s. die bei *Barassi*, Il contratto di lavoro nel diritto positivo italiano, 2. Aufl., I, Milano 1915, S. 473 ff., 622, genannten Autoren. [Vgl. ferner für das danach geltende Recht, *Barassi*, Il diritto del lavoro, Milano 1935, I, S. 56, sowie *Riva Sanseverino*, Corso di diritto del lavoro, 2. Aufl., Padova 1938, Nr. 216 ff., und die dort genannten Autoren.] Ferner: *Cuche*, Du rapport de dépendance, élément constitutif du contrat de travail, Revue critique de législation et de jurisprudence, 1913; *Nawiasky*, Forderungs- und Gewaltverhältnis, Festschrift für Zitelmann, München und Leipzig 1913.

[129] *Barassi*, Il contratto di lavoro (s. oben FN 128), S. 473 ff. [Il diritto del lavoro — vgl. vorige Fußnote — Nr. 80].

[130] *Barassi*, Il contratto — wie FN 128 — S. 600 ff., 622, Fußnote auf S. 623; [Il diritto del lavoro, II, Milano 1936, Nr. 179 ff., 187 ff., 192 ff.].

[131] *Barassi*, Il contratto — wie FN 128 — S. 632.

des Betriebes nicht nur ein Band zwischen dem Betriebsleiter und dem einzelnen Arbeitnehmer beinhaltet, sondern ebenso auch zwischen den Arbeitnehmern untereinander[132]. Zwischen den Arbeitnehmern aber besteht — mit Ausnahme einiger nicht hierher gehöriger Fälle — kein Vertrag. All dies bestätigt unsere These, daß wir es hier mit zwei verschiedenen Rechtsordnungen zu tun haben, einmal der des Betriebes und zum andern der des Staates.

Die erstere wird als solche von der letzteren nicht anerkannt[133]; andererseits berücksichtigt auch die staatliche Ordnung ihrerseits einige tatsächliche Ausgestaltungen, die den Kern der betrieblichen Ordnung ausmachen. Die staatliche Ordnung tut dies jedoch in anderer als der ursprünglichen Form, indem sie auf die Vereinbarkeit mit ihren eigenen Rechtsfiguren achtet. Der moderne Staat wollte jede Form persönlicher Abhängigkeit im Verhältnis von Privatpersonen untereinander beseitigen. In diesem, als Reaktion auf die Zustände früherer Jahrhunderte und die in ihnen bestehenden Mißbräuche, notwendigen Bemühen ist er jedoch insofern zu weit gegangen, als er dabei verkannt hat, daß in gewissen sozialen Lebensbereichen eine Ungleichheit zwischen Privatpersonen zur Zeit noch notwendig ist. Wahrscheinlich wird sie in diesen Bereichen auch stets notwendig bleiben. Durchgesetzt gegen die staatlichen Normierungen hat sich die soziale Wirklichkeit — stärker und mächtiger als das staatliche Recht. Die soziale Wirklichkeit hat neben und entgegen dem staatlichen Recht eine Reihe von anderen, auf bestimmte Bereiche beschränkte Ordnungen geschaffen, in denen diese Rechtsbeziehungen, die nun einmal sein müssen, eine bessere und befriedigendere Erklärung finden können. Es ist sicher zuzugeben, daß es sich hierbei um Ordnungen handelt, die, weil nicht vom Staat anerkannt, ihrerseits nicht eine ebenso vollständige Wirksamkeit wie die staatliche Ordnung erreichen können. Andererseits bleibt aber die staatliche Ordnung auch selbst zu einem bestimmten Teil unwirksam, indem sie diese anderen Ordnungen nicht kennen will und damit die *Wirklichkeit* verkennt. Das Verhältnis beider Ordnungen zueinander ist als solches bereits Ursache zahlreicher Schwierigkeiten, ohne daß es zu einer echten gegenseitigen Ergänzung führen würde. Wenn man dann an die Probleme einer umfassenden Reform des Ar-

---

[132] *Barassi*, Il contratto — wie FN 128 — S. 755 f.; [Il diritto — s. FN 128 — Nr. 180].

[133] Anders ist die Rechtslage natürlich in den Ordnungen derjenigen Staaten, die das Recht des Arbeitgebers zum Erlaß oder zur Veränderung von Arbeits- und Betriebsordnungen regeln. Für diesen Fall halten einige dies für die Zuerkennung eines Herrschaftsrechts seitens des Staates (*Jellinek*, Sistema — s. oben FN 46 — S. 278 und dort von ihm genannten Autoren *Bornhak* und *Rehm*), während andere dieses Recht weiterhin aus einem Vertrag ableiten wollen (*Laband*) oder es unmittelbar aus der Betriebszugehörigkeit erklären.

beitsrechts denkt, so sieht man, daß sie zu einem Teil unvermeidlich sind, weil aus der Komplexität der heutigen Arbeitswelt folgend; daß sie zu einem anderen Teil aber auch auf dem Weiterbestehen politischer Vorurteile beruhen. Dabei geht es um eben jene Vorurteile, die auch dem Ungenügen des geltenden Rechts zugrunde liegen, indem sie es zwingen, ein Verhältnis der Ungleichheit rechtlich als Beziehung unter Gleichen zu konstruieren.

Ein anderes Beispiel für Rechtsbeziehungen, die von der staatlichen Ordnung anders beurteilt werden als von der inneren (vom Staat nicht eigens anerkannten) Ordnung der jeweiligen Organisation, bilden die sogenannten rein faktischen Institutionen. Sie sind oben (§ 31) bereits kurz behandelt worden[133a].

§ 46

Eine Ordnung kann für eine andere auch vollständig und in jeder Hinsicht irrelevant sein. Dann wird sie im Gegensatz zu dem im vorigen Paragraphen erörterten Fall von der anderen Ordnung überhaupt nicht berücksichtigt — weder als Rechtsordnung noch sonst als bloßes rechtliches Faktum, und auch die innerhalb dieser Ordnung bestehenden Rechtsverhältnisse bleiben völlig außerhalb des Interesses der anderen Ordnung.

Daß eine solche weitgehende Irrelevanz möglich ist, ergibt sich aus den bisher erörterten Prinzipien. Es gibt einige Ordnungen, für die eine solche Irrelevanz sogar die Regel bildet, auch hier jedoch nicht ohne Ausnahmen. Solche Irrelevanz findet sich zwischen solchen auf bestimmte Ziele ausgerichteten Institutionen, deren Zweck jeweils völlig voneinander verschieden ist, und die deshalb auch gar nicht die Möglichkeit zu gegenseitiger Beeinflussung haben. Anders liegen die Dinge bei Institutionen mit breiter Basis und mit Zielen, die sich auf weite Bereiche des sozialen Lebens erstrecken. Dann entsteht auf Grund der zahlreichen Bindungen, die von den verschiedenartigen Wirkungen dieser Institutionen ausgehen, die Möglichkeit oder Notwendigkeit zu Beziehungen zwischen den einzelnen Ordnungen. Doch ist stets zu berücksichtigen, daß auch die umfassendste Institution niemals alle denkbaren sozialen Beziehungen als für sich relevant ansehen will.

[133a] [Ein weiteres Beispiel: Die Regeln ritterlichen Zusammenlebens als Normen der sogenannten „Gemeinschaft der Edelleute" kann man, wenn man sie nur für sich allein betrachtet, als Rechtsnormen ansehen, dies aber bedeutet nicht, daß, wie andere (*Calamandrei*, Regole cavalleresche — s. oben FN 29b —) geglaubt haben, auch der Staat sie als solche anerkennt. Im italienischen Recht hat ihre Verletzung zwar gelegentlich Rechtsfolgen, nicht aber deshalb, weil es sich hierbei um eine Gesetzesverletzung handelt, sondern als Verletzung der herrschenden Sitte. Vgl. dazu meinen Corso di diritto amministrativo, 3. Aufl., Padova 1937, S. 37 f.]

Einige dieser Beziehungen bleiben also stets außerhalb ihrer eigenen Rechtssphäre und können deshalb durchaus in den Einflußbereich einer anderen Institution fallen. Dies gilt auch für universal ausgerichtete Institutionen, wie z. B. die Kirche, für die all das, was nicht unmittelbar — oder auch bloß mittelbar — mit ihren religiösen Zielsetzungen zu tun hat, außerhalb ihres Interessenbereichs bleibt. Gleiches gilt auch für die zwar nicht universalen, doch gleichwohl allgemeinen Institutionen, z. B. für die verschiedenen Staaten (§ 33). Auch deren Ordnungen sind nämlich in dem von uns hier zugrunde gelegten Sinne begrenzt: dies gilt vor allem im Hinblick auf die Elemente, aus denen der Staat besteht, nämlich Staatsgebiet und Staatsvolk. Während zwar jeder Staat die theoretische Möglichkeit hat, seine Gesetze auch darüber hinaus auszudehnen, hat sein Recht doch im Regelfall nicht eine über das eigene Volk und Gebiet hinausgehende Ausdehnung. Von dieser Regel gibt es bekanntlich eine Reihe wichtiger Ausnahmen, insbesondere in den modernen Staaten, die im Gegensatz zu früheren nicht mehr in diesem Maße in sich geschlossen sind. Doch bleibt es im Grundsatz bei der genannten Regel, wonach für jeden Staat die Ordnungen fremder Staaten und das, was für sie relevant ist, grundsätzlich keine Bedeutung haben. An dieser Feststellung scheint uns ein Zweifel nicht möglich. Als Beispiel sei angeführt, daß man in einigen Staaten — etwa in Frankreich — der Auffassung ist, die staatlichen Gerichte hätten nur den Staatsangehörigen gegenüber eine Pflicht zum Tätigwerden und seien daher — mit wenigen Ausnahmen — nicht zur Entscheidung eines Rechtsstreits zwischen Ausländern berufen. Ebenso wurde auch für das italienische Recht von einem bedeutenden Autor[134] die Meinung vertreten, unsere Richter hätten über Ausländer nur in den ausdrücklich bestimmten Fällen der Art. 105 und 106 der Zivilprozeßordnung zu urteilen. Aber auch wenn man die Aufzählung in diesen beiden Vorschriften nicht als abschließend ansehen wollte, bleibt es jedenfalls bei dem allgemeinen Prinzip, daß die Unterwerfung von Ausländern unter unsere Rechtsprechung nur unter bestimmten Bedingungen stattfinden kann, die es hier nicht zu erörtern gilt und bei deren Fehlen diese Rechtsverhältnisse weder materiellrechtlich entschieden werden können, noch für sie überhaupt eine Zuständigkeit besteht.

Auch die in seinem Innern bestehenden Beziehungen will der Staat nicht immer unter sein eigenes Recht subsumieren. Eine solche Subsumtion setzt vielmehr stets voraus, daß die betreffenden Beziehungen

---

[134] *Anzilotti,* Il riconoscimento delle sentenze straniere di divorzio, Bologna 1908, S. 57 ff. Fußnote, und in Rivista di diritto internazionale, 1908, S. 171 ff. [Vgl. nunmehr die Art. 4 und 5 der neuen Zivilprozeßordnung von 1940, und, für die Lehre, *Morelli,* I limiti della giurisdizione italiana nel nuovo C. P. C., Rivista di diritto processuale civile, 1941, I, S. 104 ff.; *Zanzucchi,* Il nuovo diritto processuale civile, I, 2. Aufl., Padova 1942, S. 22 ff.]

für den Staat und für seine Ziele von Interesse sind (§§ 33, 40). Wenn man daher auch gewohnt ist, den Staat als eine Institution mit unbegrenzten Zielen anzusehen, so ist doch auch klar, daß diese Kennzeichnung eher einen negativen als einen positiven Inhalt hat. Im Grunde soll sie doch wohl nur zum Ausdruck bringen, daß es keinen sozialen Zweck geben kann, den der Staat nicht zu seinem eigenen machen könnte. Dabei handelt es sich jedoch lediglich um eine abstrakte Möglichkeit. Wie ausgedehnt auch das Recht eines Staates sein mag, so bleibt es, in der Wirklichkeit, stets doch inhaltlich begrenzt. Es gibt Materien, die nicht in den Bereich des staatlichen Rechts fallen, für die der Staat kein Interesse zeigt und die er deshalb weder als solche, zwecks staatlicher Regelung, beachtet, noch insofern, als sie vielleicht durch eine andere Ordnung geregelt sein könnten.

§ 47

Demgegenüber wird auch die Auffassung vertreten, daß „es keine Sphäre des individuellen Lebens gebe, die nicht vom Recht" — das soll bedeuten: vom staatlichen Recht — „erfaßt sei". „Eine bestimmte Handlung", so hat man ausgeführt, „ist entweder geboten oder verboten auf Grund einer gesetzlichen Bestimmung, oder sie gehört in den allgemeinen Freiheitsbereich, und ist daher insofern erlaubt, es sei denn, daß Rechte Dritter in Frage stünden. In letzterem Fall wäre die Handlung ebenfalls nicht mehr erlaubt. Gleiches gilt für Unterlassungen"[135]. Diese Schlußfolgerungen hat man aus einem Prinzip hergeleitet, das man wie folgt formulieren könnte: wenn eine Rechtsordnung bestimmte Fallgestaltungen regelt, und für sie bestimmte Rechte und Verpflichtungen festlegt, dann stellt sie damit implizit eine allgemeine Norm des Inhalts auf, daß es bei allen anderen Fallgestaltungen keine Einschränkungen geben solle. Diese Norm sei nicht nur negativ — eine bloß negative Norm könne keine rechtliche Norm sein — sie sei auch positiv: sie erlaube positiv, alle jene Handlungen vorzunehmen oder zu unterlassen, die nicht ge- oder verboten sind. Auf diese Weise würden jene Handlungen den Inhalt eines Freiheitsrechts bilden und wären daher rechtlich relevant[136].

Hier ist nicht der Ort, sich lange mit dieser Theorie auseinanderzusetzen, die zur Erklärung des sogenannten Problems der Lücken im Recht aufgestellt wurde. Diese Frage müßte ganz anders angegangen werden, wie ich in einer späteren Untersuchung darlegen möchte[136a].

---

[135] *Donati*, Il problema delle lacune dell'ordinamento giuridico, Milano 1910, S. 223.

[136] *Donati*, wie oben, S. 35 ff., und passim.

Doch seien gleichwohl auch hier noch einige kurze Bemerkungen zu dieser Theorie gebracht.

Insbesondere scheint es verfehlt, daß die erwähnte allgemeine Norm einer Rechtsordnung eine „positive" Norm in dem Sinne sein müsse, daß sie ihrerseits stets ein Recht verleihen müsse (nämlich die Freiheit, etwas zu tun), dessen Pendant dann eine Pflicht anderer Subjekte wäre. Sollte es sich nicht auch um eine rein negative Norm handeln können mit dem Inhalt, daß es — außer den im einzelnen festgelegten Pflichten — andere nicht gäbe? Wir haben es hier wieder mit dem von uns (§ 22) abgelehnten Vorurteil zu tun, wonach das Recht ausschließlich als Beziehung zwischen Personen, und zwar als ein Verhältnis von Rechten und Pflichten, anzusehen sei[137]. Im Gegensatz dazu ist es unserer Meinung nach genausogut vorstellbar, daß eine Rechtsordnung die eigene Beschränkung auf bestimmte Materien zu ihrem Prinzip erklärt, was zur Folge hat, daß jener Bereich rechtlich irrelevant bleibt und es in ihm weder Rechte noch Pflichten gibt. Das ist im übrigen nicht nur ein möglicher Inhalt einer Rechtsordnung, sondern vielmehr sogar ein notwendiger, wenn unsere obige Feststellung zutrifft, daß eine Ordnung niemals alle Lebensäußerungen der zu ihr gehörenden Individuen regeln will, sondern nur insoweit, als sie die von ihr verfolgten Ziele betreffen[138].

Sodann ist es unserer Auffassung nach unzutreffend, wenn man in der Möglichkeit, etwas nicht ausdrücklich Ge- oder Verbotenes zu tun, ein echtes Freiheitsrecht sehen will. Würde man diesen Weg konsequent weitergehen, müßte man schließlich überall Freiheitsrechte sehen, auch dort, wo die herkömmliche Lehre gefühlsmäßig oder auch aus richtiger Einschätzung der Dinge heraus niemals davon geträumt hatte. Und nur so könnte man verstehen, wie man schließlich sogar ein Freiheitsrecht des Staates konstruieren konnte, des Inhalts, alles, was ihm von der Rechtsordnung nicht ausdrücklich geboten oder verboten sei, tun zu dürfen[139]. In Wahrheit handelt es sich bei dieser „Freiheit" um nichts anderes als um einen Aspekt der staatlichen Machtbefugnis und damit um etwas substantiell anderes als ein schlichtes Freiheitsrecht. Ein Freiheitsrecht kann man gegenüber einem auf gleicher oder höherer

---

[136a] [Hierzu vgl. nunmehr meine Arbeit Osservazioni sulla completezza dell'ordinamento statale, Modena 1925, und meine Principii — s. oben FN 9 — Kap. VII, § 7.]

[137] *Bierling* — s. oben FN 2 — S. 91 ff.; *Donati* — s. oben FN 135 — S. 38 ff.

[138] Vgl. insbesondere *Bergbohm*, Jurisprudenz und Rechtsphilosophie, I, Leipzig 1892, S. 371 ff.; s. ferner *Marinoni*, in Rivista di diritto e procedura penale, 1911, I, S. 312 ff.; [und in Scritti vari, Città di Castello, 1933, S. 41 ff.; *Romano*, Principii — s. oben FN 9 — Kap. VII, § 2, und passim].

[139] *Donati* (s. oben FN 135), S. 227 ff.

Stufe stehenden Partner haben, nicht aber gegenüber einem Untertanen. Im Verhältnis zu den Untertanen ist man nicht einfach „frei", sondern (man verzeihe uns den Ausdruck) Herr.

Auch unabhängig von dieser Überlegung halten wir es nicht für richtig, wenn man eine Reihe anderer Rechte mit dem Freiheitsrecht vermengt, obgleich von diesen anderen Rechten jedes seinen eigenen Umriß hat und von der Rechtsordnung positivrechtlich geregelt ist. Nicht nur die Machtbefugnis des Staates, sondern auch etwa die gemeindliche Selbstverwaltung oder das Eigentum (privates ebenso wie öffentliches) beinhalten rechtliche Möglichkeiten und den Anspruch gegen Dritte, Beeinträchtigungen dieser Rechte zu unterlassen — und doch handelt es sich dabei nicht auch um „Freiheitsrechte". Von einem besonderen Freiheitsrecht kann man richtigerweise nur dann sprechen, wenn man darunter ein Recht verstehen will, das die Unabhängigkeit eines Subjekts gegenüber einem anderen zum Ausdruck bringen soll, wobei diesem anderen (auf gleicher oder höherer Stufe stehenden) die Pflicht obliegt, die so umgrenzte Rechtssphäre nicht zu beeinträchtigen. Das ist ein rein negatives Recht, gerichtet auf eine schlichte Unterlassung, während das positive Tun, das parallel dazu denkbar ist, entweder Objekt eines anderen öffentlichen oder privaten Rechts ist oder völlig irrelevant bleibt. Auch die inzwischen weitgehend anerkannte Auffassung, daß das Freiheitsrecht ein einheitliches sei (also nicht in so viele Einzelrechte aufzuspalten sei, wie es Möglichkeiten zur Verwirklichung — nämlich unzählige — enthalte), läßt sich nur dann vertreten, wenn man ihm, wie hier, einen ausschließlich negativen Inhalt zuspricht[139a]. Die konkreten Möglichkeiten zur Verwirklichung, soweit sie sich in positivem Tun äußern, begründen nämlich in der Tat ihrerseits in jedem dieser Fälle ein solches Einzelrecht. Als einheitliches Recht könnte man diese zahlreichen konkreten Verwirklichungsmöglichkeiten nur dann auffassen, wenn man ihre einheitliche Grundlage herausstellt, daß sie nämlich Ausdruck der persönlichen Unabhängigkeit sein können. Nur insoweit als man diesen Gesichtspunkt betont, vermag man diese verschiedenartigsten konkreten Lebensäußerungen unter die Definition eines allgemeinen Freiheitsrechts einzuordnen. Im übrigen handelt es sich entweder um einzelne konkrete oder um rechtlich irrelevant bleibende Rechtsfiguren.

Wir wollen in diesem Zusammenhang nur noch einen weiteren Punkt erörtern: eine Rechtsordnung kann ihren eigenen Wirkungsbereich auf verschiedene Weise begrenzen, und man darf nicht, wie es die hier abgelehnte Lehre tut, diese verschiedenen Formen einfach vernachläs-

---

[139a] [Gegen diese Meinung s. nunmehr meine Schrift Osservazioni — s. oben FN 136a — S. 5, Fußnote 2 und meine Principii — s. oben FN 9 — Kap. VIII, § 4, Nr. 2, und Kap. IX, § 1.]

II. Teil: Die Vielfalt der Rechtsordnungen § 47

sigen. Von diesen verschiedenen Wegen interessieren uns vor allem die folgenden:

a) Erste Möglichkeit ist, daß eine Rechtsordnung einseitig und nur die Befugnisse ihrer Organe und Behörden begrenzt, ohne daß auf seiten der Betroffenen dieser Begrenzung ein entsprechendes Gegenrecht auf Einhaltung dieser Beschränkungen entspräche. Diese besonders in älteren Staatstypen am meisten bevorzugte Form der Begrenzung zeigt, wie richtig die allgemeine Auffassung ist, daß die Behauptung eines allgemeinen öffentlichrechtlich inspirierten Freiheitsrechts erst ziemlich neueren Datums und erst für den modernen Staat charakteristisch ist. Es handelt sich also nicht, wie verschiedentlich im Gegensatz zur historischen Entwicklung behauptet wird, um einen notwendigen Bestandteil jeder Rechtsordnung. Auch heute kann man in unserem positiven öffentlichen Recht ohne Mühe eine Reihe von Fällen aufzählen, in denen Beschränkungen der öffentlichen Gewalt festgelegt sind, ohne daß ihnen entsprechende Rechte der Bürger gegenüberstünden. Am einleuchtendsten ist das Beispiel, daß für die gesetzgebende Gewalt bestimmte Grenzen festgelegt wären: gleichwohl wäre auch dann niemand berechtigt, den Gesetzgeber zur Einhaltung dieser Grenzen zu zwingen (vgl. oben § 22).

b) Sodann ist an den Fall zu denken, daß sich aus der Selbstbegrenzung einer Rechtsordnung Rechte ergeben, die diese Rechtsordnung selbst begründet hat und die die Einhaltung dieser Grenzen zum Inhalt haben. Am charakteristischsten für diese Art Rechte ist das allgemeine Freiheitsrecht (gemäß obigen Erörterungen als rein negatives Recht aufgefaßt), nach dessen Inhalt jedes der einer Rechtsordnung unterworfenen Subjekte über eine bestimmte Unabhängigkeit verfügt. Diesem Recht entspricht für die übrigen Subjekte die Pflicht, die so umschriebene Freiheitssphäre ihrerseits nicht zu beeinträchtigen. Es gibt auch noch andere Rechte — nunmehr im wesentlichen positiven Inhalts und daher von dem allgemeinen Freiheitsrecht zu unterscheiden —, die ebenfalls voraussetzen, daß die Rechtsordnung ein bestimmtes Tun unnormiert läßt und dieses Tun, innerhalb bestimmter Grenzen, dem Willen einzelner Rechtssubjekte überläßt. Ein bereits erwähntes Beispiel hierfür bildet das Eigentum. Manchmal ist es auch richtiger, statt von Rechten von einem Status zu sprechen, beispielsweise bei dem Status der Selbstverwaltung einiger öffentlichrechtlicher Körperschaften. Ebenfalls hierher gehört der durch das behördliche Ermessen zugewiesene Entscheidungsspielraum.

Wie man sieht, handelt es sich um eine Reihe ganz verschiedenartiger Fälle, die jedoch unter dem hier interessierenden Gesichtspunkt eines gemeinsam haben: daß nämlich die Rechtsordnung gewisse Betätigungen als rechtlich relevant ansieht, dies aber nur in einem *bestimmten*

Umfang. Sie umschreibt eine Sphäre, die in dem Umfang, in dem sie von der Rechtsordnung gewährt und begrenzt wird, ein Recht, einen *Status,* verleiht. Wird über diesen zugewiesenen Bereich hinausgegriffen, handelt es sich um einen Mißbrauch der verliehenen Handlungsfreiheit. Dieser Mißbrauch ist nunmehr seinerseits auch wieder rechtlich relevant. Die Rechtsordnung verzichtet jedoch darauf, in den von ihr ausgesparten Bereich hineinzuwirken, dergestalt, daß dessen Inneres für sie rechtlich irrelevant ist. Die Existenz dieses sozusagen rechtlich indifferenten Raumes ließ den einen oder anderen daran zweifeln, ob man es hier noch mit diesem oder jenem konkreten Recht zu tun haben könnte. So haben einige bekanntlich das allgemeine Freiheitsrecht geleugnet und in ihm lediglich eine Möglichkeit (oder einen Komplex von rein tatsächlichen Möglichkeiten) sehen wollen. Von einem ähnlichen Ausgangspunkt her haben andere geleugnet, daß das Eigentum ein „Recht" sei. Diese Meinungen, die den Bereich des rechtlich Indifferenten erweitern, sind genauso irrig wie die Gegenauffassung, nach der jedes Tun stets rechtlich relevant sein soll. Beide Auffassungen sehen die Grenze nicht, bis zu der eine Rechtsordnung sich erstreckt und über die hinaus sie nicht wirken will.

An sich ist es schon richtig, daß die Ordnung ein Freiheitsrecht verleiht. Von diesem Augenblick an aber sind die in Ausfüllung des verliehenen Freiheitsrechts vorgenommenen Akte von der Rechtsordnung aus gesehen nichts anderes mehr als ein rein tatsächliches Geschehen, um das sie sich nicht mehr zu kümmern braucht. Die Ordnung verleiht das Eigentumsrecht — aber für die Art und Weise der Nutzung der Sache seitens des Eigentümers interessiert sie sich nicht, soweit dieser dabei im Rahmen der Gesetze bleibt. Dem Familienvater verleiht sie die väterliche Gewalt, also ein Recht, dessen Mißbrauch sie verbietet und strafrechtlich verfolgt. Die einzelnen in der väterlichen Gewalt enthaltenen verschiedenen rein tatsächlichen — und als solche rechtlich indifferenten — Möglichkeiten sieht die Rechtsordnung dagegen nicht mehr als Rechte an, sondern nur noch als konkrete Möglichkeiten. Ein Beispiel für sie: die Möglichkeit, dem Söhnchen, das einen Schelmenstreich begeht, eine Kopfnuß zu verpassen.

Daß es eine solche — oder besser: da es solche — in ihrem Innern rechtlich indifferente Sphären gibt, können wir daraus umgekehrt schließen, daß sich in ihrem Innern eine andere Ordnung bilden kann, die für die höhere Ordnung indifferent bleibt, solange jedenfalls, wie sie sich auf den ihr zuerkannten Freiheitsraum beschränkt. So wie die einzelnen konkreten Handlungen, zu denen der dominus (um ihn einmal so zu nennen) der jeweiligen Sphäre befugt ist, für die Rechtsordnung indifferent sind, genauso indifferent wird die Ordnung sein, mit der der dominus im einen oder anderen Fall diese seine konkreten

Handlungen zu regeln versuchen wird. Diese Ordnung kann, wenn die von uns dargestellten Voraussetzungen dafür vorliegen, eine Rechtsordnung sein — doch für die staatliche Ordnung bleibt sie ohne Relevanz. In der gleichen Weise, wie die staatliche Ordnung der konkreten Auswahl väterlicher Zuchtmittel gegenüber gleichgültig bleibt, sofern sie den Rahmen der verliehenen väterlichen Gewalt nicht überschreiben, genauso wenig befaßt sich die staatliche Ordnung mit der Hausordnung eines Konvikts, eines Instituts oder eines privaten Erholungsheims. Was sie tut, ist nur folgendes: sie stellt diejenigen Zuchtmittel oder Disziplinarformen unter Strafe (Art. 390 Strafgesetzbuch)[139b], die sie als mißbräuchlich ansieht — und zwar als mißbräuchlich nicht im Verhältnis zu den Normen in jener Hausordnung (diese hat für den Staat überhaupt keine Bedeutung), sondern im Verhältnis zu den vom Staat selbst für die Ausübung dieser Art von Selbstverwaltungsrechten vorgegebenen *Grenzen*[140].

Im Gegensatz zu dieser bisher erörterten Konstellation kann eine Rechtsordnung, die sich innerhalb des ihr vom Staat zugewiesenen Autonomie-Rahmens entfaltet, unter bestimmten Umständen gleichwohl von Bedeutung für den Staat sein. Dies gilt z. B. für die innere Verfassung der sogenannten autarken Körperschaften oder für das Recht der Kirche, wenn es vom Staat als objektives Recht anerkannt ist. Daraus ergibt sich, daß die Staatsorgane zwar ihre eigene Kompetenz nicht auf die Akte dieser Körperschaften erstrecken (jedenfalls in der Regel), insoweit sie in ihrem Rahmen bleiben, dennoch aber die Gesetzmäßigkeit dieser Akte voll nachprüfen können — und zwar nicht nur im Verhältnis zum staatlichen Recht, sondern auch nach dem internen Recht dieser Körperschaften[141].

[139b] [Art. 511 des jetzt geltenden Strafgesetzbuches.]

[140] Daraus ergibt sich unserer Meinung nach, daß jene sich irren, die aus dem positiven italienischen Recht ein Disziplinarrecht Privater herleiten wollen. Private Ordnungsvorschriften sind, wenn sie für das staatliche Recht relevant sind, dies nicht in ihrer Eigenschaft als private Disziplinarbestimmungen, sondern unter anderen rechtlichen Gesichtspunkten, und zwar meistens als Reaktion auf Vertragsverletzungen. Private Ordnungsvorschriften und Maßnahmen können auch völlig irrelevant sein, es sei denn, daß es sich um den Mißbrauch eines anderen Rechts handelt, etwa des väterlichen Züchtigungsrechts. Das hindert aber wiederum nicht, daß diese private Strafgewalt gelegentlich für eine andere als die staatliche Ordnung Relevanz hat. [Ich bin heute der Auffassung, daß man das Problem — das eine vertiefte Untersuchung verdiente — nicht stets in solch absoluter Form lösen kann.]

[141] Zu diesem Punkt des Verhältnisses zwischen Staat und Kirche bestehen verschiedene Auffassungen. Vgl. *Scaduto*, in Giurisprudenza italiana, 1904; *Vacchelli*, in Foro italiano, 1904; *Schiappoli*, in Legge, 1903, und in Manuale — s. oben FN 70 — Nr. 291 und 292 [Aufl. 1934 — s. ebenfalls oben Note 70 — S. 75 ff.;] *Coviello*, Manuale — s. oben FN 82a — §§ 98 und 99; *Jemolo*, Amministrazione ecclesiastica, Nr. 85 ff.

c) Schließlich ist noch eine weitere mögliche Fallgestaltung zu erörtern. Es ist denkbar, daß der Staat einerseits seinen Untertanen ein bestimmtes Tun nicht verbietet (oder gebietet), ihnen insoweit also einen Freiheitsraum gewährt, daß er aber andererseits den übrigen Bürgern eine diese Freiheit beeinträchtigende Tätigkeit nicht verbietet. Der Staat bleibt somit beiden Arten von Aktivitäten gegenüber indifferent. Dann widersprechen sie einander, und deshalb können sie auch nicht als Gegenstand echter „Rechte" angesehen werden.

Um ein Beispiel anzuführen: das italienische Recht verbietet den Selbstmord nicht, möchte aber damit nicht etwa verbieten, daß Dritte den Selbstmörder an seinem Tun zu hindern suchen — und man kann gewiß nicht von einem Recht auf Selbstmord sprechen. Und es gibt, wie schon mehrfach betont, ganze Materien, die der Staat außerhalb seines Regelungskreises beläßt und für die er sich daher teilweise oder vollständig nicht interessiert (vgl. auch oben b)).

Zu diesen Materien gehören vor allem die rein geistlichen und religiösen. Zumindest kann man hier eine entsprechende Tendenz des modernen Staates sehen, insoweit er sich als laizistisch und auf Trennung von Kirche und Staat ausgerichtet sieht. Die immer weniger zahlreich werdenden einschlägigen Vorschriften sind im allgemeinen Überbleibsel früherer Ordnungsvorstellungen, die weitergelten, da sie noch nicht abgeschafft sind, ohne dadurch jedoch die erwähnte Regel zu widerlegen. Ein Beispiel bilden die Vorschriften über die kirchliche Eheschließung: die früheren auf sie bezogenen staatlichen Gesetze sind abgeschafft und durch die Vorschriften über die Ziviltrauung ersetzt[141a]. Aus dieser Entwicklung folgt, daß die kirchliche Eheschließung als solche heute außerhalb des Bereichs des staatlichen Rechts steht, daß also die entsprechenden Regelungen der verschiedenen Kirchen oder Kulte unbeachtlich sind. Dieses Prinzip kann zur Lösung der Streitfrage beitragen, ob die Gläubigen nach staatlichem Recht einen Anspruch gegen die zuständige kirchliche Stelle auf den Vollzug einer kirchlichen Trauung haben[142]. Diese Frage ist unserer Meinung nach zu verneinen auf Grund der einfachen Überlegung, daß es sich hierbei um eine für das staatliche Recht irrelevante Materie handelt. Deshalb ist es auch überflüssig, wenn man, wie dies geschehen ist, den Nachweis zu führen sucht, ob ein solches sicherlich nicht direkt vom Staat gewährtes

---

[141a] [Bekanntlich sind nach dem neueren staatlichen italienischen Recht auch die vor den Amtsträgern der katholischen Kirche und der übrigen anerkannten Religionsgemeinschaften geschlossenen Ehen staatlichrechtlich wirksam.]

[142] s. zu dieser Frage *Jemolo*, Esiste un diritto dei fedeli al sacramento? Rivista di diritto pubblico, 1915, II, S. 133 ff. Ein kurzer Hinweis auch bei *Chironi*, Colpa extracontrattuale, Torino 1903, II, S. 533 und 673 [Auflage 1906, Nr. 529, 598].

II. Teil: Die Vielfalt der Rechtsordnungen § 47

Recht sich vielleicht aus der jeweiligen Kirchenverfassung ergeben könnte. Denn selbst wenn man letzteres nachweisen könnte, stünde hier immer noch die Tatsache, daß diese Ordnung für den Staat eine fremde ist und er daher den sich aus ihr ergebenden Rechten keinen Rechtsschutz verleihen kann. Voraussetzung dafür, daß dem Kirchenrecht zivile Wirkungen zukommen, ist seine Anerkennung als objektives Recht seitens des Staates. Diejenigen Teile des Kirchenrechts, denen solche Wirkungen nicht zukommen, sind für den Staat — mit Ausnahme ausdrücklicher Ausnahmevorschriften — irrelevant.

Dieses Prinzip gilt, wohlgemerkt, nicht nur für den Bereich religiöser Fragen, sondern allgemein. Man könnte in diesem Zusammenhang an die berühmte Streitfrage denken, ob es innerhalb des Privatrechts — ausgenommen das Familienrecht, in dem die Dinge im einzelnen geregelt sind — nichtvermögensrechtliche Schuldverhältnisse gibt. Diejenigen, die diese Frage verneinen, gehen, wenn man es näher betrachtet, im Grunde genommen von der Meinung aus, daß eine Reihe von Rechtsbeziehungen für das staatliche Recht irrelevant seien. Das staatliche Recht würde sich, jedenfalls im Regelfall, auf Rechtsverhältnisse mit unmittelbar oder mittelbar vermögensrechtlichem Inhalt beschränken.

In ähnlicher Weise sollte man unserer Auffassung nach die Frage angehen, ob ein Gesellschafter, der von seiner Gesellschaft ausgeschlossen wurde, stets und auf jeden Fall berechtigt sei, dagegen die staatlichen Gerichte anzurufen. Ein solches Recht ist grundsätzlich jedenfalls dann zu bejahen, wenn es sich um eine handelsrechtliche oder bürgerlichrechtliche Gesellschaft handelt oder doch überhaupt um eine juristische Person: in diesem Fall hat man es mit vom Staat anerkannten Rechtsformen zu tun, die direkt oder indirekt vom staatlichen Recht geregelt werden. Anders ist es, so meinen wir, wenn es sich um eine Vereinigung handelt, die keine „zivilen Wirkungen" (im weitesten Sinn) haben kann; dann sind auch die staatlichen Gerichte nicht zu einer Entscheidung berufen, weil die Vereinigung und ihr internes Recht für den Staat indifferent sind. Es kommt daher nicht etwa darauf an, daß ein solches Anrufen der staatlichen Gerichte nach dem internen Recht der Organisation ausdrücklich ausgeschlossen sein und dafür etwa andere Instanzen die Streitschlichtung übernehmen sollen[143]. Unserer Auffassung nach ist es daher beispielsweise grundsätzlich nicht zulässig, daß ein staatliches Gericht über den Ausschluß des Mitglieds einer politischen Partei urteilt oder gar etwa die Partei zur Wieder-

---

[143] C. *Lessona* (I diritti dei soci nelle associazioni private, in Rivista di diritto commerciale, 1910, I, S. 378 ff.) sieht das Problem unter dem Gesichtspunkt der Existenz solcher Vorschriften und untersucht sodann, inwieweit diese Vorschriften wirksam sein können. In allgemeinerer Form geht *Bianchi* (Corso di diritto civile, 2. Aufl., IV, Nr. 17) die Frage an.

aufnahme des Mitglieds verurteilt[143a]. Anders ist es natürlich hinsichtlich der mit dem Ausschluß eventuell verbundenen anderen Probleme mit „ziviler Wirkung". Welcher Platz diesen Überlegungen in einer noch fehlenden allgemeinen Theorie der Personenzusammenschlüsse zuzukommen hätte, ist hier nicht zu untersuchen.

§ 48

Wir wollen diesen zweiten Teil unserer Untersuchung mit einer Überlegung abschließen, die wir vielleicht später einmal in einer eigenen Studie wieder aufgreifen können.

Im bisherigen haben wir das Verhältnis der verschiedenen Rechtsordnungen zueinander untersucht, indem wir die einzelnen Institutionen trotz der zwischen ihnen möglichen Beziehungen jeweils für sich allein betrachtet haben, als voneinander grundsätzlich verschiedene rechtliche Sphären. Es gibt jedoch, wie mehrfach betont, Institutionen, die von anderen umschlossen und vollständig beherrscht sind, dergestalt, daß ihre Ordnung als Teil der Ordnung der höheren Institution anzusehen ist. Die Unterscheidung zwischen beiden Institutionen, die ihre Berechtigung hat, muß demnach ergänzt werden — von einem anderen Blickwinkel aus — durch eine *interne Aufteilung* der Ordnung der höheren Institution. Inhalt und Bedeutung dieser Aufteilung wurden von der Lehre in jüngster Zeit verschiedentlich erörtert, ohne daß man, unserer Meinung nach, zu wirklich überzeugenden Ergebnissen gekommen wäre. Und das stand auch kaum zu erwarten, da man das Problem nicht in seinen richtigen Rahmen eingeordnet hatte.

Bekanntlich unterscheidet man im Innern sozialer Körperschaften, und insbesondere im Staat, zwei Arten von Normen: diejenigen, die die Stellung der Körperschaft zu ihren Untertanen, sowie deren Verhältnis untereinander regeln, und diejenigen, die als sogenannte interne Normen sich an die Körperschaft selbst beziehungsweise an ihre Organe richten. Diese Unterscheidung erscheint auf den ersten Blick ganz einleuchtend; sie wird jedoch problematisch und unscharf, wenn man in die Gruppe der internen Normen auch solche einbeziehen will, die doch irgendwie eine Beziehung zu dritten Personen zum Inhalt haben. Man denke beispielsweise an die Normen, die die Benutzung einer staatlichen Bibliothek zum Inhalt haben, oder an die Disziplinar-

---

[143a] [Die Frage müßte in jenen Staaten, in denen eine politische Partei zu einem öffentlichrechtlichen Gebilde geworden ist, das in die verfassungsmäßige Ordnung des Staates eingegliedert ist, anders gestellt werden. Welche Lösung in diesem Fall anzunehmen wäre, ist hier nicht näher zu untersuchen.]

vorschriften staatlicher Schulen. Für diese Fälle hat man daher ein anderes Kriterium eingeführt. Man hat die Normen danach unterschieden, ob sie Ausdruck der allgemeinen hoheitlichen Gewalt der Körperschaft sind, oder ob sie Ausdruck einer besonderen Überordnung, eines besonderen Gewaltverhältnisses sind. Man hat also danach abgegrenzt, ob hierbei ein besonderer Status der Unterordnung begründet wird, in dem sich einzelne Individuen auf Grund bestimmter Umstände befinden können, wobei diese Umstände sich nicht bereits aus dem Status der allgemeinen Unterordnung unter die staatliche Hoheitsgewalt ergeben. Die Normen im Rahmen eines solchen besonderen Gewaltverhältnisses wären ebenfalls noch in die Gruppe der internen Normen einzuordnen. Diese Differenzierung — an deren Herausarbeitung ich mich selbst in verschiedenen Arbeiten beteiligt habe[144] — ist an sich nicht unzutreffend. Mir scheint aber, daß sie jetzt von einem anderen und grundsätzlicheren Gesichtspunkt her überwunden werden könnte, der sowohl den Begriff der „internen Norm" besser zu erklären vermag als auch die besondere Über- und Unterordnung besser verdeutlichen kann.

Wir meinen folgenden Gesichtspunkt: in einigen sehr komplex strukturierten Körperschaften wie beispielsweise, jedoch nicht nur, im Staat, gibt es eine Reihe von Institutionen, die, wenn man sie in ihrer Gesamtheit betrachtet, eine einzige bilden. Institutionen in diesem Sinne sind die einzelnen Organe des Staates (die Kammern des Parlaments, die verschiedenen Ministerien, und im allgemeinen jede Behörde) und, über die Organe stricto sensu hinaus, auch die verschiedenen staatlichen Körperschaften, Anstalten, etc. (Schulen, Museen, Bibliotheken, Unternehmen, etc. — vgl. § 12, 3). Als Institution sind darüber hinaus aber auch alle Zusammenfassungen dieser „Organe" anzusehen, sofern sie dadurch untereinander koordiniert und zu einer Einheit zusammengeschlossen werden. Hiermit meinen wir, daß die drei Gewalten des Staates — Legislative, Exekutive, Rechtsprechung — zusammengenommen eine größere Institution — nämlich die gesamte staatliche Organisation — bilden. Dies geht sodann bis hin zu jener umfassendsten Institution, dem Staate selbst, der alle niedrigeren Institutionen einschließt, also, außer seiner Organisation im eigentlichen Sinne, auch die anderen Elemente, aus denen er besteht.

---

[144] Vgl. meine Untersuchung, Sulla natura (s. oben FN 49) und meine Principii di diritto amministrativo (s. oben FN 36), Nr. 7; s. auch *Ranelletti*, Principii (oben FN 37), S. 236, 276; *G. Arangio Ruiz*, Istituzioni (s. oben FN 70), Nr. 481, 549; *Salemi*, Le circolari amministrative, Palermo 1913, S. 55 ff.; *Zanobini*, Le norme interne di diritto pubblico, Rivista di diritto pubblico, 1915, II, S. 321 ff.; *Presutti*, Istituzioni di diritto amministrativo italiano, 2. Aufl., Roma 1917, Nr. 40 [ebenso in der 3. Aufl., Messina 1934, Nr. 40, S. 75].

Wenn dem so ist, kann man daraus eine weitere Schlußfolgerung ableiten. Jede Institution ist gemäß unseren Ausführungen zugleich — und definitionsgemäß — Rechtsordnung. Da wir es in dem hier vorliegenden Fall mit Institutionen zu tun haben, die Teil einer anderen sind, werden auch deren jeweilige Rechtsordnungen von der höheren Rechtsordnung mitumfaßt. Sie sind „interne Rechtsordnungen" der letzteren. Wenn wir den Staat als Beispiel nehmen (wir könnten die gleichen Kriterien auch auf jede andere komplex strukturierte Organisation anwenden), so verstehen wir unter internen Normen (das heißt also umfassender ausgedrückt: unter internen Ordnungen) des Staates folgendes:

a) die Ordnung seiner eigenen Organisation, insoweit sie die jeweilige Stellung und die Beziehungen zwischen seinen verschiedenen Organen und Behörden betreffen;

b) die Ordnungen der einzelnen Organe, Anstalten und Behörden, sowohl für sich allein genommen als auch in ihren Beziehungen zu den jeweiligen Behördenleitern und zu außenstehenden Personen, die — aus welchem Grund auch immer — mit diesen Behörden in Kontakt treten.

Diese Einteilung bietet folgende Vorteile: der Begriff der internen Ordnung ist klar definiert, und er ist vor allem auf einen einheitlichen Ausgangspunkt zurückgeführt: „intern" ist die Ordnung einer in einer anderen enthaltenen Institution, beispielsweise also das Recht einer staatlichen Behörde im Verhältnis zu dem gesamten staatlichen Recht als solchem oder das Recht des Staates im Verhältnis zum Völkerrecht. Ferner hängt — was das staatliche Recht anbelangt — der Begriff der internen Ordnung nicht mehr von dem der Über- und Unterordnung ab. Es ist genau umgekehrt. Auch der Begriff des besonderen Gewaltverhältnisses, also der besonderen Über- und Unterordnung, ist auf diese Weise deutlicher erkennbar. Wir können jetzt nicht nur die allgemeine Über- und Unterordnung von der in besonderen Situationen trennen, sondern auch eine ganze Reihe anderer spezieller Befugnisse, Rechte und Pflichten von ihrem jeweiligen allgemeinen Pendant. Nunmehr fällt die Differenzierung leicht: „allgemein" sind diejenigen Beziehungen, Rechte, Pflichten oder der Status, die auf der Staatsordnung als solcher (Staatsordnung insgesamt genommen) beruhen. Die staatliche Ordnung ist insoweit also als eine Institution anzusehen, in der die übrigen Institutionen mitenthalten sind. „Speziell" oder „besonders" sind dagegen diejenigen Gewaltverhältnisse, die auf der Ordnung einer — isoliert betrachteten — staatlichen Institution beruhen. Dies steht also parallel zu der bereits erwähnten Differenzierung innerhalb des objektiven Rechts; sie erklärt und rechtfertigt die soeben im Hinblick auf subjektive Beziehungen gemachte, was uns auch mit der Logik übereinzustimmen scheint.

Nach Klärung dieser Frage sind nunmehr zwei Arten von internen Ordnungen zu unterscheiden: *einmal* handelt es sich dabei um die von der höheren Institution geschaffenen, jedoch nicht für sich selbst, sondern für eine der ihr untergeordneten Institutionen. Als Beispiel seien die in der Verfassung oder in anderen Gesetzen geregelten „interna corporis" der Kammern des Parlaments genannt oder das in Beamtengesetzen oder Statuten geregelte Disziplinarrecht für die Staatsbediensteten. Bei der *zweiten* Art handelt es sich um die von den einzelnen niedrigeren Institutionen für sich selbst aufgestellten Ordnungen, z. B. die Geschäftsordnungen der Kammern, die Anweisungen des Dienstvorgesetzten an seine Untergebenen, die innere Ordnung oder Benutzungsordnung eines Instituts oder einer Bibliothek. Die internen Ordnungen der ersten Gruppe sind „intern" insoweit, als sie nur für die jeweils betroffene, in der höheren Ordnung enthaltene Institution erlassen sind. Da sie von der höheren Institution selbst erlassen werden, sind sie, von ihrem Ursprung aus gesehen, nicht „intern". Die zweite Gruppe betrifft „interne" Ordnungen, sowohl was ihren Geltungsbereich als auch was ihren Ursprung anbelangt.

Schließlich ist noch darauf hinzuweisen, daß sich auf diese Weise auch recht einfach die Frage lösen läßt, ob diese internen Ordnungen als Rechtsordnungen anzusehen sind. Die verneinende Antwort, der auch wir uns an anderer Stelle angeschlossen haben und die der herrschenden Meinung entspricht, ist insofern richtig, als die Ordnungen der zweiten Gruppe als solche für die höhere Ordnung irrelevant sind und nicht einen integrierenden Bestandteil dieser höheren Ordnung bilden. Dies schließt freilich nicht aus, daß sie in anderer Hinsicht für die höhere Ordnung von Bedeutung sind. Jedenfalls aber sind sie, etwa die Geschäftsordnungen der Kammern oder die Dienstanweisungen — trotz der Tatsache, daß sie auch vom allgemeinen staatlichen Recht geregelt werden und manchmal sogar von ihm geregelt werden müssen — etwas Eigenständiges. Sie verbinden sich nicht mit den allgemeinen Gesetzen des Staates und konstituieren daher auch nicht die staatliche Institution als Einheit. Diese Einheit ist bereits ohne sie vorhanden. Wir haben es hier mit der Kehrseite der Tatsache zu tun, daß es sich um Elemente einer eigenen Ordnung, einer partikulären Institution handelt, die zwar von der staatlichen mitumfaßt wird, doch von ihr verschieden ist. In den genannten Beispielsfällen ist diese Ordnung gerade als eigenständige Institution von Bedeutung, nicht als Teil der höheren. Hier handelt es sich, wie man verschiedentlich für die parlamentarischen Geschäftsordnungen nachgewiesen hat, um eine Form von Selbstverwaltung, Autonomie. Wenn man diese internen

Ordnungen jedoch nicht mehr unter Bezugnahme auf die umfassende staatliche Ordnung, sondern für sich selbst betrachtet, so kann man nicht leugnen, daß es sich unter diesem Blickwinkel hierbei um echte Rechtsordnungen handelt. Auch dies folgt aus unserer Definition des Rechts und aus unserem Prinzip, daß eine Institution stets Rechtsordnung ist. Wie man sieht, sind also die beiden bisher vertretenen Lehren richtig, wenn auch nur in einem relativen Sinne. Absolut genommen, wären beide falsch, da von einem unzutreffenden Rechtsbegriff ausgehend. Was schließlich noch die internen Normen der ersten Gruppe anbelangt („intern" nicht im Hinblick auf ihren Ursprung, sondern nur im Hinblick auf ihren Wirkungsbereich), so ist ihr Rechtscharakter auch von den oben (§ 22, 3) gemachten Überlegungen her, daß die Beziehungen zwischen den einzelnen Organen des Staates echte Rechtsbeziehungen seien, nicht in Zweifel zu ziehen.

Unserer Auffassung nach könnte man — würde man diese Prinzipien konsequent weiterführen — daraus Nutzen für eine Neuformulierung einer Reihe von anderen allgemeinen Fragen ziehen, etwa für das Problem, wann öffentlichrechtliche Rechtsbeziehungen vorliegen, oder für die Lehre von der Gewaltenteilung. Wir meinen, daß auch diesen Problemen auf solche Weise neue und interessante Aspekte abzugewinnen wären.

Namenregister

(Die Zahlen bezeichnen die Fußnoten)

Ago 19a, 69a, 95a, 102, 118a, 120a, 120b
Anschütz 69
Anzilotti 5, 15, 18, 38, 41, 42, 44, 45, 54, 62, 76, 97, 98, 100, 101, 102, 103, 106, 109, 116, 123, 134
Arangio Ruiz, G. 70, 144
Arangio Ruiz, V. 65, 94a
Aristoteles 38a

Baldoni 45b, 69a
Balladore Pallieri 94a, 95a, 102, 120b
Barassi 70, 94a, 128, 129, 130, 131, 132
Barbeyrac 29
Bartolomei 70
Battaglia 69a, 92
Behrend 25
Bekker 89
Bergbohm 138
Bergson 84a
Berolzheimer 70
Betti 94a, 126
Bianchi, F. 143
Bierling 2, 89, 110, 113, 137
Biscaretti di Ruffia 37, 45b, 69a, 94a
Bobbio 29a, 30b, 33a, 69a
Bonfante 125
Bonucci 30b, 69a, 70, 94a
Bornhak 133
Breschi 45b, 51, 54, 69a
Brugi 70
Brunetti, G. 2, 126

Calamandrei 29b, 94a, 133a
Cammarata 69a, 94a
Capograssi 30b, 33a, 69a, 82a, 83, 94a
Caristia 69a, 94a
Carlini 69a
Carnelutti 67, 69a, 72, 94a
Cassola, O. 82a, 94b
Cathrein 89
Cavaglieri 120a
Cereti 69a

Cesarini Sforza 29b, 33a, 69a, 94a, 126
Checchini 82a, 94a, 94b, 95a, 118, 118a, 120a
Chiarelli 69a, 94a
Chiovenda 113
Chironi 70, 142
Cicala 64
Cicu 47, 65, 67, 94
Ciprotti, P. 82a, 94b
Condorelli 69a
Cornaggia Medici 82a
Costamagna 94a
Coviello, N. 7, 11, 82a, 89, 141
Crisafulli 33a, 44a, 69a, 94a
Criscuoli 69a
Croce 14, 21, 30, 83, 89
Crosa 94a
Cuche 128

Dallari 70, 77
D'Avack 82a, 94b, 118, 118a
De Crescenzio 127
De Francisci, P. 94a
Del Giudice, V. 5, 70, 77, 80, 81, 82a, 94a, 94b, 118, 118a
Delos 29a
De Luca, L. 82a, 94b
Del Vecchio, G. 13, 33a, 69a, 83, 94a
De Ruggiero, R. 70
Desqueyrat 29a
D'Eufemia 94a
Diana 113
Diena 106
Donati, D. 12, 49, 54, 56a, 58, 101, 102, 103, 107, 110, 114, 122, 123, 135, 136, 137, 139
Duguit 1, 31, 85

Ehrlich 8, 31
Enneccerus 2, 26, 89
Esposito, C. 94a

Falchi 54
Falco 82a

Fedozzi 41a, 45b, 69a, 106
Ferrara, F. 24, 30a, 50, 50a, 60, 69a, 84, 88, 94a, 120
Ferrara, F. junior 50
Filomusi Guelfi 31, 70
Fleiner 27
Fragapane 94a
Friedberg 89

Gangi 118a
Gentile 14, 22
Gény 85, 91
Ghirardini 101, 104, 107, 108, 116
Giacchi 82a
Giannini, M. S. 9
Gierke, O. 31, 88, 89, 90
Giphanus 38a
Greco 50
Grispigni 94a
Grotius 43
Gueli 30a, 69a, 94a
Gurvitch 29a

Hauriou 28
Hegel 71
Heiner 89
Heinsius 38a
Hobbes 29
Hold von Ferneck 38
Hubrich 49
Huguet 29b

Ihering 17, 30, 70, 78, 82
Invrea 94a

Jannaccone 82a
Jellinek, G. 2, 32, 37, 46, 48, 52, 56a, 59, 66, 70, 78, 80, 82, 133
Jemolo 82a, 94b, 118, 118a, 141, 142

Kelsen 1, 6, 34, 54, 64, 68, 70, 72, 75, 94a, 95a
Klein 113

Laband 96, 133
Lasson 70
Laun 6
Leontovitch 28
Lessona, C. 143
Lessona, S. 94a
Levi, A. 69a, 83, 89, 94a
Levi, L. R. 94a
Liszt 49
Longhi 69a, 94a

Maggiore 4, 69a, 70, 83, 94a
Maiorca 69a, 94a
Maitland 8
Manzini 69a
Marinoni 20, 37, 40, 51, 55, 56, 56a, 57, 66, 68, 99, 101, 107, 111, 113, 115, 119, 138
Maroi 70, 126
Mastino 69a, 94a
Mayer 27, 69
Mazzoni, G. 94a
Merkel 89
Merkl 75
Messina, G. 86, 87
Messineo 30b, 50, 69a, 94a
Meyer 89
Miceli 11, 14, 33a, 38, 69a, 70
Miele, G. 67, 69a, **94a**
Monaco 45b, 69a, 94a
Morelli 95a, 120b, 134
Mortati 69a

Nawiasky 68, 128
Niedner 93

Orestano 30, 69a, 94a
Orlando 29b, 30a, 30b, 69a, 94a
Ottolenghi, G. 51, 106, 121

Panunzio 94a
Paresce 69a, 94a
Pascal 84a
Passerin d'Entrèves 69a
Perassi 94a, 101, 120b
Pergolesi 94a
Perozzi 9, 51
Perreau 29b, **124**
Perticone 69a, 94a
Petrone, I. 7, 14, 16, 51, 68, 70, 77
Piccardi 69a, 94a, 95a, 120b
Piola 82a
Planiol 124
Platon 84a
Polacco 126
Presutti 144
Preuss 89
Pufendorf 29

Radbruch 3
Ramus 38a
Ranelletti 37, 52, 56a, 59, 70, 78, 94a, 144
Ravà, A. 7, 35, 56a, 83, 89, **94a**
Ravà, R. 94a

Redenti 9, 65, 86
Regelsberger 91
Rehm 56a, 89, 133
Renard 29a
Riva Sanseverino 128
Rocco, Arturo 69a
Romano, Salvatore 126
Romano, Santi 9, 16a, 36, 37, 38a, 41a, 44a, 45a, 45b, 47a, 47b, 47c, 48, 49, 50, 60a, 61, 74, 76, 94c, 95, 95a, 97, 100a, 101, 104, 120, 120a, 123, 133a, 136a, 138, 139a, 144
Rosmini 21, 89
Rossi, P. 7
Rotondi, M. 94a
Rovelli 94a
Ruffini, F. 69a, 89, 94a

Sägmüller 89, 118
Salemi 69a, 94a, 144
Salvioli, Gabriele 44
Scaduto, F. 141
Schenk 68
Scherer 89, 118
Schiappoli 70, 78, 141
Schmitt, C. 12a, 45b, 69a, 94a
Scuto 94a
Sebastianelli 33
Seidler 56a
Simoncelli 70, 127
Sinagra 69a, 94a

Sohm 92, 93
Stammler 73, 89
Stampe 12
Stutz 89

Tedeschi 94a
Tezner 49, 68
Thon 2, 89
Thudichum 78
Triepel 19, 38, 39, 41, 62, 97, 100, 101, 122, 123
Tuhr 10

Vacchelli 141
Valeri 50
Vanni, I. 70
Vassalli, F. 118a
Verdross 75
Victorius 38a
Volpicelli, A. 33a, 69a, 94a
Voltaire 84a

Wenzel 75
Wernz 33, 89, 118
Weyr 6
Windscheid-Kipp 2

Zanobini 45b, 69a, 82a, 94a, 144
Zanzucchi, M. T. 134
Ziccardi 30b, 69a
Zitelmann 105, 112, 116

Anhang

Biographische und bibliographische Notizen

1. Biographische Notiz

Santi Romano wurde am 31. Januar 1875 in Palermo geboren. An der Universität Palermo war er Schüler des berühmten Öffentlichrechtlers und Politikers *V. E. Orlando* (der übrigens 1940 an der seinem Schüler gewidmeten großen Festschrift mitarbeitete)[1]. Er begann seine Lehrtätigkeit 1898 als Privatdozent für Verwaltungsrecht in Palermo. 1899 unterrichtete er in der gleichen Disziplin an der Universität zu Camerino. Im Jahre 1902 wurde er zum Ordinarius für Verfassungsrecht in Modena ernannt. 1908 ging er, wohl für die entscheidenden Jahre seiner geistigen Reifung, nach Pisa, und 1924 erhielt er den Lehrstuhl für Verfassungsrecht in Mailand. Von 1928 an war Romano in Rom zunächst Inhaber eines Lehrstuhls für Verwaltungsrecht, ab 1931 bis 1944 dann des Lehrstuhls für Verfassungsrecht. Während seiner Pisaner Zeit unterrichtete Romano auch im Kirchenrecht und hielt er Vorlesungen über Kolonialrecht an der Kolonialhochschule „Cesare Alfieri" in Florenz. Als Lehrstuhlinhaber in Mailand lehrte er gleichzeitig Völkerrecht und Politische Wissenschaft an der „Universität Bocconi", einer Handelshochschule in Mailand.

Im Jahre 1928 wurde Romano zum Präsidenten des Consiglio di Stato (also auch des obersten Verwaltungsgerichts) ernannt. Dieses Amt

---

[1] *Vittorio Emanuele Orlando* (1860 - 1952) darf als der Altmeister des italienischen öffentlichen Rechts bezeichnet werden. Seit 1897 war er Abgeordneter, dann mehrere Male Minister. Von Oktober 1917 bis Juni 1919 war er Ministerpräsident. Er legte 1925 wegen der Ermordung *Matteottis* sein Mandat als Abgeordneter nieder. Ab 1944 war er wieder politisch tätig.

Arbeiten von *Orlando* über *Santi Romano:* Ancora del metodo in diritto pubblico con particolare riguardo all'opera di Santi Romano, in: Scritti Giuridici in Onore di Santi Romano, Padua 1940, Bd. I, S. 1 ff.; Santi Romano e la scuola italiana di Diritto pubblico, Modena 1948 (und in *S. Romano,* Scritti minori, Bd. I, S. V ff.); Intorno alla crisi mondiale del diritto: La norma e il fatto — Appunti, in: Scritti Giuridici in Onore di Francesco Carnelutti, Padua 1950, Bd. IV, S. 577 ff.

Über *Orlando* etwa Art. Vittorio Emanuele Orlando, Novissimo Digesto Italiano, Bd. XII, Turin 1965, S. 233 ff., mit weiteren Hinweisen; *Teodosio Marchi,* Vittorio Emanuele Orlando — Giurista e Uomo di Stato, in: Studi Parmensi, Anno III, Mailand 1953, S. 407 ff.; *Sabino Cassese,* Cultura e politica del diritto amministrativo, Bologna 1971, S. 21 ff.

hatte er bis zum Jahre 1944 inne. Von 1934 bis ebenfalls 1944 war er auch Senator des Königreiches. Romano hatte noch weitere öffentliche Ämter inne: So war er Mitglied des Consiglio Superiore della Pubblica Istruzione, ferner in den ersten Jahren des faschistischen Regimes Mitglied der Kommission für die Verfassungsreform des Staates sowie des Consiglio del contenzioso diplomatico und anderer politischer und administrativer Einrichtungen.

Zwei Söhne Santi Romanos wurden ebenfalls Rechtslehrer: *Salvatore Romano* (1904 - 1975) war zuletzt Ordinarius für Zivilrecht an der Universität Florenz. *Silvio Romano* (geb. 1907) ist Ordinarius für Römisches Recht an der Universität Turin. *Alberto Romano* (geb. 1932), ein Sohn von Salvatore Romano, lehrt als Ordinarius für Öffentliches Recht (Regionalrecht) in Turin.

Am 3. November 1947 ist Santi Romano in Rom gestorben.

2. Bibliographische Notiz

Das am wenigsten sehr unvollständige Verzeichnis der Arbeiten von Santi Romano bis zum Ende des Jahres 1940 ist enthalten in Bd. I der vierbändigen Festschrift: Scritti in onore di Santi Romano, Padua 1940.

Eine weitere größere Bibliographie ist am Ende des Aufsatzes *Giovanni Salemi,* Santi Romano, Rivista di Diritto Pubblico 1947, S. 1 ff., wiedergegeben.

Wichtige ergänzende Hinweise findet man bei *Sabino Cassese,* La Formazione dello Stato Amministrativo, Mailand 1974, S. 21 ff., sowie im Art. Santi Romano, Novissimo Digesto Italiano, Bd. XVI, Turin 1969, S. 261 ff.

a) Im Folgenden wird nur eine *Auswahl der Werke Santi Romanos* wiedergegeben:

La teoria dei diritti pubblici soggettivi, in: Trattato di diritto amministrativo dell'Orlando, Bd. I, Mailand 1897

Decentramento amministrativo, in: Enciclopedia giuridica italiana, Mailand 1897, Bd. IV, P. I - III, S. 427 ff. (auch in Scritti minori, Bd. II)

Nozione e natura degli organi costituzionali dello Stato, Palermo 1898 (auch in Scritti minori, Bd. I)

Saggio di una teoria sulle legge di approvazione, Mailand 1898 (auch in Scritti minori, Bd. I)

L'interpretazione delle leggi di diritto pubblico, Filangieri 1899 (auch in Prolusioni e Discorsi und in Scritti minori, Bd. I)

Le giurisdizioni speciali amministrative, in: Trattato di diritto amministrativo dell'Orlando, Bd. II, Mailand 1899

I giudizi sui conflitti delle competenze amministrative, ebenda, Mailand 1899

L'instaurazione di fatto di un ordinamento costituzionale e la sua legittimazione, Archivio Giuridico 68, 1901, S. 3 ff. (auch in Scritti minori, Bd. I, und in Lo Stato moderno)

Principi di diritto amministrativo italiano, Mailand 1902 (2. Aufl. 1906, 3. Aufl. 1912)

Osservazioni preliminari per una teoria sui limiti della funzione legislativa nel diritto italiano, Archivio di diritto pubblico 1902, S. 229 ff. (auch in Scritti minori, Bd. I, und in Lo Stato moderno)

Sulla natura dei regolamenti delle Camere parlamentari, Archivio Giuridico 72, 1905, S. 54 ff. (auch in Scritti minori, Bd. I, und in Lo Stato moderno)

Le prime carte costituzionali, Annuario dell'Università di Modena, 1907 (auch in Scritti minori, Bd. I, in Lo Stato moderno und in Prolusioni e Discorsi)

Il Comune. Parte generale, in: Trattato di diritto amministrativo dell'Orlando, Bd. III, Mailand 1908

Sui decreti legge e lo stato d'assedio, Rivista di Diritto Pubblico 1909

Lo Stato moderno e la sua crisi, Rivista di Diritto Pubblico 1910, S. 97 ff. (auch in Prolusioni e Discorsi, in Scritti minori, Bd. I, und in Lo Stato moderno)

Corso di diritto coloniale, Rom 1918

L'ordinamento giuridico, Pisa 1918 (2. Aufl. Florenz 1946, Nachdruck der 2. Aufl. 1951, ferner 1962, beide ebenfalls Florenz)

Oltre lo Stato, Rivista di Diritto Pubblico 1918 (auch in Prolusioni e Discorsi und in Scritti minori, Bd. I)

Lezioni di diritto ecclesiastico, Palermo 1921

Osservazioni sulla completezza dell'ordinamento statale, Modena 1925 (auch in Scritti minori, Bd. I, und in Lo Stato moderno)

Corso di diritto costituzionale, Padua 1926 (2. Aufl. 1928, 3. Aufl. 1931, 4. Aufl. 1933, 5. Aufl. 1940, 6. Aufl. 1941, 7. Aufl. 1943, 8. Aufl. 1943)

Corso di diritto internazionale, Padua 1926 (2. Aufl. 1929, 3. Aufl. 1932, 4. Aufl. 1939)

L'età e la responsabilità civile verso lo Stato di suoi funzionarii ed impiegati, Rivista di Diritto Pubblico 1927 (auch in Scritti minori, Bd. II)

Discorso per l'insediamento a Presidente del Consiglio di Stato, Foro Italiano 1929

Contratti collettivi di lavoro e norme giuridiche, Archivio di Studi corporativi 1930, S. 25 ff. (auch in Scritti minori, Bd. II)

Corso di diritto amministrativo, Padua 1930 (2. Aufl. 1932, 3. Aufl. 1937)

Gli interessi dei soggetti autarchici e gli interessi dello Stato, in: Studi di Diritto Pubblico in onore di O. Ranelletti, Padua 1931, Bd. II, S. 438 ff. (auch in Scritti minori, Bd. II)

Prolusioni e Discorsi accademici, Modena 1931 (enthält auch oben angeführte Aufsätze)

Le funzioni ed i caratteri del Consiglio di Stato, in: Il Consiglio di Stato, Studi in occasione del Centenario, Rom 1932, Bd. I, S. 20 ff.

Annullamento (Teoria dell') diritto amministrativo, in: Nuovo Digesto italiano, Turin 1937, Bd. I (auch in Scritti minori, Bd. II)

Osservazioni sulla invalidità successiva degli atti amministrativi, in: Raccolta di Scritti di Diritto Pubblico in onore di G. Vacchelli, Mailand 1938, S. 431 ff. (auch in Scritti minori, Bd. II)

Gaetano Mosca, Rivista di Diritto Pubblico 1942, S. 123 ff. (auch in Scritti minori, Bd. I)

Principii di diritto costituzionale generale, Mailand 1945 (2. Aufl. 1946)

Frammenti di un dizionario giuridico, Mailand 1947 (2. Aufl. 1953)

Osservazioni sulla efficacia delle leggi, Rivista italiana per le Scienze giuridiche 1947, S. 64 ff. (auch in Scritti minori, Bd. I)

Scritti minori, 2 Bände, Mailand 1950 (die beiden Bände enthalten auch oben angeführte Aufsätze)

Lo Stato moderno e la sua crisi. Saggi di diritto costituzionale, Mailand 1969 (enthält auch oben angeführte Aufsätze)

Übersetzungen ins Spanische

El ordeniamento juridico, Madrid 1963 (mit Einleitung von Sebastián Martín-Retortillo, diese in deutscher Übersetzung in: Institution und Recht, hrsg. v. Roman Schnur, Darmstadt 1968, S. 370 ff.)

Fragmentos de un diccionario juridico, Buenos Aires 1964 (hrsg. v. Santis Mellendo)

Es bleibt festzuhalten, daß es keine befriedigende Gesamtbibliographie der Werke Santi Romanos gibt.

b) Noch viel schlechter ist es mit der Sammlung der *Sekundärliteratur* bestellt: Angaben bei *Cassese* und bei *Martín-Retortillo* in der von ihm veranstalteten spanischen Ausgabe des Ordinamento Giuridico, ferner in der Bibliographie bei: Die Theorie der Institution und zwei andere Aufsätze von Maurice Hauriou, hrsg. v. Roman Schnur, Berlin 1965. Einige wichtige einschlägige Studien im Sammelband: Institution und Recht, a.a.O., und zwar in deutschen Übersetzungen (vor allem die Studien von *Julius Stone* und *Sebastián Martín-Retortillo*). Weiterhin sind einschlägige Bemerkungen enthalten in: Maurice Hauriou, Teoria dell'istituzioni e della fondazione, a cura di Widar Cesarini Sforza, presentazione di Alessandro Baratta, Mailand 1967, sowie The French Institutionalists: Maurice Hauriou, Georges Renard, Joseph T. Delos. Edited by Albert Broderick, translated by Mary Welling, Introduction by Myriam Theresa Rooney, Cambridge, Mass. 1970.

Printed by Libri Plureos GmbH
in Hamburg, Germany